En-E-III-1-52 a,2

Forschungen zu Spanien
ISSN 0935-1515

Herausgegeben von

Prof. Dr. Walther L. Bernecker, Bern
Dr. Francisco López-Casero, Augsburg
Prof. Dr. Peter Waldmann, Augsburg

Forschungen zu Spanien

Forschungen zu Spanien

Band 1

Rainer Klein

Stadtplanung und Wohnungsbau in Spanien nach 1960

Die Stadtentwicklung im Zeichen des Baubooms mit den Beispielen Valencia und Burgos

Verlag **breitenbach** Publishers
Saarbrücken · Fort Lauderdale 1988

Die vorliegende Arbeit wurde vom
Fachbereich 16 (Geschichtswissenschaft)
der Johannes Gutenberg Universität Mainz
1988 als Dissertation zur Erlangung des
akademischen Grades eines Doktors
der Philosophie (Dr. phil.) angenommen.

CIP-Titelaufnahme der Deutschen Bibliothek

Klein, Rainer:
Stadtplanung und Wohnungsbau in Spanien nach 1960: d. Stadtentwicklung im Zeichen d. Baubooms mit d. Beispielen Valencia u. Burgos / Rainer Klein. – Saarbrücken; Fort Lauderdale: Breitenbach, 1988.

(Forschungen zu Spanien; Bd. 1)
Zugl.: Mainz, Univ., Diss., 1988
ISBN 3-88156-424-1
NE: GT

ISBN 3-88156-424-1

© 1988 by Verlag **breitenbach** Publishers
Memeler Str. 50, D-6600 Saarbrücken, Germany
P.O.B. 16243, Fort Lauderdale, Fla. 33318-6243, USA
Printed by **arco**-druck gmbh, Hallstadt

Vorwort

Die vorliegende Arbeit leistet einen Beitrag zur Stadtgeographie Spaniens. Ablauf, Ursachen und Auswirkungen der rasanten spanischen Stadtentwicklung nach 1960 sollen unter wechselnden politischen und ökonomischen Rahmenbedingungen und städtebaulichen Leitbildern untersucht und anhand zweier Städte exemplifiziert werden.

Zurückgehend auf eine 1979 von Prof. Dr. E. Gormsen geleitete Exkursion am Geographischen Institut der Universität Mainz ist die geographische Spanienforschung zu einem meiner Studienschwerpunkte geworden. Nach meiner Diplomarbeit, in der Fragen der Raumentwicklung und Verkehrserschließung in der Provinz Burgos diskutiert wurden, konnte ich im Rahmen eines Forschungsaufenthaltes 1983/1984 das empirische Fundament für das weitere Thema legen.

Die Durchführung der Arbeit wäre nicht möglich gewesen ohne die Förderung und Unterstützung einer Vielzahl von Einzelpersonen und Institutionen. Der Deutsche Akademische Austauschdienst sicherte die finanzielle Basis des Unternehmens durch Gewährung eines 10-monatigen Forschungsaufenthalts. In Valencia konnte - nicht zuletzt als Ausfluß der Städtepartnerschaft mit Mainz - eine Reihe fruchtbarer Kontakte zu Personen und Einrichtungen geknüpft werden. Genannt seien vor allem Dr. Francisco La Roca und Nieves La Roca, Prof. Josep Sorribes (stellvertretend für die Stadtverwaltung) und Frau Prof. Maria J. Teixidor (für das Geographische Institut der Universität). In Burgos konnte ich mich auf die fachliche Unterstützung von José Sagredo stützen, ebenso auf die Kooperation von Pablo Arribas (Städtebauministerium) und von Hermanegildo Lomas (Stadtverwaltung). Ihnen allen möchte ich von ganzem Herzen danken!

Mein besonderer Dank gilt meinem akademischen Lehrer Prof. Dr. Erdmann Gormsen. Seine engagierte Betreuung - auch vor Ort -, stete Förderung und Diskussionsfreude haben ganz wesentlich zum Gelingen der Arbeit beigetragen.

Mainz, im Mai 1988   Rainer Klein

Inhaltsverzeichnis

I. EINLEITUNG UND KONZEPT
Seite
1. **Einführung** 1
2. **Theoretisch-methodischer Rahmen** 4
   2.1 Analyseansatz und das Konzept der städtischen Akteure 4
   2.2 Die Beispielstädte Burgos und Valencia 10

II. STADTPLANUNG UND WOHNUNGSBAU: RAHMENBEDINGUNGEN UND ENTWICKLUNGEN
1. **Ökonomische und politische Rahmenbedingungen der Stadtentwicklung** 15
   1.1 Die Phase der Autarkie 1939-1959 15
   1.2 Der Desarrollismus 1964-1975 19
   1.3 Die Demokratisierung ab 1976 24
   1.4 Die Folgewirkungen der Rahmenbedingungen für die Stadtentwicklung 26
2. **Städtebaupolitik und Stadtplanung** 32
   2.1 Städtebau und Stadtplanung bis in die 50er Jahre 32
   2.2 Das Bau- und Bodengesetz von 1956 und seine Folgen 37
   2.3 Städtebau und Stadtplanung bis 1975 45
   2.4 Das neue Bau- und Bodengesetz von 1976 und seine Folgen 51
3. **Wohnungspolitik und Wohnungsbauentwicklung** 54
   3.1 Die Entwicklung des Wohnungsbaus bis zu den 50er Jahren 55
   3.2 Der Wohnungsbau bis 1975 62
   3.3 Der Wohnungsbau nach 1975 69
   3.4 Überblick: die Entwicklung des Wohnungsbaus in Zahlen 76
4. **Der Strukturwandel der Großstädte im Zeichen der Entwicklungen nach 1960** 85
   4.1 Die Entwicklung der städtischen Bevölkerung 85
   4.2 Die Stellung der Provinzhauptstädte 88
   4.3 Die Bauleitplanungen als Indikatoren stadtplanerischen Handelns 95
   4.4 Die neuen Großstadtphysiognomien 105

III. FALLSTUDIE VALENCIA
1. **Die Stadtentwicklung bis zum Bürgerkrieg** 123
   1.1 Demographische Entwicklung 123
   1.2 Soziostrukturelle Entwicklung und Stadtphysiognomie 125
2. **Stadtentwicklung und Stadtplanung nach dem Bürgerkrieg** 134
   2.1 Der Stadtentwicklungsplan von 1946 134
   2.2 Die Überschwemmung 1957 und der Plan Sur von 1958 139
   2.3 Der Stadtentwicklungsplan von 1966 142
   2.4 Die Stadtentwicklungsplanung nach 1966 und der Plan General von 1987 148
   2.5 Die städtischen Akteure 154

		Seite
3. Wohnungsbau		158
3.1	Die Entwicklung des Wohnungsbestandes	158
3.2	Die Struktur der Wohnungsversorgung	163
3.3	Die Promotoren	168
4. Der Stadtteil Els Orriols		177
4.1	Die Ortsentwicklung	177
4.2	Die Bebauungsplanungen	179
4.3	Das engere Untersuchungsgebiet	183
4.4	Strukturdaten	186
4.5	Bodenpreise und Infrastrukturausstattung	189
4.6	Die städtischen Akteure	194
5. Zusammenfassung		200
IV. FALLSTUDIE BURGOS		
1. Die Stadtentwicklung bis zum Bürgerkrieg		205
1.1	Demographische und soziostrukturelle Entwicklung	205
1.2	Entwicklung der Stadtphysiognomie und der Stadtplanung	206
2. Die Stadtentwicklung nach dem Bürgerkrieg		210
2.1	Der Stadtentwicklungsplan von 1945	212
2.2	Die Stadtentwicklung nach 1964 im Zeichen des industriellen Entwicklungspols	217
2.3	Der Stadtentwicklungsplan von 1969	220
2.4	Der Stadtentwicklungsplan von 1985	232
2.5	Die städtischen Akteure	234
3. Wohnungsbau		238
3.1	Die Entwicklung des Wohnungsbestandes	238
3.2	Die Struktur der Wohnungsversorgung	243
3.3	Die Promotoren	245
4. Der Stadtteil Gamonal		255
4.1	Die Ortsentwicklung	255
4.2	Die Bevölkerungs- und Infrastruktur	260
4.3	Das engere Untersuchungsgebiet	265
4.4	Strukturdaten	272
4.5	Die städtischen Akteure	275
5. Zusammenfassung		281
V. ERGEBNISSE		285
Verzeichnis der zitierten Literatur		296

Verzeichnis der Tabellen

Tab.		Seite
1	Erwerbstätige Bevölkerung 1981 in Valencia und Burgos nach Wirtschaftsbereichen	13
2	Erwerbspersonen nach Wirtschaftbereichen	16
3	Anteil aller Kommunalhaushalte am Staatshaushalt	31
4	Entwicklung des Wohnungsbaus 1943-1980 in Spanien nach Fördergruppen	58
5	Wohnungsbauplanung im Rahmen des Wohnungsplans 1961-76	63
6	Planziele und Planrealisierung des 3. Entwicklungsplans 1972-75 im Wohnungsbau nach Förderprogrammen	66
7	Wohneigentumsquote im europäischen Vergleich um 1975	70
8	Entwicklung des Wohnungsbestandes in Spanien 1950-1981	77
9	Entwicklung von frei finanziertem und staatlich gefördertem Wohnungsbau 1951-1981 in Spanien	79
10	Anzahl der Wohnungen in Wohngebäuden nach Gemeindegrößenklassen in Spanien 1980	81
11	Bauperiode der Wohngebäude in Spanien nach Gemeindegrößenklassen 1980	82
12	Wohnungs- und Stockwerkszahl der Wohngebäude in Spanien nach Bauperiode und Gemeindegrößenklassen 1980	83
13	Entwicklung der städtischen Bevölkerung in Spanien 1900-1981	85
14	Einwohnerbestand der spanischen Provinzhauptstädte 1981 und Anteil der einzelnen Zensusperioden in Prozent von 1981	90
15	Anteil von natürlicher Bevölkerungsentwicklung und Migration an der Einwohnerentwicklung Spaniens und der Provinzhauptstädte	92
16	Einwohnerentwicklung der spanischen *Areas Metropolitanas* und ihrer Kernstädte 1950-1981	94
17	Ergebnis der Städtebefragung zur Stadtentwicklungsplanung	98
18	Wohnflächenentwicklung 1956-1978 in acht spanischen Großstädten	112
19	Einwohnerentwicklung Valencias 1857-1981	127
20	Herkunft der Einwohner Valencias 1920 und 1950	128
21	Einwohnerentwicklung in Valencia nach Distrikten 1940-70	128
22	Entwicklung der Bebauungspläne (Planes Parciales) im Wohnungsbau in Valencia bis 1983	150
23	Entwicklung der Bevölkerung, Wohnungen und Wohngebäude 1950-1981 in Valencia	161
24	Bauperiode der Wohnungen und Wohngebäude in Valencia	161
25	Bauperiode und Höhe der Wohngebäude 1980 in Valencia	162
26	Entwicklung von Wohnungs- und Wohngebäudebau 1960-1985 in Valencia	162
27	Wohnungsnutzung 1981 in Valencia nach Stadtdistrikten	166
28	Leerstehende Wohnungen 1981 in Valencia nach Bauperiode	167
29	Struktur der Promotoren im Wohnungsbau 1960-1980 in Valencia	171

Tab.		Seite
30	Revidierte Bebauungplanung 1983 in Els Orriols/Valencia	183
31	Einwohner 1970 und 1981 nach statistischen Bezirken im Stadtteil Els Orriols/Valencia	188
32	Einwohnerentwicklung von Burgos 1860-1981	206
33	Entwicklung von Bevölkerung, Wohnungen und Wohngebäude 1950-1981 in Burgos	238
34	Bauperiode der Wohnungen und Wohngebäude in Burgos	239
35	Bauperiode und Höhe der Wohngebäude 1980 in Burgos	239
36	Entwicklung von Wohnungs- und Wohngebäudebau 1961-1980 in Burgos	240
37	Wohnungsbestand 1980 in Burgos nach Bauperiode und Stadtdistrikt	242
38	Änderung der Wohnungsbesitzstruktur 1960-1980 in Burgos	244
39	Struktur der Promotoren im Wohnungsbau 1960-1980 in Burgos	246
40	Die größten Promotoren im Wohnungsbau von Burgos 1960-80	248
41	Struktur der 1960-80 im Wohnungsbau von Burgos tätigen Gesellschaften	250
42	Geplante und tatsächliche Entwicklung der Planungsbereiche in Gamonal	260
43	Einkommensverteilung in Burgos 1979	263
44	Gebäude- und sozialstrukturelle Merkmale in Gamonal (Burgos) 1980	263
45	Gebäude- und Wohnungstypen in Gamonal (Burgos)	268
46	Ausgewertete Baugenehmigungen im Untersuchungsgebiet Gamonal (Burgos)	270
47	Strukturtabelle für das Untersuchungsgebiet in Gamonal (Burgos)	274

Verzeichnis der Abbildungen

Abb.		
1	Industrielle Entwicklungspole und -achsen im Rahmen der spanischen Entwicklungspläne ab 1964	20
2	"Organische" Interpretation der Stadtgrundrisse von Barcelona und Valencia	36
3	Entwicklung des Wohnungsbaus in Spanien im 20. Jahrhundert	56
4	Einkommensbelastung durch Wohnungen im Vergleich zu Lebenshaltungskosten und Pro-Kopf-Einnahmen 1972-79 in Madrid	68
5	Entwicklung von Wohnungsbestand und Wohnungsfertigstellungen 1960-1980 im europäischen Vergleich	78
6	Entwicklung von frei finanziertem und staatlich gefördertem Wohnungsbau 1950-1980 in Spanien	80

Abb.		Seite
7	Entwicklung der Verstädterung in Spanien 1900-1981 nach Gemeindegrößenklassen	87
8	Fragebogen der Städtebefragung zur Stadtentwicklungsplanung	96
9	Aufrißmodell der mitteleuropäischen und spanischen Stadt der 70er Jahre	109
10	Wohnflächenentwicklung 1956-1978 und Gebäudehöhen der randstädtischen Neubaugebiete 1978 in Albacete	113
11	Wohnflächenentwicklung 1956-1978 und Gebäudehöhen der randstädtischen Neubaugebiete 1978 in Alicante	114
12	Wohnflächenentwicklung 1956-1978 und Gebäudehöhen der randstädtischen Neubaugebiete 1978 in Burgos	115
13	Wohnflächenentwicklung 1956-1978 und Gebäudehöhen der randstädtischen Neubaugebiete 1978 in Huesca	116
14	Wohnflächenentwicklung 1956-1978 und Gebäudehöhen der randstädtischen Neubaugebiete 1978 in Málaga	117
15	Wohnflächenentwicklung 1956-1978 und Gebäudehöhen der randstädtischen Neubaugebiete 1978 in Valladolid	118
16	Wohnflächenentwicklung 1956-1978 und Gebäudehöhen der randstädtischen Neubaugebiete 1978 in Valencia	120
17	Wohnflächenentwicklung 1956-1978 und Gebäudehöhen der randstädtischen Neubaugebiete 1978 in Vitoria	122
18	Altersaufbau der Einwohner Valencias 1900 und 1950	124
19	Valencia 1983	126
20	Erste Ensanche-Planungen in Valencia von 1887 bzw. 1907	130
21	Innenstadtplanung von AYMAMI 1910	131
22	Stadtgrundriß von Valencia aus dem ersten Viertel des 20. Jahrhunderts	132
23	Der Stadtentwicklungsplan von Valencia von 1946	137
24	Der Plan Sur de Valencia von 1958	140
25	Der Plan General 1966 von Valencia	144
26	Entwicklung des Wohnungsneubaus 1960-1985 in Valencia	163
27	Verflechtungen bei einer Immobiliengruppe und einer punktuellen Operation	175
28	Els Orriols (Valencia) 1983	178
29	Bauperiode der Wohngebäude im Untersuchungsgebiet Els Orriols (Valencia)	184
30	Gebäudehöhen im Untersuchungsgebiet Els Orriols (Valencia)	185
31	Statistische Bezirke des Stadtteils Els Orriols/Valencia	187
32	Bodenpreisentwicklung 1950-1981 im Stadtteil Els Orriols/Valencia	190
33	Burgos 1983	207
34	Stadtgrundriß von Burgos aus dem ersten Viertel des 20. Jahrhunderts	208
35	Die Stadtentwicklung von Burgos bis in die 50er Jahre des 20. Jahrhunderts	211

Abb.		Seite
36	Der Plan General 1945 von Burgos	214
37	Die Planung Ordenación Provisional del Territorio del Polo 1964	218
38	Hierarchische Gliederung von Burgos nach dem Plan General 1969	223
39	Flächennutzung und städtische Struktur von Burgos nach dem Stadtentwicklungsplan von 1969	227
40	Die Flächennutzung in Burgos nach dem Stadtentwicklungsplan von 1985	233
41	Entwicklung des Wohnungsneubaus (Baugenehmigungen) 1966-1980 in Burgos	241
42	Grundbesitz der Caja de Ahorros del Círculo Católico Burgos 1958	253
43	Blick vom Burgberg in Burgos Richtung E (Gamonal) Anfang der 60er Jahre und 1983	256
44	Gamonal (Burgos) 1983	257
45	Planungsbereiche in Gamonal gemäß Plan General 1969	261
46	Bodenpreise in Gamonal (Burgos) 1971 und 1980	264
47	Bauperiode der Wohngebäude im Untersuchungsgebiet Gamonal (Burgos)	266
48	Gebäudehöhen im Untersuchungsgebiet Gamonal (Burgos)	267
49	Gliederung von Gamonal (Burgos) nach Stadtentwicklungsplan 1980 und Einwohnerstatistik sowie Lage des engeren Untersuchungsgebiets	273
50	Verflechtungen zwischen den städtischen Akteuren im Untersuchungsgebiet in Gamonal	278

I. EINLEITUNG UND KONZEPT
1. Einführung

Mit dem Eintritt in die Europäische Gemeinschaft am 1.1.1986 hat sich Spanien ein weiteres Stück in das europäische Bewußtsein geschoben. Bei dieser Gelegenheit wurde daran erinnert, daß das Land über seine Entwicklung zum europäischen Tourismusland Nr.1 hinaus seit dem Bürgerkrieg einen enormen wirtschaftlichen Aufschwung und einen durchgreifenden, sozialen und kulturellen Wandel vollzogen hat. Tatsächlich avancierte es von einem Agrarland zu einem der bedeutendsten westlichen Industriestaaten. Die mit Industrialisierung und Tourismus zusammenhängenden Entwicklungen demographischer und sozioökonomischer Art, seien es Fragen des agrarstrukturellen Wandels, des Tourismus oder der Migrationen, werden im deutschen Sprachraum kontinuierlich dargestellt und untersucht, von JÜRGENS (1926) bis LAUTENSACH (1964) und BREUER (1982), zuletzt im Schwerpunktheft Spanien der Geographischen Rundschau (1/1986). In der neueren Forschung wird allerdings kaum der Tatsache Rechnung getragen, daß Migration und Verstädterung nach 1960 innerhalb von 15-20 Jahren eine komplette Überformung der spanischen Städte und neue Großstadtphysiognomien mit sich gebracht haben, deren Auswirkungen bis in die Mittel- und Kleinstädte reichen. Kürze, Intensität und Ablauf dieses Prozesses lassen GORMSEN (1981) von den spanischen "Gründerjahren" sprechen. Der Prozeß der spanischen Stadtentwicklung nach dem Zweiten Weltkrieg ist in seinem Ablauf und seiner Intensität in Europa tatsächlich einzigartig, worin die historisch begründete "Spanishness of Spanish cities" (GUTKIND 1967, S. 289) ihre Fortsetzung zu erfahren scheint. Während in Deutschland das großstädtische Wachstum der Nachkriegszeit sowohl durch die an die Stadt anschließenden Einzelhaussiedlungen als auch durch die Satellitenstädte mit kompakter oder gemischter Hochhausbebauung geprägt ist, sind in Spanien Satelliten- und Trabantenstädte, mit Ausnahme der großen Metropolen, kaum ausgebildet. Ebenso fehlen im großen Maßstab ausgeprägte Einzelhaussiedlungen - abgesehen einmal von der dispersen Siedlungsstruktur der nordspanischen vollhumiden Landesteile, den touristischen Urbanisationen vor allem am Mittelmeer und vereinzelter Villenviertel in den Metropolen. Dagegen sind Präferenzen für Wohnlagen in der City und in Citynähe festzustellen, was auf stark verwurzelte, urbane Wohnmuster hindeutet. Andererseits finden sich hohe Anteile an Zweitwohnungen - sowohl an der Küste als auch im Landesinnern -, die als Pendant offenbar die großstädtische Lebensweise ergänzen.

Im Mittelpunkt der vorliegenden Untersuchung steht die Stadtentwicklung der 60er und 70er Jahre unseres Jahrhunderts, die im Zeichen des spanischen Baubooms verlief. Die Stadtentwicklung dieser Periode war in ihrer Dynamik von den politischen und ökonomischen Rahmenbedingungen bestimmt und in ihrem konkreten Ablauf durch Wohnungsbau, Städtebau und Stadtplanung gesteuert. Diese Fachplanungsbereiche waren ihrerseits eingebettet in den bis 1975 stark zentralistischen, franquistischen Staat. Die mit der Demokratisierung in Gang gebrachte Dezentralisierung wurde erst gegen Ende der 70er Jahre wirksam und betraf überwiegend die Kompetenzübertragung vom Zentralstaat auf die Autonomen Regionen, kaum aber auf die Kommunen. Deren politischer und finanzieller Handlungsspielraum bestimmte aber entscheidend ihre Rolle im Prozeß der Stadtentwicklung.

Das Forschungsinteresse erschöpft sich nicht in der Darstellung der Stadtentwicklungsprozesse nach ihren hierarchischen Beziehungen (Staat - Kommune) und nach ihren fachlichen Teilgebieten. Darüber hinausgehend soll vielmehr gefragt werden, welche Kräfte letztlich Ablauf und Intensität der spanischen Stadtentwicklung bestimmt haben und welcher Beitrag diesen Bestimmungskräften, den städtischen Akteuren, an der Stadtentwicklung im einzelnen zufällt. Das Untersuchungsziel der vorliegenden Arbeit mündet somit in die Beantwortung der drei Fragen:

1. Welches waren die Bestimmungskräfte der spanischen Stadtentwicklung nach 1960 und welche Bedeutung kam ihnen im einzelnen zu?
2. Welchen Verlauf nahm die Entwicklung der spanischen Städte bzw. Großstädte in den 60er und 70er Jahren?
3. Welches waren die politischen, ökonomischen und planerischen Rahmenbedingungen und Grundlagen dieser Entwicklungen?

Ausgehend von diesen Fragen, wurden Untersuchungsgang und Arbeitsmethodik folgendermaßen angelegt: Während die Rahmenbedingungen und Grundlagen der Stadtentwicklung, sofern sie politischer und gesetzgeberischer Natur sind, aus der Literatur ableitbar sind, wurde zur Verdeutlichung des Strukturwandels der Großstädte, neben der Literatur- und Statistikauswertung, eine Luftbildauswertung vorgenommen. Am Beispiel einer Reihe von Städten wird dabei das Ergebnis der rasanten Stadtentwicklung nach 1960 plastisch, sowohl was die Grundriß- als auch die Aufrißentwicklung betrifft. Ein besonderes Augenmerk galt den kommunalen Planungen. Sie stellen das Bindeglied zwischen den theoretischen Anforderungen an Städte- und Wohnungsbau und der konkreten Stadtgestalt dar, und in ihnen artikulieren sich die verschiedenen Kräfte der Stadtentwicklung. Hierzu wurde eine schriftliche Befragung unter den spanischen Provinzhauptstädten durchgeführt, die Aufschluß über Planungsaktivitäten und Planungsziele geben sollte, sofern diese in Gesamt- und Teilplanungen manifest sind. Über die Problemerfassung im gesamtspanischen Kontext hinaus schien es notwendig, Beispielstädte zur detaillierteren Untersuchung heranzuziehen. In ihnen konkretisiert sich die Verknüpfung von staatlicher und kommunaler Handlungsebene, und hier setzt auch der Beitrag der städtischen Akteure für die Stadtentwicklung an. Als Beispiele wurden die beiden Groß- und Provinzhauptstädte Burgos und Valencia gewählt. Ausgehend von ihrer gesamtstädtischen Entwicklung ist in jeder der beiden Städte der Focus auf einen für den Untersuchungszeitraum typischen Wachstumsstadtteil gerichtet, innerhalb dessen noch einmal Einzelanalysen bis auf Baublock- und Gebäudeebene durchgeführt wurden. Hierzu wurden die kommunalen Statistiken, Planungsunterlagen und Archivmaterial, die Baugenehmigungskartei des Wohnungsministeriums, das Handelsregister und Unterlagen des Katasteramtes ausgewertet, sowie Eigenerhebungen und Kartierungen durchgeführt.

2. Theoretisch-methodischer Rahmen
2.1 Analyseansatz und das Konzept der städtischen Akteure

Ausgehend von der Beurteilung der Rolle der im städtischen Raum handelnden Subjekte und gesellschaftlichen Gruppen bietet sich in der theoretisch-methodischen Diskussion städtischer Prozesse ein zweiteiliges Gliederungsschema zur Typisierung der vorhandenen Forschungsansätze an. Dieses Schema scheidet die Ansätze danach, ob sie einer nachfrageorientierten Sichtweise oder einer angebotsorientierten Sichtweise zuordenbar sind (*demand-based explanations* bzw. *supply-based explanantions*; vgl. KIRBY 1983). Die der Nachfrageorientierung zurechenbaren Ansätze gehen davon aus, daß eine gegebene Raumstruktur bzw. -organisation als Ergebnis der (Nachfrage-)Entscheidung Einzelner zu interpretieren ist. Angewandt etwa auf den Wohnungsbereich hieße dies, daß das Nachfrageverhalten der Wohnungssuchenden Umfang und Qualität des Wohnraumangebots und letztlich auch die (soziale) Wohnstruktur eines Quartiers bestimmt. Im Gegensatz dazu wird bei den sog. angebotsorientierten Ansätzen davon ausgegangen, daß das Angebot als ein Zur-Verfügung-stellen von Gütern und Dienstleistungen den Orientierungsrahmen und Handlungsspielraum für die nachfragenden Subjekte absteckt und daß hieraus letztlich Verteilungen und Strukturen in einem Stadtteil resultieren.

Die sich mit dem Phänomen Stadt beschäftigenden Analyseansätze sollen im folgenden danach unterschieden werden, ob sie stärker der nachfrage- oder der angebotsorientierten Sichtweise zuzurechnen sind. Solche Zuordnungen sind bereits in einer Reihe von Fällen, vor allem in der angelsächsischen Literatur, praktiziert worden (vgl. JOHNSTON 1977a, WALTON 1978, BASSETT/SHORT 1980, BOURNE 1981, KIRBY 1983). Der nachfrageorientierten Sichtweise können unter anderem zugeordnet werden:

- die neoklassische Schule (ALONSO 1964)
- *human ecology*-Ansätze (Chicagoer Schule, BURGESS 1925), Sozialraumanlyse (SHEVKY-BELL 1955, HAMM 1979)
- verhaltens-/wahrnehmungsorientierte Ansätze (vgl. LYNCH 1960, DOWNS 1970)

Dem angebotsorientierten Ansatz sind zuordenbar:
- manageristische/institutionelle Ansätze (REX/MOORE 1967; PAHL 1975, 1977)
- neomarxistische Ansätze (CASTELLS 1972, HARVEY 1973).

Die Kritik an den nachfrageorientierten Ansätzen läßt sich dahingehend zusammenfassen, daß es eine Illusion sei anzunehmen, Entscheidungen von Individuen und deren raumwirksames Verhalten seien letztlich das Ergebnis freier Äußerungen (consumer's decision making, s. KIRBY 1983, S. 10). Im Gegensatz sei vielmehr davon auszugehen - und dieser Auffassung pflichtet der Autor bei -, daß die Individuen als (wirtschaftende) Subjekte nicht frei in ihren Handlungen sind, sondern daß ihnen von Institutionen und gesellschaftlichen Gruppen mit ökonomischer Verfügungsgewalt in entscheidendem Maße Rahmenbedingungen gesetzt werden. Diese Untersuchung der institutionellen Organisation der Stadtentwicklung und der Beteiligung der verschiedenen städtischen Gruppen zählt im übrigen für LICHTENBERGER (1986, S. 28) zu den "ewigen Aufgaben der Stadtgeographie".

Bezogen auf den städtischen Wohnungsmarkt stellt zwar das Einkommen eine grundlegende Größe für die Handlungsspielräume in der Wohnungswahl dar, doch ist unbestreitbar, daß die Herstellung und Verteilung von Wohnungen und damit der Zugang zum Wohnungsmarkt durch verschiedene Kräfte und Gruppen beeinflußt wird. Solche Gruppen wurden, vor allem in der stadtsoziologischen Diskussion, im Zusammenhang mit Fragen um Wohnzugangsmöglichkeiten und Verteilungskonflikte als städtische "Torwächter" ("urban gatekeepers") und städtische "Manager" ("urban managers") bezeichnet (vgl. REX/MOORE 1967 u. PAHL 1975). PAHL präzisierte und reduzierte den Begriff der städtischen Manager später (1977) auf die öffentlichen Manager, also vor allem Kommunalbeamte (zum Begriff vgl. auch JOHNSTON 1981, S. 360). In der Frage der Stellung dieser Manager im städtischen System weist ihnen PAHL die Funktion einer Vermittlerrolle zwischen der zentralstaatlichen Verwaltungsebene und der Lokalbevölkerung zu.

So wie PAHL den städtischen Managern eine vermittelnde Funktion zuschreibt, so wird die Frage ihrer Handlungsautonomie je nach theoretischem Bezugssystem verschieden beantwortet (vgl. SAUNDERS 1987). REX und MOORE (1967) etwa sehen den städtischen Raum als eigenständige Einheit an und stellen die Konflikte im städtischen Wohnbereich auf eine Stufe mit den Klassenkämpfen im Produktionsbereich ("Wohnklassen"). CASTELLS (1977a) prägt, ausgehend von der Konsumtion als signifikantestem Prozeß des Städtischen (Stadt als Ort der Reproduktion der Arbeitskraft), den Begriff der "relativen Autonomie" der städtischen Prozesse. HARVEY (1973) und LOJKINE (1977) dagegen weisen von ihrem Standpunkt der politischen Ökonomie zwar auch auf die stadteigenen Strukturen und Dynamiken hin, doch sehen sie die Stadt durch das übergeordnete nationale System bestimmt - nationale Institutionen und Unternehmen "strukturieren den Raum", wie HARVEY/CHATTERJEE (1974) am Beispiel Baltimore aufzeigten. Unter dieser Annahme allerdings könnte der Zugang zur Analyse der stadtgeographischen Prozesse nur über eine Analyse des gesamten politisch-ökonomischen Systems erfolgen, und zwar dergestalt, daß "the structural analysis of capitalism and its various spatial manifestations is the core problem facing geographers" (GRAY 1975, S. 232).

Der Frage nach dem Verhältnis zwischen lokaler und nationaler Ebene kommt also große Bedeutung für das Verständnis der städtischen Prozesse und ihrer Teilbereiche Stadtplanung und Wohnungsbau zu. PAHL 1975 (S. 270ff) stellt zur Beschreibung der Spannweite der Beziehungen zwischen staatlicher und gemeindlicher Ebene vier Möglichkeiten modellhaft vor:

1. Modell der städtischen Manager: Der Zugang zu lokalen Ressourcen wird nur von lokalen Behördenbeamten geregelt, die eine eigene Ideologie verfolgen und als *gatekeeper* die politischen Repräsentanten manipulieren.
2. Statisten-Modell: Der Zugang zu lokalen Ressourcen wird von der nationalen Ebene aus bestimmt. Auf lokaler Ebene bleibt nur ein geringer Spielraum, z.B. in der Ausfüllung des gesetzgeberischen Rahmens.
3. Kontrolle-durch-Kapitalisten-Modell: Die Ressourcen werden lokal oder national verteilt und sind primär an den Kapitalinteressen ausgerichtet. Öffentliche Einrichtungen werden als nicht unbedingt not-

wendiger "Luxus" angesehen. Auf lokaler Ebene ist bei der Inwertsetzung zentraler Lagen das Profitinteresse eine legitimere Begründung als die Anlage öffentlicher Einrichtungen.
4. Pluralistisches Modell: Es herrscht aufgrund der jeweiligen Interessenlage eine ständige Spannung zwischen der nationalen Bürokratie, den Interessen des Privatkapitals und den politischen Parteien der dominierenden Klassen. Schwankungen für öffentliche Ausgaben markieren die Konfliktlinien. Die Interessengegensätze setzen sich auf lokaler Ebene fort.

Die Gültigkeit des jeweiligen Modells hängt nach PAHL vom jeweiligen Land und der lokalen Organisation ab. Es kann aber angenommen werden, daß bei ähnlichem politisch-ökonomischem System auch ähnliche Modellvarianten auftreten, so daß es sich eher um eine Frage des verschiedenen Maßstabs gleicher Strukturtypen als um eine Frage verschiedener Typen handeln dürfte (vgl. EYLES 1978, S. 302).

Für den weiteren Fortgang der Arbeit soll davon ausgegangen werden, daß die kommunalen Manager, ebenso wie die anderen städtischen Gruppen, mit jeweils eigenem Gewicht in das städtische System eingreifen. Ebenfalls wird angenommen, daß das direkte Eingreifen der staatlichen Ebene durch Zentralverwaltung und Unternehmen feststellbar ist. Damit wird es notwendig, den Beitrag aller in den städtischen Prozeß von Stadtplanung und Wohnungswesen intervenierenden Kräfte in die Analyse der Stadtentwicklung einzubeziehen. Dies mündet in ein breit gefaßtes Konzept der städtischen Akteure, zu denen somit alle für die Stadtentwicklung relevanten Gruppen und Institutionen gezählt werden. In Anlehnung an HARVEY 1973 (S. 162ff) und HEADEY (1978, S. 37) ergeben sich dann als die Akteursgruppen der Stadtentwicklung:

- Grund- und Bodenbesitzer
- Planer/Architekten
- Baugesellschaften
- Finanzierungsgesellschaften
- Makler
- lokale Verwaltung
- Zentralverwaltung
- Wohnungseigentümer
- Wohnungsnutzer
- Bewohner/soziale Bewegungen.

Die Anwendung des Konzepts der städtischen Akteure ist in Spanien eng mit der Rezeption französischsprachiger Theorieansätze verbunden. Von Frankreich gingen starke Impulse von kapitalismuskritischen, marxistischen Autoren wie LEFEVRE (1970) und LOJKINE (1972) aus. Aufschlußreich für die Bedeutung des Akteursansatzes in der spanischen Stadtgeographie ist der Reader "Los agentes urbanos" von 1975 (hrsg. v. Fachbereich Geographie der Universitat Autónoma de Barcelona). Dort sind vier französische Autoren von 1970-73 wiedergegeben. Zwei von ihnen, TOPALOV und PRETECEILLE, sprechen in ihrem Aufsatz explizit von "agentes" bzw. "agentes sociales", und PRETECEILLE unterscheidet vier verschiedene Akteure (vgl. S. 20): die Promotoren, die Architekten, die gemeindliche Planungsabteilung und die Unternehmen. Ergänzt werden diese ins Spanische übertragenen Arbeiten durch die Aufsätze zweier katalanischer Autoren (BORJA und OLIVE), die die spanischen Entwicklungen, insbesondere die sozialen städtischen Bewegungen, unter dem Aspekt der Entwicklung von Kapital und Kapitalsfraktionen analysieren. Darin widerspiegelt sich einerseits eine gewisse marxistische Orientierung in der spanischen Stadtgeographie und andererseits das zunehmend wichtiger werdende Thema der städtischen Basisbewegungen, die im Franco-Spanien zu Anfang der 70er Jahre an Gewicht gewannen. (Zu den städtischen sozialen Bewegungen liegt eine Fülle von Literatur vor, u.a.: GARCIA BELLIDO 1971, FERNANDEZ 1973, BORJA 1975 u. 1977, BERRIATUA 1977, CASTELLS 1977b, GAIL BIER 1980, TERAN 1981.)

Zwar überwiegen in der spanischen Stadtgeographie deskriptive Ansätze (Stadtmonographien), doch wurde auch eine Reihe kritischer Stadtanalysen durchgeführt, wie von BOSQUE MAUREL 1962 (Granada), NAVARRO FERRER 1962 (Zaragoza), GARCIA FERNANDEZ 1974 (Valladolid). Das Konzept der städtischen Akteure dagegen wurde vor allem in der katalanischen Geographie angewandt und weiterentwickelt (CAPEL 1975, TEIXIDOR 1976).

Eine Kontinuität im Diskurs kritischer Stadttheorien wurde in Katalonien mit der Zeitschrift CAU (Construcción, Arquitectura, Urbanismo) geschaffen. Hierzu trug auch das *Centre d'Estudis Urbanistics Municipals i Territorials* (CEUMT) bei, das insbesondere die Verbindung zur kommunalen Praxis herzustellen sucht (vgl. Manual municipal de urbanismo, 1981, hrsg. v. BRAU u.a.).

Aufschlußreich für die Anwendung des Konzepts der städtischen Akteure in Spanien ist die Arbeit des Ökonomen SORRIBES (1977/78) über die Stadtentwicklung Valencias zwischen 1960 und 1975. SORRIBES sieht die städtischen Akteure in engem Zusammenhang mit den übergeordneten gesellschaftlich-ökonomischen Kräften (Klassen). Er weist darauf hin, daß die Klassen nicht insgesamt, quasi als Kollektiv, eingreifen, sondern der Eingriff vermittels der Gruppen der städtischen Akteure vonstatten geht. SORRIBES beschreibt damit die städtischen Akteure als "Untereinheiten dieser Gruppen" ("subconjuntos de estos colectivos"; 1978, S. 34). Er unterscheidet (vgl. 1977, S. 489ff u. 1978, S. 34ff)

 a) städtische Akteure, die einen (unmittelbaren) Immobilienbedarf aufweisen, d.h. große Handels- und Industrieunternehmen, Banken, Kaufhäuser, zusätzlich Bourgeoisie und Kleinunternehmen,
 b) städtische Akteure, die direkt am Wohnungsbau beteiligt sind: Grundbesitzer, Baugesellschaften, Finanzkapital; zu dieser Gruppe gehörig, aber mit eigenem Gewicht:
 c) Immobilienpromotoren.
 d) Öffentliche städtische Akteure, wie Staat und Stadtverwaltung,
 e) städtische soziale Bewegungen.

SORRIBES legt besonderes Gewicht auf die Wohnungspromotoren, denen er eine Schlüsselrolle im Prozeß der Immobilienproduktion und -verteilung zumißt. Darüber hinaus stellt er die städtischen Bewegungen als neue

Phänomene der jüngsten spanischen Stadtgeschichte in einen engen Zusammenhang mit der besonderen politischen Übergangssituation Spaniens nach Franco.

Zusammenfassend kann festgestellt werden, daß von der Anwendung der analytischen Kategorien der städtischen Akteure Aufschluß über die spanische Stadtentwicklung zu erwarten ist. Im Verlauf der Arbeit wird zu prüfen sein, ob das System der städtischen Akteure auch im Einzelfall, d.h. an den ausgewählten Beispielstädten Burgos und Valencia, zur Erklärung der Dynamik der Stadtentwicklungsprozesse der 60er und 70er Jahre dienen kann und die Zusammenhänge zwischen politisch-ökonomischen Rahmenbedingungen, Städtebau, Wohnungs- und Stadtplanung erkennen und erklären hilft.

2.2 Die Beispielstädte Burgos und Valencia

Wie bei der vorangegangenen Diskussion um die städtischen Akteure deutlich wurde, ist es notwendig, die anzuwendenden Methoden und Untersuchungsansätze auf ihre Übertragbarkeit und Gültigkeit für die spanischen Städte zu hinterfragen. Zu prüfen ist also, ob das Untersuchungsobjekt einen spezifischen Methodeneintrag erbringt und wie daraus folgend das Untersuchungsthema einzuordnen ist.

Im weiteren Verlauf der Untersuchung zur spanischen Stadtentwicklung ab 1960 wird sich zeigen, daß es neben der eigentlichen Städtebaupolitik v.a. die politischen und ökonomischen Konstellationen waren, die die jeweiligen Rahmenbedingungen definierten. Über die Einordnung des Städtebaus in den politischen und ökonomischen Rahmen hinaus zeigt es sich desweiteren, daß die Analyse der Stadtentwicklung, die sich ja zunächst als ein städtebauliches Thema mit lokalem Bezug darstellt, im spanischen Kontext ohne die Einbeziehung der Wohnungspolitik nicht möglich ist. In der Literatur wird zu einer solchen Interrelation zwar meist auf die bestehende enge Verbindung zwischen Wohnungswesen, Bodennutzung und Städtebau hingewiesen und dies auch mit einem "kreisförmigen und kumulativen" Beziehungsgefüge verglichen (vgl. BOURNE 1981, S. 19). Doch wird in der Forschungspraxis eher eine Differenzierung nach städtebaulich-stadtplanerischen Gesichtspunkten und nach Studien über Wohnungswesen, Wohnungsbau und Wohnungsmarkt vorgenommen. Letztgenannter Bereich hat sich dabei im Laufe der 70er Jahre sogar zu einem eigenen Teilgebiet der Geographie, der Geographie des Wohnens (*Geography of Housing*), ausgebildet (vgl. KIRBY 1983, S. 8).

Eine Beschränkung auf den lokalen Aspekt (Stadtmonographie), den Städtebau- oder Wohnaspekt wäre bei einer Analyse der spanischen Stadtentwicklung kaum fruchtbar. Vielmehr ist der Tatsache Rechnung zu tragen, daß mit dem autoritären Franquismus eine enge Anbindung der lokalen an die zentrale Ebene vorgenommen wurde und daß der Städtebau bis 1977 dem Wohnungsministerium untergeordnet war. Bei der Untersuchung der spanischen Stadtentwicklung müssen also Städtebau, Stadtplanung und Wohnungsbau in ihrer gegenseitigen Durchdringung und Wechselwirkung Eingang in die Untersuchung finden. Hinzu kommt, daß die an diesen Prozessen beteiligten Gruppen - die städtischen Akteure - sowohl im Wohnungsbau wie in der Stadtplanung identisch sind.

Die Stadtentwicklung Spaniens nach 1960 soll im Verlauf der Arbeit an Hand der zwei Beispielstädte Burgos und Valencia exemplifiziert werden. Die Idee der Beispielstädte ist es, die im ersten Teil der Arbeit für Gesamtspanien entwickelten Aussagen am Einzelfall zu konkretisieren. Dies soll erfolgen sowohl bezüglich des stärker deskriptiven Teils der Stadtentwicklung als auch in bezug auf die Analyse der Bestimmungskräfte der Stadtentwicklung.

Die Diskussion der Stadtentwicklungen im gesamtspanischen Kontext zielt auf verschiedene Punkte ab:
- Es soll verdeutlicht werden, daß die Stadtentwicklungsprozesse der 60er und 70er Jahre für die Städte Spaniens ein universelles stadtgeographisches Phänomen darstellten, das in seiner gesamten Bedeutung in der Bundesrepublik noch kaum rezipiert ist.
- Es soll vermieden werden, das Thema im Rahmen von Stadtmonographien abzuhandeln und so den Bezug zur übergeordneten Ge-

samtentwicklung zu verlieren. Der "nur" exemplarische Charakter der Beispielstädte soll deutlich werden.
- Es soll sichergestellt werden, daß die wechselseitigen Verbindungen zwischen den übergeordneten demographischen, politischen und ökonomischen Rahmenbedingungen und der lokalen Situation herausgearbeitet werden. Dadurch ist auch die Voraussetzung geschaffen für die Anwendung der Konzeption der "städtischen Akteure" - von denen ja einer die zentralstaatliche Verwaltung ist.

Nicht unerhebliche Bedeutung kommt der Frage nach der Größe der untersuchten Städte zu. Als These kann formuliert werden, daß die Stadtentwicklung ab den 60er Jahren weitgehend stadtgrößenunabhängig verlaufen ist. Demnach könnte angenommen werden, daß, so wie es GARCIA FERNANDEZ 1974 (S. 11) für Valladolid formuliert hat, die spanischen Städte mit Ausnahme der Metropolen Madrid und Barcelona einem einheitlichen Wachstumsmodell gefolgt sind (vgl. GORMSEN 1981). Trotz dieser alle Städte einbeziehenden These wird im Laufe der Arbeit der Schwerpunkt auf Groß- bzw. Provinzhauptstädte gelegt. Dabei wird angenommen, daß bei ihnen sowohl die Phänomene der Stadtentwicklung als auch deren Bestimmungskräfte weitgehend ausdifferenziert und dementsprechend analysierbar sind. Bei einer Vertiefung des Themas wäre allerdings die Einbeziehung der Mittel- und Kleinstädte notwendig.

Ziel des Untersuchungsganges ist es, mittels der Beispielstädte allgemein beobachtbare Entwicklungen zu überprüfen und nicht etwa verschiedene Stadtentwicklungsmodelle zu entwerfen. Deshalb ist es auch nicht zwingend notwendig, eine Auswahl der Beispielstädte nach "repräsentativen" Merkmalen, seien sie demographischer oder ökonomischer Art, vorzunehmen. Mit Burgos und Valencia wurden vielmehr zwei Städte ausgewählt, die die Gewähr dafür bieten, nach Entwicklung und Funktionen genügend verschieden voneinander zu sein, um dem Anspruch unabhängiger exemplarischer Fälle gerecht zu werden. Darüber hinaus lagen zu beiden Städten bereits Verbindungen vor, was den Zugang zu Behörden und Unterlagen erleichterte.

Die beiden Städte Valencia und Burgos sind Großstädte und Provinzhauptstädte. Valencia mit rd. 750.000 und Burgos mit rd. 160.000 Einwohnern (Stand 1981). Burgos stellt das östliche Zentrum der nordkastilischen Hochebene dar. Dieser günstigen Verkehrslage - einerseits noch zentral zur Hochebene und andererseits bereits im Kontakt zu Baskenland, Ebrotal und Frankreich - verdankt Burgos wesentliche Anstöße seiner historischen und gegenwärtigen Entwicklung. Valencia ist Zentrum eines fruchtbaren Küstenhofes mit Obst- und Gemüseanbau und hat neben der Landwirtschaftsfunktion mit dem Hafen eine wichtige Handelsfunktion inne. In neuerer Zeit sind für Valencia und Burgos weitere Funktionen im Bereich der Dienstleistungen und Industrie neu hinzugekommen oder wurden ausgebaut.

Wenngleich beide Städte eine geographisch, historisch und kulturell voneinander unabhängige Entwicklung nahmen, so sind doch ähnliche Ausprägungen bei den ökonomischen Funktionen feststellbar. Im Sinne funktionaler Stadttypen (vgl. DIEZ NICOLAS 1972), die den Grad der wirtschaftlichen Spezialisierung an Hand des Anteils der in den Wirtschaftsgruppen aktiven Bevölkerung ermitteln, sind Valencia und Burgos in erster Linie vom Handel geprägt. Darüber hinaus stellen die Verkehrs- und Dienstleistungsfunktionen weitere Spezialisierungen dar.

Die Differenzierung der erwerbstätigen Bevölkerung nach den Wirtschaftssektoren zeigt, daß der primäre Sektor in beiden Städten mit unter 2 % nur mehr eine geringe Rolle spielt. Während der Beschäftigungsschwerpunkt bei Burgos mit 51 % im sekundären Sektor liegt - wobei der tertiäre Wirtschaftsbereich aber bereits ein nahezu gleiches Gewicht hat -, dominiert in Valencia der tertiäre Sektor mit rd. 67 % (s. Tab. 1).

Tab. 1: Erwerbstätige Bevölkerung 1981 in Valencia und Burgos nach Wirtschaftsbereichen (%-Angaben)

	Wirtschaftsbereich			
	primärer	sekundärer	tertiärer	Gesamt
Valencia	1,2	32,0	66,8	100
Burgos	1,5	51,0	47,5	100

Quelle: Ayuntamiento de Valencia 1983b u. Ayuntamiento de Burgos 1981

Bei einer an dem ökonomischen und demographischen Wachstumsverlauf orientierten Typisierung zeigen sich deutlichere Unterschiede zwischen Burgos und Valencia, so daß die beiden Städte bei RODRIGUEZ OSUNA (1983) unterschiedlichen Städtetypen zugeordnet sind. Valencia fällt hier in die Gruppe der Städte mit starker, früh einsetzender Industrialisierung, Burgos in diejenige mit traditionell landwirtschaftlicher Prägung (weitere Gruppen: Städte mit mittelstarker Industrialisierung und Städte mit touristischer Entwicklung). Die Städtegruppe mit früh einsetzender Industrialisierung verzeichnete im Zeitraum 1950-1975 mit durchschnittlichen +111 % Einwohnerzunahme das stärkste Wachstum aller Gruppen, während auf die Gruppe der landwirtschaftlich geprägten Städte die niedrigste Zunahme mit +47 % entfällt (Burgos selbst allerdings hatte 75 %). Ebenfalls die höchsten Anteile mit 77 % (1975) weist die erste Gruppe bezüglich des Bevölkerungsanteils der Hauptstadt an der Provinz auf, während dieser Wert für die Gruppe mit Burgos mit 22 % am niedrigsten ausfällt. Burgos und Valencia vereinigen allerdings beide jeweils 37 % der Provinzbevölkerung auf sich.

II. STADTPLANUNG UND WOHNUNGSBAU: RAHMEN-BEDINGUNGEN UND ENTWICKLUNGEN

1. Ökonomische und politische Rahmenbedingungen der Stadtentwicklung

1.1 Die Phase der Autarkie 1939-1959

Nach dem Sieg Francos im Bürgerkrieg 1939 war die Entwicklung der folgenden Jahre und Jahrzehnte von den Kriegsfolgen bestimmt. Da Spanien nicht am 2. Weltkrieg teilnahm und trotz der Nähe zu den Achsenmächten eine neutrale Politik betrieb bzw. "nicht kriegführend" war, kam es nach Weltkriegsende auch zunächst nicht in den Genuß von Mitteln des Marshall-Planes. Das Land blieb damit, obwohl es ebenso wie die kriegsteilnehmenden Länder an den Folgen des Krieges litt, von der europäischen Entwicklung ausgeschlossen (vgl. BERNECKER 1984, S. 80ff).

Da Importe nach 1939 bzw. 1945 immer teurer wurden, andererseits aber die Exporte wegen zu hoher Wechselkursparitäten rückläufig waren, suchte das neue franquistische Regime in einer Autarkiepolitik größere Unabhängigkeit vom Weltmarktgeschehen (vgl. ebd., S. 86ff). Diese autarkistische Phase der spanischen Wirtschaft von 1939 bis 1959 ist eng mit einer allgemeinen Stagnation der Ökonomie verbunden. Mit einer binnenbezogenen Wirtschaftspolitik durch strikte Lizenzvergaben für Importe sowie durch Kontingentierungen war die Notwendigkeit der Ankurbelung eigener "Ersatzindustrien" zur Importsubstitution gegeben, die entsprechend vom Staat gefördert wurden (vgl. TAMAMES 1980a, S. 172). Aus Gründen der nationalen Sicherheit sowie aus ökonomischen Gründen erfolgte der Ausbau nationaler Industrien, die damit aber unter dem Vorzeichen fehlender internationaler Konkurrenz standen (vgl. ebd.). Mit der Beschneidung der Importaktivitäten ging der Interventionismus so weit, zahlreiche unternehmerische Freiheiten einzuschränken und damit einen Grundpfeiler einer kapitalistischen Entwicklung westeuropäischen Zuschnitts in Frage zu stellen, nur um das Funktionieren des Gesamtsystems sicherzustellen (vgl. TAMAMES 1980a, S. 475).

Das Wirtschaftssystem während der autarkistischen Phase war mit rund der Hälfte aller Erwerbspersonen noch stark landwirtschaftlich geprägt (s. Tab. 2).

Tab. 2: Erwerbspersonen nach Wirtschaftbereichen (%-Angaben)

	Landw.	Industrie	Dienstl.	Gesamt
1940	50,5	22,1	27,4	100
1950	47,6	26,5	25,9	100
1960	39,7	33,0	27,3	100
1970	29,1	37,3	33,6	100
1980	18,3	38,0	43,7	100

Quelle: TAMAMES 1980b, S. 40

Dem entsprach beim politischen System die Dominanz der Bodenbesitzeroligarchie und des ländlichen und städtischen Bürgertums. Die Akkumulation des Wirtschaftskapitals erfolgte somit vornehmlich über den primären Sektor und eine extensive Ausbeutung der Arbeitskräfte (vgl. OLIVE/RODRIGUEZ/VALLS 1975, S. 136). Die Arbeiterklassen wurden u.a. durch vertikale, franquistische Gewerkschaften und Streikverbot kontrolliert.

Der franquistische Staat beließ es jedoch nicht bei der Vorgabe der wirtschaftlichen Rahmenbedingungen, sondern griff selbst immer aktiver und direkter in den Wirtschaftsablauf ein. Um die Aktivitäten aus der Privatinitiative zu ergänzen, wurde 1941 das Nationale Industrieinstitut (*Instituto Nacional de Indústria* - INI) gegründet, "... um die Schaffung und Wiederauferstehung unserer Industrien voranzutreiben und zu finanzieren ... mit dem Hauptziel der Lösung der Probleme, die durch Anforderungen der Verteidigung des Landes gestellt sind oder die sich auf die Entwicklung unserer wirtschaftlichen Autarkie richten ..." (vgl. TAMAMES 1980a, S. 180). Das INI entwickelte sich zu einem bedeutenden Eingriffs- und Steuerungsinstrument des Staates in die Wirtschaft: 1977 hatte es direkte Beteiligungen an 50 Unternehmen und war in den wichtigsten Industriebereichen präsent (vgl. ebd., Fig. 19). Mit der engen Verflechtung zwischen Industrie und Staat wurde die wesentliche Voraussetzung eines Kapitalismus staatsmonopolistischer Prägung geschaffen, der sich allerdings erst nach 1959 herausbildete (vgl. ebd., S. 475).

Politisch entwickelte sich das franquistische System aus einer totalitären Diktatur in der ersten Nachkriegszeit zu einem "autoritären" Regime, das sich aber selbst als "organische Demokratie" bezeichnete (vgl. BERNECKER

1984, S. 74ff). Das Franco-Regime bemühte sich seit den 40er Jahren, die internationale politische Isolierung aufzubrechen, die im UN-Boykott von 1946 ihren Niederschlag gefunden hatte. 1953 war dieses Ziel zu einem guten Teil erreicht: Spanien wurde in die UNESCO aufgenommen und schloß ein Stützpunktabkommen mit den USA.

In der politischen Binnenorganisation der Verwaltung wurden nach dem Bürgerkrieg die zentralistischen Zügel straff angezogen. Es wurde die Abhängigkeit der Gemeinde- und Provinzverwaltungen von Madrid wiedergestellt, u.a. durch das Prinzip der Ernennungen. Auch mit dem Gemeindeverwaltungsgesetz (Ley de Régimen Local) von 1955 erfolgten keine Zugeständnisse in bezug auf größere kommunale Kompetenzen. Zwar wurde darin pro forma die Ernennung von Bürgermeistern und Provinzverwaltungen durch Madrid abgeschafft. Tatsächlich jedoch blieben die Abhängigkeiten u.a. vom Zivilgouverneur, der weiterhin von Madrid aus eingesetzten obersten Provinzinstanz, bestehen und zwar durch das Verfahren des Einholens von Unbedenklichkeitserklärungen, dem sog. "pidiendo permiso", (vgl. TAMAMES 1980b, Bd. II, S. 1219).

Die Verstärkung der Wirtschaftskontakte mit Westeuropa und den USA löste ab den 50er Jahren eine Wirtschaftsbelebung aus. Diese Entwicklung wurde aber nicht staatlich gesteuert, sondern entsprang der Eigendynamik der spanischen Wirtschaft (vgl. TAMAMES 1980a, S. 180). Im Zuge einer vorsichtigen Außenorientierung und zaghaften Öffnung der Grenzen wurde auch der Tourismus wieder belebt, für den bereits in den 20er Jahren der Grundstein gelegt worden war (Patronato Nacional de Turismo) und der sich bis zum Bürgerkrieg gut entwickelt hatte. Mit den verstärkten Außenhandelskontakten mußte jedoch folgerichtig die Aufweichung des Autarkiekonzeptes und letztlich seine Auflösung erfolgen. Dies setzte mit Streiks für Lohnerhöhungen (1956/57) und Studentenunruhen ein. Die zunehmende Orientierung am europäischen Marktgeschehen forderte jedoch dem Spanien der 50er Jahre einen hohen sozialen Preis ab: Die unter künstlichem Schutz aufgebaute spanische Wirtschaft hielt dem europäischen Importdruck nicht stand. Die negativen Folgen trafen dabei die unteren sozialen Klassen am härtesten (vgl. ebd., S. 173f). Die angespannte wirtschaftliche Lage verschärfte sich, der Staat stand infolge des hohen

Außenhandelsdefizits vor dem finanziellen Zusammenbruch (vgl. BERNECKER 1984, S. 110f).

Die Entscheidungen für oder gegen ein bestimmtes Wirtschaftssystem standen unter Franco ganz im Zeichen der inneren ideologischen Auseinandersetzung zwischen dem falangistischen Flügel, der für die Beibehaltung der Autarkie war, und dem wirtschaftsliberalen, sog. technokratischen Flügel, der zunehmend an Gewicht gewonnen hatte. Mit der Entscheidung für eine Liberalisierung und Öffnung der Wirtschaft wurde im Zuge von Regierungsumbildungen 1957 der Weg geebnet für den Einzug jüngerer Experten. Diese rekrutierten sich überwiegend aus dem *Opus Dei* ("Gotteswerk"), einem umstrittenen katholischen Laienorden, der nach und nach die Schaltzentralen der ökonomischen und politischen Macht besetzte.

Die Effizienz des *Opus* entsprang einer straffen Organisation sowie eigenen Ausbildungsstätten, wie der Universität in Pamplona sowie dem Institut für höhere Betriebswirtschaftslehre in Barcelona. Der Einfluß des *Opus* für die Wirtschaftsgesinnung des Landes wurde mit der Bedeutung der calvinistischen Ethik für die Entwicklung des Kapitalismus verglichen (vgl. BERNECKER 1984, S. 114). Während *Opus Dei* zunächst nur zwei Minister stellte, rückten seine Mitglieder doch schnell in alle Schlüsselpositionen auf und bestimmten ab den 60er Jahren entscheidend die Wirtschafts-, Finanz- und Planungspolitik.

Als Zäsur in der Nachkriegsentwicklung Spaniens und als Beginn der neuen Ära kann 1959 angesetzt werden. Dieses Jahr markiert mit dem Stabilisierungsplan den Beginn der neuen liberalistischen Wirtschaftspolitik des "Desarrollismo". Mit dem Stabilisierungsplan wurden durch wirtschaftliche und finanzielle Maßnahmen (u.a. Abwertung der Pesete, Einfrieren von Löhnen und Gehältern, Regulierung ausländischer Investitionen) die Grundlagen für die Modernisierung und Neuorientierung der Wirtschaft gelegt und damit die Voraussetzung für die Entwicklungsmöglichkeiten des durch die Autarkie stark beschnittenen Kapitalismus hergestellt. Auch diese Umstrukturierungen und Rationalisierungen gingen zu Lasten der Arbeiterschichten. Als Ventil wurde diesen nunmehr die Arbeitsmigration nach Westeuropa angeboten, wo nach dem Aufbau der EWG (Vertrag von Rom 1957) ein großer Arbeitskräftebedarf herrschte.

1.2 Der Desarrolismus 1959-1975

Während die 40er und 50er Jahre durch eine politisch bestimmte, restriktive Wirtschaftspolitik geprägt waren, begann mit den 60er Jahren das Jahrzehnt der ökonomischen Planung. Dies bedeutete Vorgaben für die einzelnen Wirtschaftssektoren sowie in der territorialen Wirtschaftsorganisation. Zur Umsetzung der Wirtschaftspolitik wurden ab 1964 Entwicklungspläne aufgestellt, die unmittelbare Auswirkungen auf die wirtschaftsräumliche Entwicklung Spaniens auf nahezu allen Maßstabsebenen hatten. Es wurden drei Entwicklungspläne realisiert (1964-67, 1968-71, 1972-75), ein vierter (1976-79) kam nicht mehr zur Ausführung (zur kritischen Würdigung vgl. RICHARDSON 1976).

Die Neuorientierung der spanischen Wirtschaft im Rahmen der Entwicklungspläne erfolgte in Anlehnung an das Leitbild der sog. indikativen Planung. Dies bedeutete, daß zunächst die Wirtschaftspolitik für die einzelnen Sektoren entworfen wurde, um dann mit Investitionsprogrammen verknüpft zu werden. Die Ausgangspunkte der Entwicklungspläne waren dabei Annahmen über das zu erwartende Wachstum des Bruttosozialprodukts (vgl. TAMAMES 1980b, Bd. II, S. 889). Tatsächlich konnte aber eine Reihe von Voraussetzungen und Zielen nicht eingelöst werden (vgl. ebd., S. 1180):

* Die Pläne waren in der Praxis nicht indikativ, da bei einer Reihe von Wirtschaftsbereichen die Abstimmung fehlte und die Realisierung von der Planung abwich, ohne daß Korrekturen erfolgten.
* Es mangelte an der Verknüpfung zwischen Planung und Ausführung aufgrund erheblicher staatlicher Finanzierungsschwierigkeiten.
* Die Entwicklungspläne waren nicht ausgewogen, was alleine schon wegen der Inflation nicht möglich war. Sie lag während der ganzen Periode 1964-73 relativ hoch, ohne daß Maßnahmen zu ihrer Bekämpfung ergriffen wurden.

Die die Raumplanung am nachhaltigsten beeinflussende, neue Politik war durch das Konzept der Entwicklungspole gegeben (zur Bedeutung der Entwicklungspole als Instrument der Raumordnungspolitik vgl. BRÖSSE 1975, S. 78ff).

Dabei sollten die beschränkten staatlichen Investitionsmittel auf wenige Städte des Landes konzentriert werden, um dort durch Einrichtung industrieller Zentren die regionale Entwicklung zu stimulieren. Lagen bereits industrielle Grundlagen vor, sollten diese durch die Gründung eines sog. Entwicklungspols (*Polo de desarrollo*) verstärkt werden. War keine industrielle Basis vorhanden, sollte sie durch einen sog. Förderpol (*Polo de*

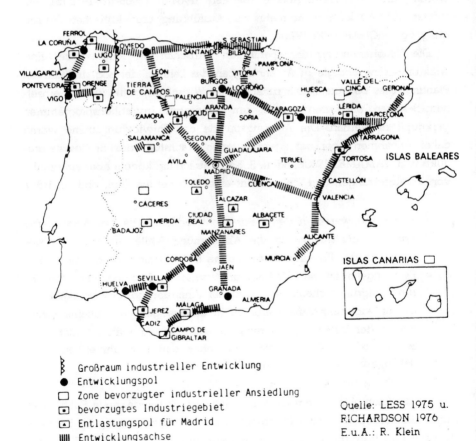

Abb. 1: Industrielle Entwicklungspole und -achsen im Rahmen der spanischen Entwicklungspläne ab 1964

Quelle: LESS 1975 u. RICHARDSON 1976
E.u.A.: R. Klein

de promoción industrial) geschaffen werden. Durch die Verknüpfung der Pol-Städte durch ein übergeordnetes, integriertes Konzept sollten Entwicklungsachsen (Korridore) geschaffen werden mit einer Ausstrahlung auf die gesamte Landesentwicklung. Zusätzlich waren Entlastungspole (*Polos de descongestión*)im Umkreis von Madrid vorgesehen, die das überbordende Wachstum der Hauptstadt auffangen sollten (s. Abb. 1).

Im einzelnen sah das Konzept der Entwicklungspole die Ausweisung eines Industrieparks *(polígono industrial)* vor, in dem die Ansiedlung privater Unternehmen massive staatliche Unterstützung erfuhr. Die Politik der Entwicklungspole kam somit einerseits der wirtschaftlichen Situation durch punktuelle und dadurch vergleichsweise kostengünstige Maßnahmen entgegen und andererseits der Planungsideologie durch die Förderung der Privatwirtschaft, für die ja die Pole geschaffen werden sollten (vgl. RICHARDSON 1976, S. 171). Die Methode der punktuellen Investitionen schien ideal für ein Land wie Spanien mit begrenzten ökonomischen Möglichkeiten, da auch bei Fehlschlägen das Gesamtmodell verbesserbar und fortführbar blieb (vgl. ebd., S. 165).

Trotz der erklärten Ziele der Politik der Entwicklungspole, nämlich der Förderung zurückgebliebener Regionen, erfolgte die Auswahl und Einrichtung der Pole in erster Linie unter dem Aspekt der Stimulierung des nationalen (Industrie-)Wachstums. So waren die Auswahlkriterien der Pole vor allem bestimmt von bereits vorhandenen oder zukünftigen nationalen Verkehrs- und Entwicklungsachsen wie Zaragoza, Valladolid, Sevilla oder Córdoba (vgl. u.a. LESS 1975, S. 208ff); ferner von regionalen Achsen wie Vigo - La Coruña - Villagarcía de Arosa oder auch von dem politischen Kriterium der Regimetreue während des Bürgerkriegs, wie bei Burgos, Sevilla und Zaragoza der Fall (vgl. RICHARDSON 1976, S. 171):

    1964: Burgos (-1974), Huelva (-1974) La Coruña(-1971), Vigo (-1971),
           Valladolid (-1970), Sevilla (-1970), Zaragoza (-1969)
    1970: Granada (-1979)
    1971: Córdoba (-1980), Oviedo (-1980)
    1972: Logroño (-1981), Villagarcía de Arosa/Galicien (-1981)

Die Aufreihung macht deutlich, daß mit zwei Ausnahmen nur Provinzhauptstädte vertreten sind, wobei einige der Städte bereits über eine teilweise gut ausgeprägte industrielle Struktur verfügten (Vigo, La Coruña, Zaragoza, Oviedo, Sevilla). Dies bedeutete einerseits, daß Erfolge der Strategie der Entwicklungspole von vorneherein schon sichergestellt waren. Andererseits erreichte die Entwicklungsförderung nicht die eigentlichen "unterentwickelten" Gebiete wie Extremadura, Andalusien oder Neukastilien. Der geringe Beitrag der Pole für die Regionalentwicklung wird aus der Tatsache deutlich, daß jährlich 7.000 neue Arbeitsplätze in den Polen geschaffen wurden, aber 110.000 landwirtschaftliche Arbeitsplätze verloren gingen (vgl. ebd., S. 164). Darüber hinaus wurden die Pole den Städten von Madrid aus eingepflanzt - ohne viel Rücksicht auf lokale Gegebenheiten sowie ohne wesentliche Kompetenzübertragung.

Insgesamt erfüllten sich die Hoffnungen, die vor allem in lokaler und regionaler Sicht in die Entwicklungspole gesetzt worden waren, nicht. Die Gründe hierfür resümiert TAMAMES (1980b, Bd. II, S. 1180 u. 1220):

* Isolierte Effekte der Pole, die nationale Effekte und Auswirkungen auf die Stadt, nicht aber auf die regionale Entwicklung hatten,
* fehlende bzw. ungenügende Organisierung der Pol-Verwaltung, vor allem wegen mangelnder Selbstverwaltung,
* Abhängigkeit des Funktionierens allein von privaten Investitionsentscheidungen.
* Insgesamt verfestigten und verstärkten sich so die räumlichen und regionalen Disparitäten, sowohl im ökonomischen wie im demographischen Bereich.

In seiner Diagnose des franquistischen Staats- und Gesellschaftssystems erklärt TAMAMES (1980a, S. 468ff) dessen Entwicklung aus der Reibung zwischen zwei Submodellen: des politischen Submodells und des ökonomischen Submodells. Nach TAMAMES entwickelten sich beide Subsysteme parallel, als Teile des Franquismus. Einem politisch scharf repressiven System entsprach in den Nachkriegsjahren die massive staatliche Lenkung der Wirtschaft. In den 50er Jahren stellte sich jedoch die Frage nach der

Zukunft des ökonomischen Entwicklungsmodells immer dringlicher und wurde schließlich mit der Entscheidung für ein weitgehend liberalistisches Modell beantwortet. Diese Entwicklung fand jedoch kein Pendant im politischen System. Hier wurde jegliche Veränderung am politischen System verhindert. So wurde beispielsweise noch 1967 mit einem Gesetz (*Ley Orgánica del Estado*) die Absicht verfolgt, die Militärs als Bestandteil des politischen Entscheidungsprozesses zu institutionalisieren. Zunehmend lauter werdende Forderungen sowie Erwartungen in eine politische Liberalisierung, die der ökonomischen folgen sollte, verdeutlichten das immer stärkere Auseinanderklaffen von ökonomischer Entwicklung - mit dem entsprechend einhergehenden sozialen Wandel - und politischer Entwicklung. Dieser Widerspruch zwischen ökonomischem und politischem Submodell verschärfte sich zunehmend, vor allem durch das Gewerkschaftsgesetz von 1971, das Streikverbot und vertikale Gewerkschaften festschrieb, obwohl z.B. die kommunistischen *Comisiones Obreras* seit 1965 am aktivsten waren. Mit der Zuspitzung des politisch-ökonomischen Widerspruchs und dem Ringen um den Grad der politischen Liberalisierung ging auch ein Ringen innerhalb des franquistischen Apparats um die Vormachtstellung einher, vor allem zwischen *Opus Dei*, Falangisten und Militär, was sich anhand der verschiedenen Regierungsumbildungen nachvollziehen läßt (vgl. BERNECKER 1984, S. 191f).

Ab 1973 setzte in Spanien, wie in ganz Europa, eine durch die Erdölpreisentwicklung ausgelöste Krise ein, die in Spanien zusätzlich zur politischen noch die wirtschaftliche Krise zur Folge hatte. Hieraus erwuchsen steigende Arbeitslosigkeit, hohe Inflationsraten sowie Kapitalflucht. Bis 1973 stand einer Gesellschaft, die durch die liberalistische Ökonomie dynamisiert war und sich im durchgreifenden sozialen Wandel befand, ein politisches System gegenüber, das sich seit dem Krieg kaum verändert hatte, auf den Vorstellungen der 40er und 50er Jahre beruhte und damit anachronistisch und entwicklungshemmend geworden war. Diese gesellschaftspolitische Konstellation und die Wirtschaftskrise waren denn auch das franquistische Erbe für Spanien nach Francos Tod im November 1975. Sie waren prägend für den Postfranquismus, wenngleich im ökonomischen

Bereich doch vorteilhafte Grundlagen und Erfolge in der Angleichung an die Ökonomien Westeuropas vorgewiesen werden konnten. So wurden erhebliche Einnahmezuwächse aus Gastarbeiterrimessen, industriellem Export und vor allem durch Tourismus erwirtschaftet. Hatte der Fremdenverkehr noch 1949 mit rd. 1/4 Mio. Besucher pro Jahr erst wieder den Vorkriegsstand erreicht, so nahm er von da an rasch zu und verzeichnete 1980 mit 38 Mio. mehr Touristen als Einwohner (1975: 30 Mio.; Quelle: INE-Anuarios Estadísticos, versch. Jahre), wobei der Anteil dieser Einnahmen 1975 rd. 47 % der Gesamtleistungsbilanz des Landes ausmachte (vgl. Statistisches Bundesamt 1978). Auch auf dem industriellen Sektor machte Spanien im Vergleich zu den 50er Jahren einen großen Sprung nach vorn unter die führenden Industrienationen und lag, gemessen am erwirtschafteten Nationalprodukt, an elfter Stelle (vgl. El País Anuario 1984, S. 49).

1.3 Die Demokratisierung ab 1976

Mit dem Tode Francos am 20. November 1975 und der Proklamation von Juan Carlos zum König und Staatschef war der Franquismus formal beendet. Juan Carlos setzte auf einen allmählichen, "paktierten" politischen Übergang, dem sich schließlich auch die linke Opposition anschloß (vgl. BERNECKER 1984, S. 211). Der 1973 ernannte Regierungschef Arias Navarro jedoch verschleppte die politische Liberalisierung, so daß Juan Carlos auf zunehmenden Reformdruck hin im Juli 1976 Adolfo Suárez zum neuen Regierungschef ernannte. Unter ihm erfolgten denn auch erste grundlegende Schritte auf dem Weg zu einer Demokratie, wie die Legalisierung der Gewerkschaften und die Durchführung von Parlamentswahlen im Juni 1977. Diese endeten mit dem Sieg von Suárez und dessen Sammelpartei der rechten Mitte (UCD), doch wurde die sozialistische Partei zweitstärkste Kraft, während die extreme Rechte mit den Franco-Anhängern (die "Volksallianz" des ehemaligen Franco - Ministers Fraga Iribarne) eine deutliche Abfuhr erhielt. Ablauf und Geschwindigkeit der Demokratisierung entsprangen aber nicht nur dem Reformwillen von oben, sondern waren auch die Folge des Reformdrucks von unten, vor allem der Aktionen der Gewerkschaften (vgl. BERNECKER 1984, S. 216).

Die Demokratisierung setzte sich fort mit der Verabschiedung einer neuen Verfassung im Oktober 1978 und Parlamentswahlen im März 1979, aus der die UCD erneut als Sieger hervorging. Die gleichfalls stattfindenden Kommunalwahlen, die ersten seit dem Bürgerkrieg, brachten allerdings den Sozialisten und Kommunisten überwältigende Erfolge, vor allem in den Städten. 1980 fanden dann im Zuge der Dezentralisierung und Regionalisierung die ersten Wahlen zu Regionalparlamenten im Baskenland statt, gefolgt von weiteren in Katalonien, Galicien und Andalusien. Mit dem Gewinn der Sozialisten bei den Parlamentswahlen 1982 und der Ernennung von Felipe González zum Ministerpräsidenten war die Demokratisierung vollzogen und gefestigt, wie auch das Scheitern des Putschversuchs von Tejero am 23.2.1981 gezeigt hat.

Die ökonomische Ausgangssituation im Jahr der Wende 1976 war das Fortdauern der Wirtschaftskrise von 1973, mit einem Einbruch im Touristenaufkommen 1973-76 und dem Abflachen der Importe 1974-78 (vgl. BANESTO 1981, S. 223 u. 235ff). Die Handelsbilanz hatte 1974-77 mit jeweils über 7 Mrd. Dollar ihr höchstes Defizit erreicht (vgl. TAMAMES 1980b, Bd. II, S. 848).

Desweiteren bewegten sich die Arbeitslosenzahlen auf eine Million zu. Die Inflationsrate näherte sich 30 %, die Außenhandelsschulden wuchsen stark an und eine massive Kapitalflucht setzte ein (vgl. TAMAMES 1980b, Bd. II, S. 1188). Die jeweiligen Regierungen versuchten erfolglos, die Krise durch verschiedene Programme zu bewältigen. Im Oktober 1977 schließlich kam es im Pakt von Moncloa zu einem Übereinkommen aller parlamentarischen Parteien. Dieses Abkommen beinhaltete eine Reihe von Maßnahmen wie die Abwertung der Pesete, die dem Ziel der wirtschaftlichen Stabilisierung durch Exportsteigerung, Tourismusankurbelung und Verringerung der Inflation dienen sollten. Wenngleich die Krise mit dem Pakt von Moncloa noch nicht überwunden war, so beurteilt ihn TAMAMES dennoch als eine "Operation, die die Möglichkeiten in sich trug, den Kollaps der spanischen Wirtschaft zu verhindern" (1980b, Bd. II, S. 1198).

1979/80 verabschiedete die Regierung ein Wirtschaftsprogramm (*Programa Económico del Gobierno*), das Reformen wie die Umstrukturierung der krisengeschüttelten Schwer- und Werftindustrie einleiten sollte.

Im politischen Bereich vollzog sich neben den Veränderungen auf der nationalen Ebene vor allem auf der Kommunalebene ein deutlicher politischer Wandel, ablesbar an den Ergebnissen der Kommunalwahlen. Sowohl die Gemeindewahlen von 1979 wie auch diejenigen von 1983 endeten mit klaren Siegen für Sozialisten und Kommunisten, die in der Folge in nahezu allen Großstädten den Bürgermeister stellten. Nach der Kommunalwahl von 1983 entfielen von den 7.978 spanischen Bürgermeistern auf die Sozialisten (PSOE) 2.640, auf das Rechtsbündnis AP/PDP/UL 2.471 und auf die Kommunisten 172 (vgl. El País Anuario 1984, S. 53 u. S. 61ff).

Mit der Ablösung der alten franquistischen Verwaltung war in Spanien neben der wirtschaftlichen Modernisierung auch im politischen Bereich eine durchgreifende Reform, eine "Europäisierung", erfolgt. Das Land hatte sich bis zu den 80er Jahren zu einer Demokratie westeuropäischen Zuschnitts entwickelt. Es wurde zum 1. Januar 1986 in die EG aufgenommen.

1.4 Die Folgewirkungen der Rahmenbedingungen für die Stadtentwicklung

Die aufgezeigten politischen und ökonomischen Entwicklungen stellen die Rahmenbedingungen der im Untersuchungszeitraum abgelaufenen Stadtentwicklungsprozesse dar. Dabei lassen sich verschiedene Entwicklungen im politischen bzw. ökonomischen Bereich feststellen, die von besonderem Einfluß für Stadtplanung und Wohnungsbau waren und sich wie ein roter Faden durch die Stadtentwicklung der 60er und 70er Jahre ziehen.

Konkret handelt es sich dabei um:

a) die unkoordinierte Sektorialpolitik der verschiedenen Wirtschaftsbereiche,
b) die Verfestigung von räumlichen Disparitäten auf regionaler wie kommunaler Ebene und
c) die politische und finanzielle Unselbständigkeit der Gemeinden.

a) Unter "Sektorialpolitik" soll die Gesamtheit der von den verschiedenen staatlichen Ministerien und Einrichtungen betriebenen Politik verstanden werden, und zwar unter dem Aspekt, daß diese sich in ihren Auswirkungen selbst zuwiderläuft und in ihren Wirkungen konterkariert. Besonderes Interesse gilt dabei den Ministerien mit städtebaulichen und wohnungswirtschaftlichen Aktivitäten (Industrieministerium, Entwicklungsplanungsministerium, Verkehrsministerium, Wohnungsministerium, Städtebauministerium).

Welche Probleme mit einer solchen Sektorialpolitik vorprogrammiert waren, zeigt sich beispielhaft am Fall der mit den Entwicklungsplänen betrauten Institutionen. 1962 wurde das Koordinierungsbüro für die Entwicklungspläne (*Comisaría del Plan*) gebildet und der Staatskanzlei (*Presidencia del Gobierno*) unterstellt. 1973 wurde es aber dem neugegründeten Ministerium für Entwicklungsplanung eingegliedert, wodurch der vormalige Sonderstatus einer übergeordneten Stelle aufgegeben wurde zu Lasten der Konkurrenz eines Ministeriums mit vielen anderen (vgl. TAMAMES 1980b, Bd.II, S. 1181). Für diesen Fall wie für nahezu alle räumlich wirksamen Politikbereiche kann nachgewiesen werden, daß sie sich gegenseitig beeinträchtigten als Folge fehlender Abstimmung. Für den Zeitraum 1960-80 seien dazu fünf Beispiele angerissen.

Das Industriegesetz (*Ley de Sectores Industriales de Interés Preferente*) von 1963 sollte als regionales Entwicklungsinstrument des Industrieministeriums die Ausweisung von Industrieansiedlungsflächen ermöglichen, die nicht unter die Kriterien der Flächen der industriellen Entwicklungspole fallen sollten. Damit wurde das Konzept der Entwicklungspole als Instrument einer regional kontrollierten Industrieansiedlungspolitik hintertrieben. Erst ab dem dritten Entwicklungsplan 1973 wurde die Verbindung zwischen der Industriepolplanung und anderen regionalpolitischen Instrumenten hergestellt (vgl. RICHARDSON 1976, S. 189).

Das ebenfalls 1963 vom Industrieministerium erlassene Dekret zur industriellen Liberalisierung ermöglichte der Industrie die freie Ortswahl bei Ansiedlungen. Damit wurden aber erhebliche, nicht steuerbare Eingriffe in die regionale und kommunale Entwicklungsplanung in Kauf genommen, was besonders zu Lasten der Wohnungs- und Stadtentwicklungspolitik ging.

Das im 3. Entwicklungsplan vom Entwicklungsplanungsministerium für den Westen Galiciens vorgesehene Projekt eines "Großraums industrieller Entwicklung" sollte den punktuellen Wachstumseffekt der Entwicklungspole flächenhaft umsetzen (vgl. RICHARDSON 1976, S. 190). Dabei handelte es sich aber um ein rein auf die Belange der Industrie abgestelltes Programm, das aus der nationalen Optik entworfen worden war. Die Folgen der umfassenden Eingriffe durch Erschließungsanlagen, Straßen etc. gingen zu Lasten der traditionellen Industrien und hatten massive Umweltbeeinträchtigungen zur Folge.

Die massierte Fremdenverkehrspolitik ab den 60er Jahren förderte starke touristische Konzentrationen am Mittelmeer und auf den Inseln sowie Spezialisierungen, saisonal und nach Nationalitäten. Damit wurden jedoch erhebliche Folgekosten verursacht und die national durchgesetzte, einsektoriale Politik gegen eine regional orientierte, integrierte Entwicklungspolitik ausgespielt.

Die Verkehrspolitik unter der Prämisse "Verkehr erzeugt Entwicklung" gewann schnell eine große Eigendynamik. Der Straßenbau lief ohne Koordination mit der regionalen Entwicklungsplanung ab, ohne Abstimmung mit betroffenen Städten und unter Bevorzugung bereits entwickelter und Benachteiligung der strukturell schwachen Gebiete (vgl. KLEIN 1982, am Beispiel Provinz Burgos). Besonders deutlich wird diese Entwicklung am Nationalen Autobahnplan von 1972, der eine ausgewogene Entwicklungs- und Umweltpolitik unmöglich machte (vgl. GAVIRIA 1973).

Insgesamt lief, wie an den Beispielen gezeigt, die unkoordinierte und sich gegenseitig beeinträchtigende Sektorialpolitik einer integrierten Regional- und Umweltpolitik zuwider. Umweltpolitische Aspekte wurden bis auf den dritten Entwicklungsplan vernachlässigt - und machen auch dort nur einen geringen Umfang aus.

Die entwicklungshemmenden Organisationsformen der staatlichen Makro-Ebene fanden ihre Entsprechung auf den unteren Verwaltungsebenen von Provinz und Gemeinde (vgl. RICHARDSON 1976, S. 224f). So waren in dem zentralistisch organisierten Staatswesen der Präsident der Provinzverwaltung und die Bürgermeister politische Beamte und von Madrid aus eingesetzt. Ebenso waren die Ministerien auf der Provinzebene direkt vertreten durch einen Delegierten, der die Genehmigungsbehörde z.B. im Wohnungsbau darstellte. Erst mit der Reform des Kommunalverwaltungsgesetzes von 1974 wurde die Wahl der genannten Mandatsträger eingeführt, wenngleich Abhängigkeiten von Madrid auch weiterhin bestehen blieben. Tatsächlich demokratische Kommunalwahlen erfolgten erst 1979.

b) Als weitere Folgewirkung der staatlich gelenkten Entwicklungsplanung ist die Erzeugung und Verfestigung räumlicher Disparitäten zu nennen. Mit der Indikativplanung der Entwicklungspläne ab 1964 wurden die räumlichen und regionalen Entwicklungsprobleme Spaniens allein unter dem Aspekt ökonomischer Ungleichgewichte betrachtet (vgl. TAMAMES 1980b, Bd. II, S. 1220). Tatsächlich bestanden auch zu Beginn der 60er Jahre erhebliche regionale Einkommens- und Wachstumsunterschiede. 1960 lagen die 15 einkommensstärksten Provinzen im nordöstlichen Quadranten des Landes, mit Madrid, Valencia, Barcelona und dem Baskenland (vgl. Banco de Bilbao 1978, S. 111). Die auf eine Einebnung des großen nationalen Gefälles abzielende Politik der Entwicklungspläne sollte die Einkommensunterschiede nivellieren. Dies wurde aber keineswegs erreicht. Denn vergleicht man das Einkommensgefälle von 1960 mit dem von 1981, so zeigen sich die gleichen Konzentrationen bei den einkommensstärksten Provinzen. Darin bestätigt sich, daß die Entwicklungspole ohne ausstrahlende Wachstumseffekte geblieben sind (vgl. TAMAMES 1980b, Bd. II, S. 1220).

Somit waren starke Einkommensunterschiede und räumliche Ungleichgewichte das Charakteristikum Spaniens und sind es trotz des ökonomischen und sozialen Wandels geblieben. Diese Ungleichgewichte äußern sich am stärksten in den regionalen Disparitäten (vgl. TERAN/SOLE SABARIS 1982, S. 518).

Die räumlichen Disparitäten bezogen sich aber nicht nur auf die Regionen. Die Städte selbst waren betroffen, sei es als Kristallisationskerne von Stadtregionen, als Provinzhauptstädte oder als zentrale Orte. Die Stellung der Städte war dabei bedingt durch Lage, Ausstattung und funktionale Struktur (vgl. RACIONERO 1981).

c) Die Situation und Stellung der Kommunen im gesamtstaatlichen Kontext ist von besonderem Interesse für die spätere Bewertung der stadtplanerischen Möglichkeiten. Deshalb soll im Rahmen der ökonomischen und politischen Entwicklung Spaniens, seiner Regionen und Städte nach dem Handlungsspielraum der Städte und Gemeinden gefragt werden, d.h. ihrer Entscheidungsautonomie im Rahmen der kommunalen Selbstverwaltung. Bereits hingewiesen wurde auf die straffe, zentrale und hierarchische Staatsorganisation bis hinunter auf die kommunale Ebene. Zwar wurden die Grundlagen hierzu schon mit der Provinzgliederung von 1833 gelegt, doch erfuhr die Verwaltung erst im Franquismus ihre starre Verfestigung bis hin zur Disfunktionalität. Die strukturelle Unbeweglichkeit der franquistischen Verwaltung resultierte vor allem aus dem Einsetzen linientreuer Beamten. Demokratische Entscheidungsstrukturen fehlten so, und auf untergeordneter Ebene konnte von politischer Selbstverwaltung keine Rede sein.

Neben dem Fehlen politischer Autonomie fehlten den Gemeinden auch finanzielle Eigenmittel. Während nach 1976 die schrittweise politische und Verwaltungsdezentralisierung erfolgte, ist das Finanz- und Steuersystem nie zu Gunsten der Kommunen reformiert worden. Die Gemeindefinanzen (s. Tab. 3) sind gekennzeichnet durch eine nahezu vollständige Abhängigkeit von der Zentralverwaltung. Während die Ausgaben der Gemeinden 1980 nur ca. 5 % des Gesamtvolumens der öffentlichen Haushalte ausmachten, ist selbst dieser Anteil zum größeren Teil auf Rücküberweisungen aus Madrid zurückzuführen. Die Höhe der Gemeindeeinnahmen ist anteilsmäßig vor allem bestimmt durch den 4 %-Anteil an indirekten Steuern, die allein rd. ein Drittel (32 %) ausmachen, sowie die Überweisungen des Staates an den Nationalen Gemeindefonds (14 %) und den Kraftstoffsteueranteil (ab 1980 rd. 14 %, das sind 17 % am Gesamt) (vgl. CAMPS 1980, S. 24).

Tab. 3: Anteil aller Kommunalhaushalte am Staatshaushalt

    a) direkte Einnahmen [1]   4,69 %

    b) Rücküberweisungen durch
       - Provinzplanungen   0,29 %
       - Schuldenerlaß   0,35 %

    Gesamt   5,33 %

1) bestehen zu 4 % aus den indirekten Steuern.
Quelle: CAMPS 1980, S. 27

Die Frage der kommunalen Eigenmittel bekam besonderes Gewicht durch den erhöhten Finanzbedarf der wachsenden Städte in den 50er und 60er Jahren. Hier wären aufgrund der massiven Stadtzuwanderungen erhöhte Einnahmen zu erwarten gewesen. Wegen der Gemeindefinanzstruktur allerdings war dies nicht der Fall. Im Gegenteil: Gerade in der Phase des demographischen und ökonomischen Wachstums erfolgte eine weitere Verarmung der Städte (vgl. PEREZ ROYO 1980, S. 32). Mit der massierten Zuwanderung wurde nämlich die Schaffung umfangreicher Infrastruktur und Folgeeinrichtungen notwendig, die zum überwiegenden Teil von der öffentlichen Hand bereitgestellt werden mußten. So waren es in erster Linie die Kommunen, die die sozialen Folgekosten der nationalen, auf industrielles Wachstum abzielenden Politik zu zahlen hatten. Die großen Gewinne im Wohnungsbau und in der Industrie wurden dagegen privat abgeschöpft und kamen nur teilweise dem Gemeinwesen zugute. Wird etwa der Anteil der öffentlichen Investitionsquote auf lokaler Ebene in verschiedenen Ländern verglichen, so zeigt sich, daß sie in Spanien mit weniger als 20 % nur einen Bruchteil im Vergleich zu anderen Ländern ausmacht (vgl. ebd.).

Allein zwischen 1960 und 1980 war fünf Mal (1962, 1964, 1966, 1975, 1979) versucht worden, durch Finanzreformen die unbefriedigende und konfliktive Situation bei den Gemeindefinanzen neu zu ordnen. Eine grundsätzliche Änderung zugunsten der Gemeinden erfolgte letztlich aber nicht. Wenngleich 1978 mit der Verfassung ein wichtiger Schritt zu mehr politischer Dezentralisierung geschaffen wurde, so hat sich an der finanziellen Abhängigkeit der Gemeinden kaum etwas geändert. Insofern ist auch die Frage nach kommunaler Selbstverwaltung eng an diejenige der finanziellen Autonomie gekoppelt. Hinzu kommt, daß die Handlungsspielräume der Stadtverwaltungen bei Vorhaben der Stadtentwicklung oder des kommunalen Wohnungsbaus stark eingeengt waren und ihre Stellung im Rahmen der im Stadtentwicklungsprozeß intervenierenden Akteure entsprechend schwach ausfallen mußte.

2. Städtebaupolitik und Stadtplanung
2.1 Städtebau und Stadtplanung bis in die 50er Jahre

In der spanischen Stadtplanung kann eine Reihe von Einflüssen nationaler wie internationaler Art festgestellt werden, die als Leitbilder ihren Niederschlag gefunden haben (vgl. TERAN 1971 u. 1982, FERRER/PRECEDO 1977-78, GARCIA FERNANDEZ 1977).

Bis zum Bürgerkrieg und auch danach stellte in Spanien die aus dem 19. Jahrhundert stammende Fluchtlinienplanung die am meisten praktizierte Form der Entwurfsplanung dar. Sie entsprach in ihrer Anwendung zwar zunächst den Anforderungen an expandierende Städte als Folge der einsetzenden Industrialisierung und des erhöhten Wohnraumbedarfs des Bürgertums. Mit der industriellen Stadtentwicklung erwuchsen aber neue Probleme eines scharfen sozialen Gefälles zwischen Mittel- und Oberschichtvierteln und Arbeiterquartieren, letztere oft am Stadtrand als spontane Siedlungen. Im Zeichen dieser Dualität - einerseits geplante Entwicklung für das Bürgertum, andererseits spontane Entwicklung beim Proletariat (vgl. GARCIA FERNANDEZ 1977, S. 419) -, wurden Möglichkeiten stadtplanerischen Handelns und neue Stadtentwicklungsmodelle notwendig. Ein solcher Entwurf war die Idee der Gartenstadt von HOWARD, die ihre erste Realisierung in Spanien 1892 durch SORIAs *Ciudad Lineal* in Madrid fand (vgl. TERAN 1982, S. 73ff). Dieses Modell einer Stadterweiterung "im Grünen", von CERDA und SORIA charakterisiert als "Das Land urbanisieren, die Stadt ruralisieren" (vgl. TERAN 1971, S. 15), nahm die Vorstellungen der späteren organischen bzw. organizistischen Modelle, in denen eine Verschmelzung von Stadt und Land propagiert wurde, vorweg.

Mit dem Beginn der 30er Jahre setzte sich im europäischen Städtebau immer mehr die Forderung nach einer theoretisch und wissenschaftlich begründeten Planung durch. Diese sollte eine "rationale" Lösung der Stadtentwicklungsprobleme sicherstellen. Die daraus abgeleitete Etappe des Rationalismus fand als "Funktionalismus" ihren Ausdruck 1933 in der Charta von Athen. Darin wurde erstmals die Bedeutung der städtischen Teilfunktionen Wohnen, Arbeiten, Erholen und Verkehr sowie das Prinzip der Funktionstrennung formuliert (vgl. TERAN 1971, S. 15f).

Der spanische Städtebau hielt mit der 1930 gegründeten GATEPAC-Architektengruppe Anschluß an die rationalistische Bewegung. In Barcelona, wo von der Gruppe die stärksten Impulse ausgingen, entstand 1934 der "Plan Macià", der für die Stadt eine lineare Zonierung vorsah (vgl. TERAN 1982, S. 99). In Madrid war wenige Jahre zuvor der Stadtentwicklungsplan (*Plan General de extensión de Madrid*) verabschiedet worden. Mit diesen Plänen wurden so bis zum Bürgerkrieg Grundlagen für den Übergang von der Fluchtlinienplanung zur rationalistischen, zonalen Planung gelegt.

Nach dem Bürgerkrieg wurde ab den 40er Jahren - u.a. bedingt durch die Kriegsschäden -, die Stadtplanung zunehmend institutionalisiert. Der Wiederaufbau stand nunmehr unter einem franquistisch-falangistischen Vorzeichen (*ciudad falangista*) und dem Leitbild der "organizistischen" Stadt. Es kam noch 1939 zur Gründung einer Vielzahl von Planungsorganismen, wie dem Nationalen Wohnungsinstitut (*Instituto Nacional de la Vivienda*), dem Nationalen Siedlungsinstitut (*Instituto Nacional de Colonización*) und der Hauptabteilung für Architektur im Wohnungsministerium (*Dirección General de Arquitectura*), sowie 1940 dem Institut für kommunale Verwaltungsstudien (*Instituto de Estudios de Administración Local*). In der Folgezeit wurde eine Reihe von Stadtentwicklungsplänen in Angriff genommen: 1939: Salamanca und Valladolid; 1942: Guipúzcoa/San Sebastián; 1943: Toledo, Cuenca, Mallorca und Zaragoza; 1944 und 1945: Sevilla, Vigo, Valencia, Burgos, Barcelona und Málaga. In diesen Plänen wurde die Ideologie des "Organizismus" in die entsprechenden städtebaulichen Leitbilder umgesetzt.

Der "Organizismus" sieht die Stadt als organisch-biologische Einheit, die, in Anlehnung an die katholische Glaubenslehre, eine dreieinige Struktur aufweist: 1. als formales Gebilde ist die Stadt begrenzt und nicht amorph, 2. als Ort des "genius loci" stellt sie eine Gesamtheit von Normen und inneren Gesetzen dar, 3. als Organismus funktioniert sie wie ein menschlicher Körper, d.h. aus dem Zusammenspiel der verschiedenen Organe. Desweiteren soll die Stadt, obgleich sie deutlich abgegrenzt ist, von der *Plaza Mayor* ausgehend, in enger Beziehung zum ländlichen Raum stehen. Sie wird in Zonen eingeteilt und in Anlehnung an die Pfarrbezirke gegliedert. Hat sie ihre "natürlichen" Wachstumsgrenzen erreicht (Salamanca: 100.000 Einw.), so soll die überzählige Bevölkerung auf andere Städte bzw. Satellitenstädte verteilt werden. Die Städte sollen sich nach dem ihnen innewohnenden Charakter entwickeln, Salamanca beispielsweise als Universitätstadt (vgl. TERAN 1982 S. 153ff).

Im Jahre 1945 wurde das Grundlagengesetz zur kommunalen Verwaltung (*Ley de Bases de Régimen Local*) geschaffen, das zum ersten Mal einen Stadtentwicklungsplan für alle Kommunen vorschrieb. Dessen Aufstellung sollte allerdings in dem knapp bemessenen Zeitraum von drei Jahren erfolgen. Weitere Schwachpunkte des Gesetzes bestanden darin, daß nicht alle Planungsebenen einbezogen waren, sowie in der Tatsache, daß der Städtebau nunmehr stärker der Kommunalverwaltung als der Architektur zugeordnet war (vgl. ebd., S. 221f).

Trotz des Bemühens um eine Vereinheitlichung der Stadtplanung mußten mit den Plänen von Madrid, Bilbao und Valencia (alle 1946) auch spezielle Gesetze geschaffen werden - diese allerdings mit einer Vorreiterrolle für die Städtebaugesetzgebung insgesamt. Mit der Gründung der Nationalen Städtebaubehörde (*Jefatura Nacional de Urbanismo*) 1949 wurde ein weiterer Schritt zur Institutionalisierung der Stadtplanung getan. Diese Behörde sollte ein Instrumentarium zur Steuerung der städtischen Bodenpolitik entwickeln, ein nationales Städtebaugesetz vorbereiten und einen Nationalen Städtebauplan erstellen (vgl. ebd., S. 220).

Bis in die 50er Jahre erfolgte der Ablauf der Stadtplanung immer noch weitgehend nach dem Schema der einfachen Erweiterungsplanung (*Plan de extensión*), wobei die Straßen- und Baufluchten durch Fluchtlinienverlängerung festgelegt wurden (vgl. MOPU 1981a, S. 5). Gebaut wurde dann nach den einschlägigen Baubestimmungen (*Ordenanzas municipales*), die die Bauhöhen in Abhängigkeit von den Straßenbreiten vorschrieben. Große Baufreiheit herrschte innerhalb der Bauparzellen, aber auch, weil sich die Bebauung außerhalb - also illegal - fortsetzte. Die Einrichtung von sozialer Infrastruktur war nur gewährleistet, wenn die Stadt im *Ensanche* über entsprechenden Grundbesitz verfügte.

Die Systematisierung und Institutionalisierung der Stadtplanung fand 1956 mit der Gründung der Hauptabteilung für Architektur und Städtebau (*Dirección General de Arquitectura y Urbanismo*) ihren Niederschlag und wurde im selben Jahr durch das Baugesetz (*Ley del Régimen del Suelo y Ordenación Urbana*) auf eine einheitliche legislative Basis gestellt.

In den 50er Jahren, in denen mit der verstärkten Industrialisierung und der beginnenden ökonomischen Liberalisierung ein Ende der Nachkriegsautarkie in Sicht war (vgl. Kap. II-1.1), setzten auch verschiedene städtebauliche Initiativen ein. Die Idee des Nationalen Städtebauplans wurde forciert und zu dessen Vorbereitung die Erstellung von Provinzplänen eingeleitet (vgl. TERAN 1982, S. 237f). Die städtebaulichen Planungsfiguren, die über die Vorstellungen der falangistischen Stadt hinausgingen, variierten zwischen Fluchtlinienplanung, traditioneller Ensanche-Erweiterung, offener Blockbauweise und Gartenstadtbebauung. Die Entwürfe der organizistischen Vertreter gipfelten auf der Gegenseite in gewagten Interpretationen der Stadtgrundrisse: Madrid wurde als Mutter interpretiert, Barcelona als Erzengel oder Valencia als Fisch (s. Abb. 2).

Verstärkt durch die Aufnahme der Ideen aus dem europäischen Ausland, wo zunehmend raumordnerische Gesichtspunkte in die Stadtentwicklung einbezogen wurden, kam den Metropolen Madrid und Barcelona auch in den 50er Jahren eine Vorreiterrolle für die weitere Stadtplanung zu. Dies betraf sowohl die Planung von Satellitenstädten, als auch den Einsatz des Planungsinstrumentariums und die Anwendung planungsrechtlicher Möglichkeiten. Das wird deutlich am neuen Madrider *Plan General*

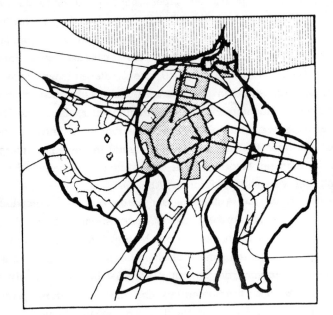

Abb. 2: "Organische" Interpretation der Stadtgrundrisse von Barcelona und Valencia

Barcelona

Valencia

Quelle: TERAN 1982

von 1953 - wenngleich darin die Boden- und Spekulationsmechanismen weiterhin unter dem reduktionistischen Blickwinkel gesehen wurden, wonach die Habsucht der Spekulanten allein Ursache der Bodenspekulation sei (vgl. ebd., S. 292).

Mit dem neuen Kommunalverwaltungsgesetz (*Ley de Régimen Local*) von 1955 erfolgte die Neufestlegung der kommunalen Kompetenzen. Danach wird der Handlungsspielraum der Gemeinden zum ersten Mal nach dem Bürgerkrieg weiter gefaßt, nachdem die relativ große Autonomie der Lokalverwaltungen, festgestellt 1924 im *Reglamento de obras, bienes y servicios municipales*, durch Franco nach 1939 zunehmend eingeschränkt worden war (vgl. LOZANO BLAZQUEZ 1975, S. 1). Die Kommunen erhielten nur die Zuständigkeit für die Aufstellung der Bebauungsplanung und die Erteilung von Baugenehmigungen (vgl. CORELLA MONEDERO 1974, S. 79ff). Weiterhin enthalten im Gesetz blieb allerdings die Genehmigungspflicht der städtebaulichen Planungen durch das Madrider Ministerium bzw. dessen Provinzvertretung.

2.2 Das Bau- und Bodengesetz von 1956 und seine Folgen

Ein für die Stadtplanung und Stadtentwicklung zentrales Datum war die Verabschiedung des ersten spanischen Boden- und Baugesetzes (*Ley sobre Régimen del Suelo y Ordenación Urbana*) im Jahre 1956. Initiiert bereits im Jahre 1949 vom Innenministerium mit dem Ziel, die Bodenspekulation zu bekämpfen (vgl. BIDAGOR 1969, S. 18), wurde 1953 der erste Entwurf vorgelegt (vgl. TERAN 1982, S. 301). Die Entstehung des Baugesetzes war a) Folge und Konsequenz der vorausgegangenen legislativen Akte zur Stadtplanung, es entsprach b) der Notwendigkeit zum Handeln im Zeichen des sich abzeichnenden Städte- und Baubooms, und es resultierte in seiner Initiative und Ausformung c) aus der politischen Situation des Franquismus. Diese drei Punkte sollen im folgenden kurz beleuchtet werden.

Vorbereitende Gesetze zum Städtebau (Punkt a) waren:
- *Ley de ensanche y extensión* 1892
- *Ley de saneamiento y mejora interior* 1895
- *Ley de solares* 1945
- *Ley de bases de régimen local* 1945
- *Ley especial del Plan General de Madrid* 1946
- *Ley de bases de régimen local* 1955

Diesen gesetzlichen Initiativen ist gemeinsam, daß sie Einzelinstrumente für verschiedene konkrete stadtplanerische Probleme darstellten. Die Notwendigkeit zur Schaffung eines gesetzlichen Gesamtrahmens für den Städtebau (Punkt b) ergab sich desweiteren aus der Zuspitzung des Bodenproblems infolge zunehmender Bauaktivitäten. Die Rolle des städtischen Bodens bei der Stadtentwicklung war zwar schon immer konfliktiv, doch verschärfte sich das Problem, und mit ihm die Bodenspekulation, vor dem Hintergrund des schnell steigenden Wohnungsbedarfs. Jeglicher Stadtplanung zuwider lief das Verhalten von Bodenbesitzern, die auf einen Bodenwertzuwachs durch Erschließung spekulierten und die Tatsache, daß dieser Planungswertgewinn nicht von der öffentlichen Hand abgeschöpft werden konnte. Darüber hinaus wurde der Städtebau bis zum Baugesetz von 1956 eher als lokales und zudem kurzfristiges Problem gesehen, anstatt im Zusammenhang von Wanderungsbewegungen, demographischem Wachstum und der Ausweisung und Erschließung von Neubauflächen.

Politisch-ideologisch (Punkt c) war der Ausgangspunkt für das Bau- und Bodengesetz der Auftrag aus dem Innenministerium, ein Gesetz zur Bekämpfung der Bodenspekulation auszuarbeiten. Dies weitete sich dann zu einem umfassenden Städtebaugesetz aus (vgl. BIDAGOR 1969, S. 18).

Geprägt ist das Bau- und Bodengesetz von der falangistischen Doktrin eines "revolutionären", sozial begründeten Konzepts des Bodens, das dem Verständnis eines sozialen Nationalismus entsprang und im autoritären Staat, der soziale Ideen integriert, angewandt werden sollte (vgl. PAREJO ALFONSO 1979, S. 257f). Über diesen Hintergrund hinaus sind Inhalt und Diktion des Bau- und Bodengesetzes im Kontext von Konflikten zwischen verschiedenen Machtgruppen innerhalb des franquistischen Systems, vor allem zwischen Falangisten und Technokraten, zu sehen. Die Falangisten entfernten sich mit ihren nationalistisch-autark geprägten Vorstellungen zunehmend von der (wirtschaftlichen) Entwicklung, während die Technokraten die Grundlagen für einen funktionierenden Kapitalismus legen wollten und an Gewicht gewannen (vgl. Kap. 1.1 u. 1.2). In der *Ley del suelo* von 1956 sind dementsprechend die Privatinitiative und das Eigentumsrecht ausdrücklich festgeschrieben sowie das Subsidiaritätsprinzip (Art. 4), nach dem der Staat die Rahmenbedingungen für die Privatinitiative schafft und nur ergänzend eingreift; dies bereits unter dem Aspekt, daß die Bauwirtschaft mit ihren Wertschöpfungs- und Beschäftigungseffekten das "Zugpferd" für die weitere ökonomische Entwicklung werden sollte. Das Subsidiaritätsprinzip, in Art. 4 des Baugesetzes verankert, stellt eines der Prinzipien des franquistisch orientierten *Movimiento Nacional* dar, wo es heißt: "Die Privatinitiative als Basis der wirtschaftlichen Aktivität soll stimuliert, reguliert bzw. ergänzt werden durch das Handeln des Staates" (GONZALEZ PEREZ 1974, S. 437).

Der Richtungsstreit um die ideologische Vorherrschaft im Franquismus sollte über die offene Einflußnahme auf Gesetze hinaus durch die Abgrenzung von Einflußsphären erfolgen, und zwar dergestalt, daß die konkurrierenden politischen Strömungen auch verschiedenen Ministerien zugeordnet wurden: die Technokraten erhielten das Entwicklungsministerium, die Falangisten das Wohnungsministerium. Das Ergebnis hiervon waren konsequenterweise nicht abgestimmte und sich zuwiderlaufende Fachplanungen, was insbesondere die Stadt- und Wohnungsentwicklungsplanung betraf.

Das Baugesetz gliedert den Ablauf der Bauplanung in 4 Phasen, und zwar in 1. Planung und Projektierung, 2. Baugrundregulierung, 3. Planausführung und Erschließung und 4. Baukontrolle (Art. 2). Hieran hatten sich die Stadtentwicklungspläne, ergänzt durch die Ausweisung eines Finanzierungsplans und einer Rechtsstudie, zu orientieren.

Zu 1: Der kommunale Stadtentwicklungsplan sollte sich in die (noch zu erstellende) Planungshierarchie von *Plan Nacional*, *Plan Provincial* und *Plan Comarcal* einordnen (Art. 7 u. 8) und sich auf der Gemeindeebene fortsetzen über *Plan General*, *Plan Parcial* und *Proyecto de urbanización*

(Art. 9-11). Der *Plan General* legt dabei als vorbereitende Bauleitplanung die Flächennutzung fest (s.u., Pkt. 2). Dem *Plan Parcial* kommt die Funktion der verbindlichen Bauleitplanung zu. Er reguliert die Bebauung im Bereich der ausgewiesenen Bauflächen (Wohnungsbau, Gewerbe etc.) durch Festlegung der Straßenführungen, Lokalisierung von Infrastruktureinrichtungen und durch die Festsetzung der Art und Weise der Bebauung (Dichtewerte etc.). Unabhängig von den vorgenannten Planungsfiguren können Kommunen Sonderpläne (*Planes Especiales*) aufstellen, um funktional und räumlich abgegrenzte Probleme, wie Sanierungsmaßnahmen, anzugehen (Art. 13ff). Die im Gesetz ausgewiesene Planhierarchie bedeutet, daß Detailplanungen nur bei Vorhandensein eines übergeordneten Plans möglich sind. Dies gilt insbesondere für die *Planes Parciales*, die nur bei einem gültigen *Plan General* aufgestellt werden dürfen.

Zu 2: Die Festlegung der Flächennutzung erfolgte im Baugesetz über die Ausweisung von drei Flächennutzungstypen: Bauflächen (*suelo urbano*), Bauerweiterungsflächen (*suelo urbanizable*) und ländliche Flächen (*suelo rústico*). Die Bauflächen umfassen die bereits bebauten oder erschlossenen Flächen und diejenigen Flächen, auf denen Erweiterungen durch *Planes Parciales* vorgesehen oder in Entwicklung sind. Die Erweiterungsflächen stellen die Planungsreserve für die zukünftige Stadtentwicklung dar und die ländlichen Flächen sind von städtischer Bebauung freizuhalten.

Zu 3: Die Erschließung der Baufläche sollte nach Ausweisung der entsprechenden Flächen (*Poligonos de actuación*) erfolgen. Die Bebauung selbst konnte dann von Privaten durch die Gemeinde oder durch nationale Wohnungsinstitute erfolgen. Für die Regulierung der gemeindlichen Ansprüche auf Flächen für Wege, Grünbereiche oder Infrastruktur sowie die Abgeltung der Erschließungsbeiträge wurden vier Möglichkeiten ausgewiesen (vgl. Ley del suelo 1956, Kap. III): Kooperation, Enteignung, Kompensation und Flächenabtretung (*cesión de viales*).

Zu 4: Die Baukontrolle sollte sichergestellt werden durch Vorschriften wie die Verpflichtung zur Bebauung von einmal ausgewiesenen Baugrundstücken, um der spekulativen Rückhaltung solcher Flächen zu begegnen. Appelliert wurde in diesem Zusammenhang an die Bedeutung der

städtebaulichen Disziplin als eines "vitalen Kapitels des Städtebaus" (BIDAGOR 1969, S. 19).
Das Bau- und Bodengesetz stellte die umfassende legislative Grundlage für die Stadtplanung und Stadtentwicklung der 60er und 70er Jahre dar. Neben den oben genannten Begrifflichkeiten und Inhalten, die zum Teil neu eingeführt wurden, lag der Ausgangs- und Schwerpunkt auf der "Zähmung" des Bodenmarktes. Um dessen Dynamik mit dem Ziel der Spekulationsbekämpfung zu steuern, wurden drei operative Figuren in dem Gesetz festgeschrieben: die Reparzellierung, die Festsetzungsmöglichkeit des Bodenwerts entsprechend dem Planungszustand und die Eingriffsmöglichkeit der Kommunen auf den Bodenmarkt.

1. Die Reparzellierung (Art. 77.2) eines durch einen *Plan Parcial* ausgewiesenen Planungsbereichs (*Polígono* bzw. *unidad de actuación*) kann auf Initiative jedes Grundbesitzers in diesem Bereich erfolgen. Durch eine Neuaufteilung des Plangebiets durch Reparzellierung werden alle Grundbesitzer gleichmäßig an den zu erbringenden Erschließungskosten beteiligt.

2. Zur Ermittlung des tatsächlichen Bodenwertes (Art. 85.2) wird vom Verkaufswert, den das Bauerwartungsland auf dem freien Bodenmarkt hat, abgegangen und ein differenzierteres, viergeteiltes Bewertungssystem eingeführt: Der sog. Initialwert eines Grundstücks wird angewandt, wenn es in keine Planungen einbezogen ist, also innerhalb des "ländlichen Bodens" liegt. Der sog. Erwartungswert wird angewandt für erschlossene Grundstücke im Erweiterungsbereich (*suelo de reserva urbana*); diese Wertsteigerung soll dabei für alle vergleichbaren Grundbesitzlagen in gleicher Weise gelten. Der sog. städtebauliche Wert wird in Abhängigkeit von der möglichen Baunutzung im Bereich des *suelo urbano* ermittelt. Der sog. Verkehrswert schließlich wird im Zusammenhang mit Enteignungen festgesetzt, unabhängig von seiner Lage im Flächennutzungsplan. Ziel der angeführten Wertfestsetzungen sollte sein, die Spekulation mit "totem" Boden zu verhindern. Um höhere Bodenerlöse zu erzielen, sollten Bodenbesitzer ihr Grundstück vielmehr erschließen und damit seine Nutzungsmöglichkeit für die Bebauung aktivieren.

3. Die dritte, im Baugesetz neu eingeführte operative Figur eröffnete den Kommunen Interventionsmöglichkeiten auf dem Bodenmarkt. Ausgangspunkt ist hierbei die Tatsache, daß die Gemeinden meist über zu wenig Flächen für Infrastruktureinrichtungen zur Erfüllung ihrer Versorgungsfunktionen verfügen. Zur Sicherstellung solcher Flächenreserven sollen die Städte über 50.000 Einw. einen Flächenpool (*patrimonio municipal del suelo*) aufbauen, der aus 5 % des jährlichen Haushaltsvolumens zu speisen ist (Art. 72-76). Dieser stetig anwachsende Grundbesitz soll es der Stadt ermöglichen, unmittelbar regulierend in das Bodenmarktgeschehen eingreifen zu können.

Festgelegt wurden mit dem Baugesetz auch zum ersten Mal Standards für die Ausstattung mit Grünflächen (Art. 3.1, 9.1 u. 10.1). In jedem Bebauungsbereich (*Polígono*) sollten danach ein den "kollektiven Bedürfnissen entsprechender Anteil" (Art. 3.1g) Flächen für Frei- und Grünflächen reserviert bleiben, und diese Flächen sollten mindestens 10 % der Planfläche ausmachen.

Mit dem Bau- und Bodengesetz von 1956 wurde das erste umfassende legislative Werk zur Stadtplanung entwickelt. Darin liegt sein vielleicht wichtigster Aspekt begründet. Die Kritik am *Ley del suelo* setzt demgegenüber an verschiedenen Punkten an:

Die Erwartungen an das Gesetz waren hoch gesteckt. Es sollte ein Zeichen setzen für die spanische Stadtplanung, da bis dahin kein vergleichbares Gesetzeswerk existierte und es sich auch mit anderen europäischen Gesetzen messen lassen sollte. Ausgangspunkt und Ziel des Gesetzes war die Bodenproblematik, d.h. die Bodenfrage und die aus ihr erwachsende Bodenspekulation. In der Einleitung des Gesetzestextes wird dazu ausgeführt: "Die Bodenspekulation, die jegliche Stadtplanung zum Scheitern bringt, entzieht der Landwirtschaft vorzeitig Flächen, und indem für die noch nicht erschlossenen Flächen Baugrundstückspreise verlangt werden, bringt sie die Grunderwerber in eine schwierige Situation bei der Zahlung der Erschließungskosten..." (Einleitung, Abschnitt I) und an anderer Stelle: "Aber die willkürliche Anhebung des Bodenpreises beinhaltet ... die widerrechtliche Aneignung von etwas nicht dem Besitzer Gehörenden, was sich zum Schaden der Allgemeinheit auswirkt" (ebd., Abschnitt III). Hierin zeigt sich bereits die Widersprüchlichkeit bei der Erfassung und Bekämpfung des Wesens der Bodenspekulation. Sie wird gesehen als individuelles Problem der Spekulanten anstatt als Mechanismus des Wirtschaftssystems, und sie wird als urbanistisches Problem behandelt statt als ein Aspekt des allgemeinen Phänomens der ökonomischen Spekulation (vgl. GONZALEZ BERENGUER 1979, S. 93). Die Schwierigkeit des Umgangs mit der Bodenspekulation im Rahmen eines Bau- und Bodengesetzes zeigt sich u.a. darin, daß trotz des expliziten Anspruchs nur wenige Stellen im Gesetzestext auch tatsächlich auf die Spekulationsbekämpfung eingehen (vgl. TERAN 1982, S. 314f). Da aber die Spekulation mit einem Baugesetz alleine nicht zu beherrschen ist, mußten auch die abgeleiteten Maßnahmen zu kurz greifen. Dies wird vor allem sichtbar bei der aufgeführten Ursache-Wirkung-Kette: knapper Boden führt zu hohem Preis und Spekulation, ausreichendes Bodenangebot dämpft die Preise und verhindert Spekulation, woraus die Notwendigkeit zur Bereitstellung eines großen Bodenangebotes gefolgert wurde. Somit sollte ein klassisches Marktprinzip die Bodenmarktmechanik steuern und dies in Großstädten, wo sich eine rasante Bevölkerungs- und Wohnungsmarktdynamik abzuzeichnen begann und wo eine oftmals schwache oder korrupte Verwaltung nicht einmal die schlimmsten Auswüchse von Wohnungsnot verhindern konnte. Aber auch unter der Annahme, daß die Analysen des Baugesetzes zutreffend gewesen wären, war das Gesetz von so großen Widersprüchen durchsetzt, daß selbst die Erfüllung der Inhalte meist ohne Resonnanz verpufft wäre. Dabei hätte zumindest die Einrichtung eines städtischen Bodenpools, sofern sie erfolgt wäre, einen nicht unbeträchtlichen Handlungsspielraum der Gemeinde auf dem Bodenmarkt bedeutet (vgl. ROMAY BECARRIA 1974, S. 54f u. GARCIA BELLIDO 1982, S. 50).

Die Schwäche des Baugesetzes lag also vor allem in der ungenügenden Behandlung der städtischen Bodenfrage und des Bodenpreismechanismus (vgl. hierzu CAMPOS VENUTI 1971 u. GARCIA BELLIDO 1982, sowie allgemein: HARVEY 1972 u. 1974, HARLOE 1977). Bodenknappheit bzw. Bodenangebot wurden als ein grundlegender Steuerungsmechanismus von

Stadtentwicklung und Wohnungsbau nicht auf die private Aneignung städtischen Grund und Bodens zurückgeführt.

Diese "Privatisierung der Stadt" (BRAU/HERCE/TARRAGO 1981, Bd. 1, S. 15) gebiert aber auch den grundlegenden Interessengegensatz zwischen dem Bodenspekulanten und dem Promotor (vgl. Kap. 2.1). Die das Baugesetz lenkende Vorstellung war: Der Promotor ist "sozial", da er für Wohnraum sorgt und die Wirtschaft bewegt, der Bodenspekulant dagegen "antisozial" (vgl. GOMEZ-MORAN 1968). Es wurde damit angenommen, daß es das Interesse des nichtspekulierenden Bodenbesitzers sei, seinen Grund und Boden einer Bebauung zuzuführen. Daß dies nicht unbedingt der Fall ist, zeigen Vergleiche zwischen ursprünglichen Bodenbesitzern und Grundbesitzern bei der Bebauung: In der Regel liegt ein Besitzerwechsel vor. Damit bestätigt sich also, daß der städtische Grund- und Bodenbesitzer in erster Linie danach strebt, die planungsrechtlichen Voraussetzungen für eine Überbauung seines Grundstücks zu erreichen, also auf eine spekulative Wertsteigerung abzielt, etwa durch Einbeziehung der Lage in den *suelo urbano*. Dieses reale Verhalten - im Gegensatz zur Annahme im Baugesetz - wurde im übrigen auch aus systeminterner Sicht bestätigt (vgl. ebd., S. 84f).

Die Dimension des Konflikts zwischen Bodenbesitzer und Promotor wird deutlich an der Bodenpreissteigerung im Vergleich zur Baupreisentwicklung. Anhand verschiedener Studien (vgl. CAPEL 1981, S. 110f) konnte aufgezeigt werden, daß ab 1950 eine Verzehnfachung der Bodenpreise in 10-Jahres-Zeiträumen keine Seltenheit darstellte (bzgl. Valencia vgl. PEREZ CASADO/AVELLA ROIG 1973). Damit machen die Baugrundstückspreise, je nach Wohnungsqualität, bis über 40 % der Wohnungsendpreise aus und führen so zu einer massiven Wertabschöpfung im Wohnungsbausektor (vgl. CAPEL 1981, S. 111).

Ein weiterer Kritikpunkt zielt auf die gemeindliche Kompetenzbeschneidung im Ablauf der Stadtplanung (vgl. FERNANDEZ 1982, S. 31f). Mit dem Baugesetz von 1956 wird die Schlüsselrolle der städtebaulichen Organisation auf den Zentralstaat festgeschrieben, d.h. die Hierarchie von der nationalen zur kommunalen Ebene verfestigt. Ferner sind die von der Gemeinde erstellten wichtigen Pläne wie *Plan General* und *Planes Parciales* durch übergeordnete staatliche Behörden zu genehmigen (vgl. Ley del suelo 1956, Art. 28). Insgesamt verbleiben bei den Gemeinden nur noch solche Kompetenzen, die nicht schon anderen Organismen übertragen sind (Art. 202).

2.3 Städtebau und Stadtplanung bis 1975

Aus der Kritik am Rationalismus entwickelte sich im europäischen Städtebau das strukturalistische Konzept, nach dem Zusammenhang und Einheit der verschiedenen städtischen Funktionsbereiche ein zentrales Thema sind und welches der Interdisziplinarität eine besondere Bedeutung beimißt (vgl. TERAN 1971, S. 16ff). Es blieb jedoch ohne größeren Einfluß auf den spanischen Städtebau. Hier wurden vielmehr, nachdem sich die organizistischen Interpretationen als unbrauchbar erwiesen hatten, die alten Ausdehnungsmuster meist in Fortführung der Ensanchebebauung wieder aufgenommen, wie dies TERAN (1982, S. 400f) an 51 Stadtentwicklungsplänen für die Zeit zwischen 1960 und 1969 belegt. Damit war allerdings Vorschub geleistet für ungeregelte Wachstumsentwicklungen, die meist nach zentral-radialem Muster erfolgten (vgl. ebd.). Erst gegen Ende der 60er Jahre wurden andere Modelle mit einbezogen, wie das "Wachstum in einer Richtung", das beim Stadtentwicklungsplan von Burgos 1969 angewandt wurde (vgl. ebd., S. 415). Welche Art der Entwicklung in einer Stadt letztlich Platz griff, war allerdings weniger eine Frage des Sortiments der möglichen Modelle, sondern vor allem abhängig von den Interessen der Bestimmungskräfte vor Ort, also den städtischen Akteuren. Zentral waren die ökonomischen Rahmenbedingungen, die sich in der Stadtentwicklung manifestierten. Der hohe Wohnungsbedarf kennzeichnet die 60er und 70er Jahre als Folge des Wachstumsbooms der Städte. Die Dynamik des Wohnungswesens und die Defizitdeckung standen dabei zunehmend im Zeichen des frei finanzierten Wohnungsbaus. In dessen Folge machte die Eigendynamik des Bau- und Immobiliensektors in der Planungspraxis die planungsrechtlichen Grundlagen oft zu Makulatur (vgl. GORMSEN/KLEIN 1986).

Die Gründung des Wohnungsministeriums (*Ministerio de la vivienda*) im Jahre 1957 und mit ihm die Einrichtung der Hauptabteilung bzw. Generaldirektion Städtebau (*Dirección General de Urbanismo*) stellt das erste wichtige Datum für den Städtebau nach der Verabschiedung des Baugesetzes dar. Nominell handelte es sich zwar nur um das Wohnungsministerium, tatsächlich aber hatte es durch die Zuordnung des Städtebaus beträchtliches Gewicht. Hier lag die Leitung und Überwachung der kommunalen Stadtplanung, was auch die Genehmigung der Stadtentwicklungspläne beinhaltete. Die Zu- und Unterordnung des Städtebaus in das Wohnungswesen läßt bei dessen vorrangigem Ziel der Massenwohnungsproduktion erahnen, daß den städtebaulichen Belangen nur eine nachrangige Bedeutung zukam. Darüber hinaus wurde mit der Zuordnung der Genehmigungsinstanz der kommunalen Pläne zum Wohnungsministerium die erst im Baugesetz festgelegte Lokal-Zentral-Hierarchiestruktur durchbrochen, wonach dem Innenministerium diese Hoheit zufallen sollte (vgl. TERAN 1982, S. 317). Die Beurteilung der Rolle des Wohnungsministeriums ist damit eng mit dem politischen Kontext verbunden, aus dem die Zuordnung des Wohnungsministeriums zur falangistischen Fraktion des Franquismus resultierte und woraus sich die Reibungsverluste mit anderen Ministerien wie dem des Inneren folgten (s. Kap. 1.4 : "Sektorialpolitik").

Mit der institutionellen Konfliktlegung durch die Stellung des Wohnungsministeriums wurde auch die Dominanz des Wohnungsbaus über die stadtplanerischen Belange besiegelt. War nämlich der Wohnungsbau auf den ersten Nationalen Wohnungsplan von 1961 orientiert, lag auf der städtebaulichen Seite keine entsprechende nationale Planung vor. Ein nationaler Städtebauplan war zwar im Baugesetz vorgesehen, wurde aber - bis auf einen Vorentwurf von 1967 - nie verwirklicht. Städtebau und Stadtplanung blieben damit auf die lokale Ebene beschränkt (vgl. PAREJO ALFONSO 1979, S. 250ff).

Mit dem Baugesetz von 1956 und der sich abzeichnenden raschen Stadtentwicklung, die sich zunächst in den Metropolen äußerte (z.B. Entlastungsplan für Madrid, 1959), ergab sich die Notwendigkeit, größere zusammenhängende Siedlungen, sog. *Polígonos residenciales*, auszuweisen und zu bebauen. Zur Durchführung dieser Aufgabe, insbesondere der Erschließung der *Polígonos*, wurde innerhalb des Wohnungsministeriums eine eigene Abteilung, die *Gerencia de urbanización*, geschaffen. Diese gewann schnell an Bedeutung, ablesbar an den immer größer werdenden

Siedlungsflächen, die sie auswies und erschloß (bis zu 1000 ha Fläche). Dies hatte aber auch Folgen für die betroffene lokale Planung, in die solche großdimensionierten Projekte von außen eingepflanzt wurden. TERAN (1982, S. 441) resümiert, daß die *Gerencia* über ihren legislativen und institutionellen Auftrag hinaus zu einer Einrichtung heranwuchs, die eigenständig Wohnungs- und Stadtplanungspolitik zu Lasten der jeweils örtlichen Entwicklung betrieb.

Trotz der institutionellen Voraussetzungen, wie der Schaffung der *Gerencia de urbanismo*, setzten sich die traditionellen Stadtplanungsmuster in den Stadtentwicklungsplänen fort. Besonders aufgegriffen wurde dabei das rationalistische Schema der offenen Blockbauweise *(bloques abiertos)* sowie die hierarchische-"organische" Stadtgliederung, die von der Gesamtstadt bis hinunter zur Nachbarschaftseinheit *(unidad vecinal)* reicht und nach der Straßen als Verkehrs"arterien" und "-adern" den Stadtraum gliedern. Es entstanden so die für die 60er Jahre charakteristischen randstädtischen, hoch verdichteten Erweiterungsgebiete (vgl. ebd. S. 335ff).

Der Übergang von der Autarkie zu einem wirtschaftsliberalistischen Staat am Ende der 50er Jahre (s. Kap. 1.1) blieb auch für den Städtebau nicht ohne Folgen. Dies konkretisierte sich u.a. in der Anpassung des Wohnungsministeriums an die neue Politik, wonach dem freien Wohnungsbau durch die Privatinitiative Vorrang eingeräumt wurde. Der Staat sollte nur noch ergänzend eingreifen (Subsidiaritätsprinzip). Ausfluß und Anwendung der neuen Politik waren der erste Nationale Wohnungsplan von 1961 sowie die Entwicklungspläne ab 1964. Ebenso wie der Wohnungsbausektor Vorgaben für Städtebau und Stadtplanung enthielt, die an nationalen Zielen orientiert war, wurden die Entwicklungspläne an der zentralistischen Regional- und Standortpolitik ausgerichtet.

Noch vor den Entwicklungsplänen wurden zwei legislative Gesetze verabschiedet, die Auswirkungen auf die weitere Stadtentwicklung hatten: das Gesetz über die Wertbestimmung von Flächen, die im Zuge einer Bauleitplanung enteignet werden (1962) und der Erlaß über die freizügige Errichtung von Industrien (1963). Das erstgenannte Gesetz sicherte dem Wohnungsministerium als Durchführungsinstrument die zügige Realisierung seiner Projekte, insbesondere im Rahmen des Nationalen Wohnungsplans. Es bezog sich auf die Bebauung von Flächen außerhalb der Planung und entband in bestimmten Fällen von den Bestimmungen des *Plan General* (vgl. ebd. 1982, S. 440 u. FERNANDEZ 1982, S. 21f). Damit schlug es eine Bresche in den Ablauf der Stadtplanung, so wie sie im Baugesetz definiert war, und eröffnete denselben Weg für den privaten Wohnungsbau. Als Ergebnis dieser öffentlichen wie privaten Bebauungspraxis kam es einerseits zu *Planes Parciales* ohne gültigen *Plan General* und andererseits zu *Planes Parciales*, die den *Plan General* zu einer Anpassung an die Bebauungpraxis zwangen (vgl. hierzu die ausführliche Auswertung der Planungen von 63 Städten in MOPU 1981).

Das Dekret von 1963 über Industrieansiedlungen erlaubte die freizügige Standortwahl für Industrieniederlassungen, eine Tatsache, die jeglicher ordnenden Idee widersprach. Auch dies hatte, wie das Gesetz von 1962, den Effekt, daß möglichst billiger Grund und Boden aufgesucht wurde und sich dieser meist in den eigentlich von Bebauung freizuhaltenden ländlichen Flächen fand (vgl. TEIXIDOR 1982, S. 130f). Spanien stand in der zweiten Hälfte der 60er Jahre ökonomisch und politisch im Zeichen der Entwicklungspläne. Dies betraf auch die räumlichen Planungsaktivitäten. Während hier allerdings mit der Einrichtung von Entwicklungspolen und -achsen eine eindeutige Politik vorlag, gab es zur lokalen Stadtplanung kaum explizite Bezüge, obwohl die Ausweisung als Entwicklungspol für die betroffene Stadt erhebliche Auswirkungen hatte und sich diese Politik auch insgesamt auf das städtische System auswirkte.

Die Entwicklungspläne zielten in erster Linie auf die Steigerung ökonomischer Meßwerte (Nationalprodukt) ab und nicht auf eine an den Städten selbst orientierte Entwicklung. Dies verdeutlicht sich an der Lokalisierung der Pol-Flächen (vgl. TERAN 1982, S. 368-71), wo es unter dem Aspekt der Ansiedlungspolitik in den Städten mit einzurichtendem Gewerbegebiet keine hemmenden Auflagen geben sollte. Demgegenüber bestand von der Hauptabteilung Städtebau ein gewisses Interesse an einer gelenkten Entwicklung der Pol-Städte, was sich in vorläufigen Ordnungsnormen (*Normas Provisionales de Ordenación*) niederschlug. Diese hatten allerdings kaum Gewicht, da sie die gemeindliche Flächennutzung nur an Hand dreier Kategorien festlegten (vgl. FERNANDEZ CAVADA 1971, MOPU o.J. u. TERAN 1982, S. 369; s. auch Kap. IV-2.3).

Auch mit dem zweiten Entwicklungsplan 1968-1972 wurde keine Änderung der ökonomisch ausgerichteten Planung zugunsten einer stärkeren Berücksichtigung der Aspekte der Stadtentwicklung vorgenommen. Mit dem dritten Entwicklungsplan (bis 1975) wurde der "konzertierte Städtebau" (*urbanismo concertado*) eingeführt, in dessen Folge der Städtebau auf die Belange der Privatinitiative abgestellt wurde. Damit bestand seine öffentliche Aufgabe, die noch im Baugesetz 1956 formuliert war, nur mehr als leere Hülse ("letra muerta") fort (vgl. FERNANDEZ 1982, S. 22).

Mit der politischen Richtungskorrektur im Zeichen des Desarrollismus erfolgte auch eine Neuorientierung in Städtebau und Stadtplanungspolitik, die sich 1969 mit dem Wechsel des Wohnungsministeriums an einen *Opus*-Minister abzeichnete. Entsprechend dem neuen Stil einer ökonomischen Dynamisierung sollte über die *Gerencia de Urbanismo* in Großstädten genügend Baugelände geschaffen und zur Bebauung durch Privat freigegeben werden. Mit dieser Art der Angebotsschaffung an Bauflächen sollte einerseits der Bodenspekulation der Boden entzogen werden und andererseits die neue Rolle des Staates, nämlich nur die Rahmenbedingungen zur Entfaltung der Wirtschaft zu schaffen, manifestiert werden. Die wichtigste Neuerung zur Durchsetzung dieser Bodenpolitik war das Gesetz von 1970 über dringende städtebauliche Tätigkeiten (*Actuaciones urbanísticas urgentes* - ACTUR). Dadurch sollte es der Hauptabteilung Städtebau im Wohnungsministerium ermöglicht werden, innerhalb kürzester Zeit große städtebauliche Einheiten für Wohn- und Industrieansiedlung zu schaffen. Konnten die *Polígonos* der *Gerencia* bereits relativ groß sein, so sprengten diese "Superpolígonos" (TERAN) den städtischen Maßstab, ohne daß die Lokalverwaltungen hätten eingreifen können. Denn im Gesetzestext wurde explizit ausgeführt, daß die Einrichtung der ACTUR-Flächen unabhängig von der durch die Kommune vorgenommenen Flächennutzungsfestschreibung und ungeachtet der bestehenden Planungen erfolgen konnte. Insgesamt wurden acht ACTUR-Interventionen für 903.400 Einwohner vorgesehen: Madrid, Barcelona (3 x), Valencia, Sevilla, Zaragoza und Cádiz, mit zusammen 11.173 ha (vgl. TERAN 1982, S. 500).

Der Politik der ACTURs war jedoch ein deutlicher Mißerfolg beschieden. Insgesamt wurden erheblich weniger Flächen erschlossen als vorgesehen, und der Effekt auf den Wohnungsmarkt fiel nur bescheiden aus (vgl. RICHARDSON 1976, S. 245f). Auch die Betrachtung einzelner Projekte weist auf dieses Dilemma hin. So wurde die für Valencia geplante Satellitenstadt Vilanova nie realisiert, und die nördlich Madrid gelegene Urbanisierung Tres Cantos, geplant für 150.000 Einwohner, kam über spärliche Ansätze nicht hinaus: Vom damaligen Wohnungsbauminister MORTES noch als die einmal "schönste Stadt Europas" bezeichnet, waren 1984 gerade 2.300 Wohnungen fertiggestellt, bei einer tatsächlichen Bevölkerung von weniger als 1000 (vgl. El País vom 15./16.11.1983 u. 9.1.1984).

Mit der Dominanz der ökonomischen Planung über die stadtplanerischen Aspekte setzte sich die unausgewogene Sektorialpolitik fort. Zu der Entwicklungs- und Industrieansiedlungspolitik kamen weitere Politikbereiche hinzu, die sich ebenfalls auf die Stadtentwicklungen auswirkten. Mit dem Gesetz über Zentren und Zonen von nationalem touristischem Interesse von 1963 wurde dem Tourismus "Chancengleichheit" zur Wohnungsbau- und Industriepolitik eingeräumt. Es wurde die Erstellung von Feriensiedlungen außerhalb jeglicher gültiger Planung ermöglicht (meist auf dem lt. Baugesetz nicht bebaubaren ländlichen Stadtgebiet) und ohne daß die formalen Plangrundlagen (Plan Parcial) eingehalten waren (vgl. TERAN 1982, S. 448ff). Die daraus erwachsenden Folgen für Stadtplanung und Stadtentwicklung der betroffenen Mittelmeerstädte sind exemplarisch an Benidorm ablesbar (vgl. PENIN 1982, S. 103ff).

Weiteres Beispiel eines Politikbereichs, der der Stadtentwicklungspolitik zuwiderlief, ist die Verkehrspolitik, insbesondere der Straßenbau. Von der Zentralverwaltung wurde eine Entwicklung eingeleitet, die an nationalen Interessen ausgerichtet war und Land und Städte mit einem Netz von überdimensionierten Straßen überziehen sollte. Dieses war weder an der Stadtentwicklung orientiert noch trug es den innerstädtischen Verkehrsentwicklungen Rechnung, etwa durch Förderung der Öffentlichen Verkehrsmittel (vgl. GAGO/REAL 1977). Vielmehr wurden Planungen mit so großem Eigengewicht vorgegeben, daß unausgewogene stadt- und regionalspezifische Entwicklungen festgeschrieben wurden.

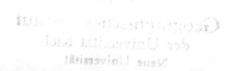

2.4 Das neue Bau- und Bodengesetz von 1976 und seine Folgen

Ergebnis der Stadtplanungs- und Stadtentwicklungspraxis und der Sektorialpolitiken war die Aushöhlung des Bau- und Bodengesetzes von 1956. Dies war beschleunigt worden durch die sich verändernden politischen, ökonomischen und stadtplanerischen Entwicklungen, denen das alte Gesetz keine Rechnung tragen konnte. Inhaltlich stand das Gesetz ganz im Zeichen der damals herrschenden politischen Doktrin und wies einen entsprechend statischen Horizont auf. Zwar war das Gesetz in vielen Punkten kohärent, doch fehlten Kontroll- oder Korrekturmechanismen zur Erfüllung der Inhalte. So exisitierte beispielsweise die rigorose Forderung nach schneller Einführung von *Planes Generales* in den Gemeinden, doch konnte der Ausführung dieser Bestimmung kein entsprechender Nachdruck verliehen werden. Dadurch aber wurden gerade illegale Tendenzen sowie Bodenspekulation begünstigt, und die Glaubwürdigkeit des Gesetzes litt entsprechend darunter (vgl. FERNANDEZ 1982, S. 21). Ebenfalls nicht durchsetzbar war die Vorgabe an die Gemeinden, einen Bodenpool aufzubauen, um damit stärkeren Einfluß auf den Bodenmarkt nehmen zu können (s. Kap. 2.2).

Stärker jedoch verantwortlich für das Scheitern des Baugesetzes als die inhaltlichen Schwächen und Widersprüche des Gesetzes selbst waren die äußeren Konstellationen: die Nichterfüllung und schlechte Anwendung durch die Zentral- und Lokalverwaltungen durch Ungeschicklichkeit, Schwerfälligkeit, fehlende Kompetenz, städtebauliche Disziplinlosigkeit und Korruption (vgl. ebd., S. 23 u. TERAN 1982, S. 541f).

Das Baugesetz von 1976 lehnte sich an dem alten Gesetz inhaltlich und textlich deutlich an. Ergänzend und in Anpassung an die Situation der 70er Jahre wurden aber im neuen Baugesetz, das zwar bereits im Mai 1975 fertig war, aber erst ein Jahr später in Kraft trat, verschiedene Änderungen vorgenommen. Sie hatten, wie bereits das Gesetz von 1956, erneut die Grund- und Bodenfrage als zentralen Gegenstand. Immer noch wurde eine Knappheit des Baugrundes konstatiert und daraus folgendend spekulative Tendenzen für die Stadtentwicklung befürchtet (vgl. Legislación del suelo 1981, Kap. II).

Das neue Baugesetz sollte nun die Möglichkeit bieten, durch eine stärkere Flexibilität auf solche Tendenzen sowie auf konjunkturelle Einflüsse eingehen zu können. Das Reformgesetz sollte damit leichter handhabbar sein und die Kommunalverwaltungen nicht durch rigorose Vorgaben überfordern. So war etwa nicht mehr eine starre Gültigkeitsdauer (Ley del suelo 1956: 15 Jahre) vorgesehen, sondern eine unbefristete Gültigkeit, um notwendige Anpassungen evolutiv einbinden zu können.

Neu ist, daß bereits für die Ebene der Bebauungspläne Mindestausstattungen für Grünflächen und soziale Infrastruktur festgeschrieben werden. Desweiteren werden mittels der Planungsfigur der Sonderbaupläne (*Planes Especiales*) die besonderen Möglichkeiten der Pflege kommunaler Umweltbelange und des historischen Bauerbes gestärkt. Eine Lücke des alten Gesetzes bzgl. der Bauhöhenbegrenzung wird geschlossen mit der Bestimmung, daß, wenn im Bereich der Bauflächen (*suelo urbano*) keine spezifische Plangrundlage außer dem *Plan General* vorliegt, maximal eine dreigeschossige Bebauung möglich ist. Die im alten Gesetz enthaltene Bestimmung zur Abtretung von Flächen für Wege, Freiflächen etc. (als Kompensationsleistung für die Entrichtung von Erschließungsbeiträgen) wird ausgedehnt auf die durch *Plan Parcial* beplanten Erweiterungsfläche des *suelo urbanisable programado*, wo ebenfalls 10 % der Planungsfläche abzutreten sind (vgl. Legislación del suelo 1981, Art. 84.3b).

Wichtig ist die Neufassung und Präzisierung der Nutzungsarten der Bodenflächen. Die vormalige Festsetzung *suelo urbano*, *suelo de reserva urbana* und *suelo rústico* lautet nunmehr: *suelo urbano*, *suelo urbanizable* und *suelo no urbanizable*. Der *suelo urbanizable* ist dabei unterteilt in den *suelo urbanizable programado* und den *suelo urbanizable no programado*. Die sog. vorprogrammierten bebaubaren Flächen stellen das städtische Bauerweiterungsgebiet dar und sind durch *Planes Parciales* zu entwickeln. Für die für eine zukünftige Erweiterung vorgesehenen, noch nicht vorprogrammierten Flächen muß ein vorheriger Plan (*Programa de Actuación Urbanística*), der Art, Nutzung und Aufbau festhält, aufgestellt werden (Art. 16 u. 146ff). Die "nicht bebaubaren Flächen" schließlich können über die landwirtschaftlichen Flächen des Baugesetzes von 1956 hinaus jegliche

Art von Flächen umfassen, die aus Gründen der Stadtentwicklung von Bebauung freizuhalten sind.

Entstehung und Verabschiedung des neuen *Ley del suelo* fallen in eine Zeit großen Umbruchs. Insbesondere im wirtschaftlichen Bereich hatte sich ab 1973 mit der Ölkrise das Ende der weiteren Wirtschaftsdynamik angekündigt, das auch auf den Wohnungsbau zurückschlug und der Stadtentwicklung neue Rahmenbedingungen vorgab. War Stadtentwicklung bis dahin geprägt von anhaltenden Zuwanderungen und nahezu inhaltsgleich mit Stadterweiterung und -ausdehnung, so deutete sich zunehmend ein Ende dieser Außenentwicklung an. In der zweiten Hälfte der 70er Jahre und vor allem in den 80er Jahren kehrte sich die Stadtentwicklung dann in eine Binnenentwicklung um. Nicht mehr die weitere Produktion von Bauflächen und Bebauung war notwendig, sondern, forciert durch den anhaltenden Niedergang der Innenstädte, Fragen der Sanierung und Stadterneuerung. Die für das *Ley del suelo* von 1976 Verantwortlichen haben dieser Entwicklung allerdings nicht Rechnung getragen. Zwar ist mit dem *Plan Especial* eine für die spätere Stadterneuerung zentrale Planungsfigur zur Verfügung gestellt, doch ist ihre Funktion ausschließlich auf die traditionelle Stadtbildpflege und Erhaltung historischer Gebäude reduziert (Art. 17 u. 18).

Nach dem Inkrafttreten des Bau- und Bodengesetzes im April 1976 sollten innerhalb eines halben Jahres die Ausführungsbestimmungen (*Reglamento*) zum Gesetz folgen (vgl. ebd., Disposiciones finales: Sexta). Dies war allerdings erst 1978 der Fall.

Bis zur Verwaltungsreform im Jahre 1977 lagen Städtebau und Stadtplanung im Spannungsfeld zweier eigenständiger Organismen: des *Instituto Nacional de Urbanización* und des *Instituto Nacional de la Vivienda*. Mit der Gründung des neuen Städtebauministeriums (*Ministerio de Obras Públicas y Urbanismo* - MOPU) und der Auflösung des Wohnungsministeriums wurden die Belange von Wohnungs- und Städtebau unter einem Dach zusammengeführt. Ebenfalls bedeutsam für die Organisierung des Städte- und Wohnungsbaus war die neue Verfassung von 1978 mit ihren Autonomiebestimmungen. Danach gehörten Städtebau und Wohnungswesen zu den Bereichen, die im Zuge der Dezentralisierung in die Kompetenz der Autonomen Regionalregierungen überführt werden sollten. Dies erfolgte im Juni 1978 für Katalonien, im Juli 1978 für das Baskenland, 1979 für Galicien, Aragón, Valencia und Andalusien. Zunächst scheinen damit alle Zuständigkeiten dezentralisiert zu sein, tatsächlich jedoch gibt FERNANDEZ (1982, S. 34ff) zu bedenken, daß die Zentralverwaltung auch weiterhin bedeutenden Einfluß behält. Alle Pläne seien nämlich an den übergeordneten Planungen auszurichten, d.h. letztlich am - allerdings nicht vorhandenen - Nationalen Städtebauplan, und die Zentralverwaltung habe durch die Fachplanungen weiterhin Durchgriffsmöglichkeiten bis auf die kommunale Ebene. Für die einzelnen Gemeinden hätten sich durch die Dezentralisierung außer den Adressatverschiebungen für die genehmigende Oberbehörde letztlich kaum größere Kompetenzen ergeben. Dennoch kann, vor allem unter Einbeziehung der Kommunalwahlen vom März 1979, eine Stärkung der Kommunalverwaltung und damit eine Stärkung der kommunalen Stadtplanung festgestellt werden.

3. Wohnungspolitik und Wohnungsbauentwicklung

Die Entwicklung des Wohnungsbaus in Spanien, insbesondere nach dem Bürgerkrieg, war geprägt von einer Reihe gleichbleibender struktureller Rahmenbedingungen und quantitativer Ziele. Diese Konstanten waren das anhaltende Wohnungsdefizit und die Mietwohnungs-/Eigentumsrelation in Verbindung mit der Einkommenssituation. Durchgängiges Ziel des Wohnungsbaus dieser Epoche war es, das chronisch defizitäre Wohnungsangebot mittels Gesetz und durch Programme und Fördermittel abzubauen. Es finden sich eine Vielzahl von Programmen, die das Wohnungsproblem langfristig lösen sollten, aber jeweils scheiterten. Der politische Rahmen der Wohnungspolitik wurde abgesteckt durch die Entwicklung vom Autarkismus zum Liberalismus sowie durch die wechselnden Zuordnungen des Wohnungsressorts zu den verschiedenen Ministerien, je nach den ideologischen Konstellationen des Franco-Regimes.

Bereits vor dem Bürgerkrieg gab es Bemühungen, billigen Massenwohnraum, der auch gewisse Mindestanforderungen erfüllen sollte, zu schaffen. Daraus entstanden 1911 und 1921 die Gesetze für billigen Wohnraum (*Ley de casas baratas*). Die so erstellten Wohnungen sollten als Initiativen im kommunalen Bereich die Wohnungssituation verbessern und auch das Wohneigentum fördern. Die Baurealisierung erfolgte überwiegend durch Kooperativen. Die erzielten Wohnungsbauimpulse waren dem Umfang nach allerdings recht bescheiden im Vergleich zu den späteren Programmen (s. Abb. 3).

3.1 Die Entwickung des Wohnungsbaus bis in die 50er Jahre

Der Nachkriegswohnungsbau war bis in die 50er Jahre geprägt vom staatlichen Interventionismus der Autarkiephase und erfuhr Ende der 50er, Anfang der 60er Jahre entsprechend der generellen ökonomischen Entwicklung eine größere Liberalisierung (vgl. MAESTRE YENES 1979, S. 11).

Nach dem Krieg erforderten die Kriegsfolgen zunächst massive staatliche Interventionen mit dem Ziel, die als Folge der Zerstörungen prekäre Wohnungssituation zu verbessern. Dies sollte erfolgen durch die Schaffung einer Behörde für kriegsbetroffene Regionen (*Instituto Nacional de Regiones Devastadas*), die noch im Krieg gegründet wurde, und durch das Nationale Wohnungsinstitut, das drei Wochen nach Kriegsende 1939 ins Leben gerufen war. Gleichzeitig wurde als wohnungspolitisches Ziel der staatlich geförderte Wohnungsbau (*viviendas protegidas*) eingeführt, um Wohnraum für die unteren Schichten zu schaffen. Die Förderung sollte erfolgen über Steuerbegünstigungen, günstige Darlehen und Zuschüsse und von der franquistischen Gewerkschaftsbewegung (*Organización Sindical del Hogar*) organisiert werden. Im einzelnen handelte es sich bei den Maßnahmen um eine 90 %ige Befreiung von der Grundbesitzsteuer für 20 Jahre, um zinslose Darlehen bis zu 40 % der Baukosten und um die Gewährung von 20 % Baukostenzuschuß für Genossenschaften (vgl. TAMAMES 1980, Bd. I, S. 571 u. WYNN 1984, S. 123f). Die so nach dem Gesetz von 1939 errichteten

Wohnungen verfügten zwar über eine Reihe von Vergünstigungen, unterlagen aber auch bei Nichteigennutzung der Auflage, billig vermietet zu werden. Insgesamt hatte das Programm der *viviendas protegidas* aber nicht den erwarteten Erfolg. Das Neubauvolumen machte 1968, am Ende des Programms, insgesamt rd. 256.000 Wohnungen aus, was 1/3 des Gesamtvolumens aller staatlich geförderten Wohnungen in diesem Zeitraum entsprach; auf die Zeit bis 1960 entfielen insgesamt 232.000 Wohnungen, also 12.900 Wohnungen p.a. (s. Abb. 3 u. Tab. 4).

1944 wurde mit einem neuen Wohnungsprogramm die Förderlinie der *viviendas bonificables* ("vergütbare Wohnungen") eingeführt. Neben der Verbesserung des Wohnungsbestandes waren hierfür beschäftigungspolitische Aspekte ausschlaggebend. Die staatlichen Fördermodi waren ähnlich denen der *viviendas protegidas*, doch wurde nunmehr ein freier Verkauf auf dem Wohnungsmarkt ermöglicht. Die Bauherrn, überwiegend aus den solventen Mittel- und Oberschichten kommend, machten davon auch aus-

Abb. 3: Entwicklung des Wohnungsbaus in Spanien im 20.Jahrhundert

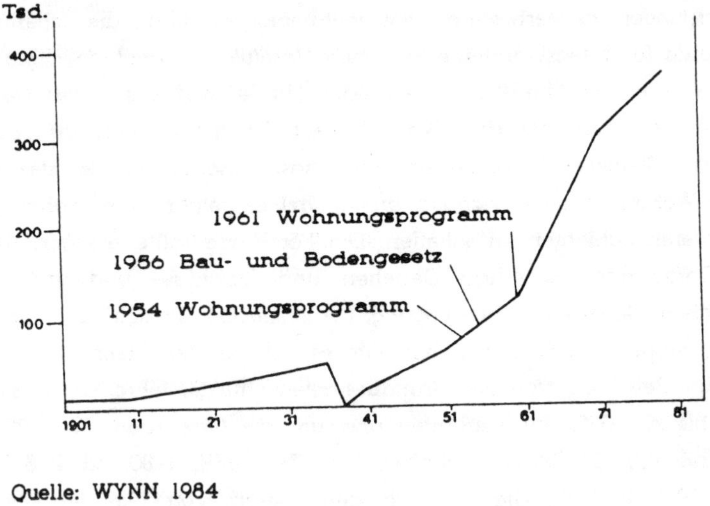

Quelle: WYNN 1984

giebig Gebrauch, da gute bis "skandalöse" Gewinne (TAMAMES 1980, Bd. I, S. 572) zu erzielen waren. Das Gesamtvolumen dieses bis 1970 laufenden Programms lag bei 212.000 Wohnungen, davon waren bis 1960 insgesamt 206.000 Wohnungen oder 13.700 p.a. realisiert. Damit blieb auch dieses Programm, wie zuvor die *viviendas protegidas*, ohne nachhaltige Wirkung für den großen Wohnungsbedarf.

Obwohl im ersten Nachkriegsjahrzehnt die beiden o.g. Wohnungsbauprogramme eingerichtet wurden, bleibt die Frage, ob eine Wohnungspolitik im eigentlichen Sinne vorhanden war. GAGO und LEIRA (1979, S. 83) etwa bestreiten dies, da legislative Grundlagen weitgehend fehlten. Dennoch war der Wohnungsbau jener Zeit unmittelbarer Politikausfluß, sowohl auf ökonomischem Gebiet (Bekämpfung der Arbeitslosigkeit durch das *viviendas bonificables*-Programm) als auch auf politischem Gebiet (Einsatz der Mittel für zerstörte Regionen vornehmlich in francotreuen Gebieten, vgl. OLIVE/VALLS 1976, S. 38 u. WYNN 1984, S. 125).

Der Wohnungszensus von 1950 machte deutlich, daß sowohl die Ausstattungsqualität der bestehenden Wohnungen verbesserungsbedürftig als auch ein stärkeres Neubauvolumen notwendig war. Das quantitative Wohnungsdefizit wurde dabei noch dadurch verstärkt, daß ab den 40er/50er Jahren ein starker Migrationsstrom auf die städtischen Wirtschaftszentren und Groß- und Provinzhauptstädte einsetzte und hier vielfach in Barackenvierteln (*Chabolas*) eine erste Unterkunft fand. Das Wohnungsdefizit, das sich 1955 auf rd. 1,5 Mio. belief, bedeutete etwa für Madrid, daß 1950 trotz 30.000 Neubauten ein Fehlbestand von 20.000 Wohnungen vorhanden war und in Barcelona ein Defizit von 80.000 Wohnungen (vgl. WYNN 1984, S. 125).

Als Folge des sozial und politisch sich zuspitzenden Wohnungsproblems war der Staat zunehmend gezwungen, unmittelbar selbst tätig zu werden und in Eigenregie Siedlungen zu erstellen.

Bis zur Mitte der 50er Jahre hatte die interventionistische Wohnungspolitik des Staates nicht den angestrebten Erfolg gebracht - im Gegenteil: die Wohnungssituation hatte sich quantitativ und qualitativ verschlechtert. Hieraus und aus den bereits einsetzenden Überlegungen einer stärker

Tab. 4: Entwicklung des Wohnungsbaus 1943-1980 in Spanien nach Fördergruppen

| | prote-gidas | bonifi-cables | staatlich geförderter Wohnungsbau: viviendas ... | | | | frei fi-nanziert | gesamt |
			Gruppe 1	Gruppe 2	subven-cionadas	constr. directa	gesamt		
1943	80	--	--	--	--	--	--		
1944	587	--	--	--	--	--	--		
1945	1.283	--	--	--	--	--	--		
1946	2.588	783	--	--	--	113	3.484		
1947	4.075	2.051	--	--	--	45	6.171		
1948	4.543	3.108	--	--	--	1.193	8.844		
1949	5.412	4.100	--	--	--	17	9.529		
1950	5.617	8.514	--	--	--	205	14.336		
1951	11.267	17.760	--	--	--	1.631	30.658	26.342	57.000
1952	8.303	16.994	--	--	--	463	25.760	37.240	63.000
1953	8.776	15.971	--	--	--	935	25.682	41.318	67.000
1954	13.243	15.598	--	--	--	1.601	30.442	56.558	87.000
1955	23.202	18.184	--	--	--	4.335	45.721	66.279	112.000
1956	39.323	30.578	98	1.812	--	5.915	77.726	44.274	122.000
1957	23.077	25.802	4.080	6.115	--	7.664	66.738	41.262	108.000
1958	30.413	21.826	12.093	20.339	137	11.149	95.957	33.364	129.321
1959	32.105	16.062	23.280	24.142	16.979	12.607	125.175	12.520	137.695
1960	18.589	8.199	26.591	26.655	43.534	5.950	127.518	16.762	144.280
1961	13.194	3.167	28.109	28.493	52.771	8.742	134.476	13.544	148.020
1962	2.096	2.685	24.453	33.693	82.558	2.348	147.833	14.612	162.445

(Zwischenzeile oben: 464.870 / 509.235 — Gesamtsumme 1943-1950)

- 59 -

Jahr									
1963	2.250	1.024	33.870	31.601	117.968	1.172	187.885	18.812	206.697
1964	3.461	775	57.668	17.926	142.982	8.393	231.205	25.689	256.894
1965	1.086	428	79.334	7.222	140.714	12.007	240.793	42.492	283.285
1966	902	78	88.429	6.258	104.768	10.931	211.366	57.000	268.366
1967	38	179	51.553	4.828	68.093	7.405	132.096	72.375	204.471
1968	344	41	43.724	17.369	62.430	9.462	133.370	114.719	248.089
1969	--	171	42.465	6.501	97.373	11.459	157.969	112.285	270.254
1970	--	346	54.826	6.419	113.079	10.624	185.294	122.755	308.049
1971	--	--	54.033	9.108	101.726	25.827	190.694	128.220	318.914
1972	--	--	51.075	8.931	103.889	26.519	190.414	145.890	336.304
1973	--	--	49.932	9.107	100.371	14.932	175.783	171.225	348.548
1974	--	--	51.373	7.092	99.125	21.174	177.323	182.677	358.460
1975	--	--	66.384	8.641	103.712	17.729	196.466	177.925	374.391
1976	--	--	58.408	4.004	88.153	11.649	162.294	157.531	319.825
1977	--	--	66.655	2.496	79.115	15.894	164.160	160.224	324.385
1978	--	--	64.925	3.264	64.957	21.624	157.015	162.051	319.066
1979	--	--	82.402	2.761	29.658	17.321	137.270	123.504	260.774
1980	--	--	88.800	2.392	10.607	9.282	126.093	136.838	262.931
gesamt	255.854	212.424	1.204.560	297.249	1.824.701	318.368	4.135.541	2.558.764	6.273.927

Anmerkung: 1978-80 zusätzlich *viviendas sociales* im Umfang von 17.366 Wohnungen und geförderte Wohnungen (*viviendas de protección oficial*) im Umfang von 5.183

Quelle: MAESTRE YENES 1979, WYNN 1984, AYuntam. de Valencia 1984a, Anuario Estadístico, versch. Jgge

marktorientierten Wirtschaftspolitik wurde eine neue Ära des Wohnungsbaus mit verschiedenen Wohnungsprogrammen eingeleitet. Mit dem Wohnungsgesetz von 1954 (*Ley de viviendas de renta limitada*) wurde auf die Kräfte eines durch die Privatwirtschaft angekurbelten Wohnungsbaus gesetzt. Als Anreiz sollten die unter das Gesetz fallenden Wohnungen keiner Preisbindung mehr unterliegen und frei verkauft ("Gruppe 1") oder erst nach einem bestimmten Amortisationszeitraum verkauft werden können ("Gruppe 2"). Beide Wohnungstypen erfuhren erhebliche Finanzierungshilfen, die über diejenigen der Programme von 1939 und 1944 hinausgingen.

Das Bau- und Bodengesetz von 1956 war zwar explizit bodenmarktpolitisch orientiert, doch stellte es als Baugesetz auch entscheidende Weichen für den Wohnungsmarkt. Mit der Einführung der Bebauungspläne (*Planes Parciales*) etwa stellte es ein operatives Instrument für den gezielten Einsatz des Privatkapitals dar. Es förderte mit der Formalisierung des Planungsablaufs auch Anreize zur Bodenspekulation, die in Form von Differential- und Monopolrenten realisiert wurden (vgl. TERAN 1971, S. 21 u. GARCIA BELLIDO 1982, S. 560).

Mit den Voraussetzungen des Bau- und Bodengesetzes von 1956 sowie des Wohnungsprogramms von 1954 setzte ab den 60er Jahren ein bis dahin ungekannter Bauboom ein. Boden- und Wohnungmarkt warfen als Investitionsobjekte hohe Gewinne ab, die diejenigen in anderen Wirtschaftssektoren übertrafen. Bodenwirtschaft und Wohnungsbau avancierten somit zu unmittelbaren Quellen für Kapitalverwertung und -akkumulation (vgl. OLIVE/RODRIGUEZ/VALLS 1975, S. 143). In Katalonien beispielsweise betrug der Anteil des Baugrundes am Wohnungsendpreis zwischen 19 % und 37 % während der Gewinnanteil des Baupromoters immer noch 20 % bis 30 % betragen konnte (vgl. ebd., S. 154).

Das Wohnungsprogramm von 1954 wurde mit dem ergänzenden Gesetz von 1957 fortgeführt. Nunmehr wurden Darlehen in Abhängigkeit von der Wohnungsgröße angesetzt sowie ein fester Subventionsbetrag pro Wohnung vorgesehen (im einzelnen s. WYNN 1984, S. 124).

Drei Jahre vorher waren die Wohnungen des sog. Sozialtyps eingeführt worden. Sie konzentrierten sich auf industrielle Zentren und Großstädte, wobei die Vergünstigungen nur für Wohnungen unter 50 qm und bei öffentlichen Bauträgern zuwendungsfähig waren (vgl. MAESTRE YENES 1979, S. 12).

Zwischen 1954 und 1957 trat der erste Nationale Wohnungsplan in Kraft. Er hatte das Ziel, innnerhalb von fünf Jahren (1956-60) 550.000 Wohnungen zu erstellen (vgl. TAMAMES 1980, Bd. I, S. 576). Tatsächlich wurden davon 490.000, also 90 % realisiert. Dies lag begründet im freien Verkauf der Wohnungen, im einsetzenden ökonomischen Aufschwung und in der die Nachfrage anheizenden Zuwanderungswelle. Der Wohnungsplan von 1956 fiel bereits in den Geltungsbereich des Bodengesetzes, das fortan eine wichtige Grundlage des Wohnungsbaus darstellte.

1957 wurde das Wohnungsministerium gegründet, das in der Folgezeit Wohnungswesen und Wohnungsbau sowie Städtebau und Stadtplanung mit den vier Hauptabteilungen Architektur, Stadtplanung, Wohnungswesen und Nationales Erschließungsinstitut unter einem Dach vereinte. Diese Kompetenzkonzentration und Gewichtung hatte zur Folge, daß den Wohnungsbelangen vermittels der Bodenmarktpolitik eine bevorzugte Stellung gegenüber den städtebaulichen Belangen eingeräumt wurde. Damit allerdings waren - unabhängig von dem politischen (falangistischen) Hintergrund des Ministeriums - die Grundlagen für das Scheitern einer abgestimmten Wohnungs- und Städtebaupolitik, einer stimmigen Stadtplanungspolitik sowie des Bodengesetzes von 1956 gelegt. So wurde etwa die Hauptabteilung für Stadtplanungen, die gemäß dem Bodengesetz zentrale Instanz für Organisation und Leitung der kommunalen Planungen sein sollte, stark an Wohnungsbauaufgaben gebunden (vgl. ebd.).

3.2 Der Wohnungsbau bis 1975

Bis Anfang der 60er Jahre, dem Beginn des engeren Untersuchungszeitraumes, waren die entscheidenden politischen, ökonomischen und administrativen Weichen für die Wohnungs- und Wohnungsbaupolitik für die 60er Jahre und bis zur Mitte der 70er Jahre gestellt. Dies galt im Hinblick auf das Bau- und Bodengesetz von 1956, die Etablierung des Wohnungsministeriums und die Einführung der verschiedenen Modelle der staatlichen Wohnungsbauförderung. Ferner war die ökonomische Wende hin zum Wirtschaftsliberalismus - auch auf dem Wohnungsmarkt - eingeleitet.

1961 wurde ein ehrgeiziges Wohnungsbauprogramm ins Leben gerufen, der *Plan Nacional de Vivienda*. Er sollte bei einer Laufzeit von 15 Jahren langfristig das Wohnungsdefizit reduzieren, das im Zensus von 1960 in der Größenordnung von einer Million ermittelt worden war (vgl. Presidencia del Gobierno 1967, S. 258). Die Planung von 1961 sah dementsprechend vor, das Defizit, erhöht um den zusätzlichen Bedarf aus der demographischen Entwicklung, bis 1976 auszugleichen. In der Summe sollten unter Zugrundelegung des Einzelbedarfs aus natürlichem Bevölkerungswachstum, Wanderungen, Wohnungsabgängen und -fehlbestand insgesamt rd. 3,714 Mio. Wohnungen, also jährlich 230.000, neu erstellt werden (s. Tab. 5).

Tatsächlich wurde das Ziel numerisch erreicht, wenn auch mit verschobenen Anteilen innerhalb der einzelnen Wohnungsarten: Das überproportionale Wachstum der freifinanzierten Wohnungen glich die Minderentwicklung im staatlich geförderten Wohnungsbau aus.

Im Rahmen des Wohnungsplans legte die Regierung 1963 ein neues Programm des sozialen Wohnungsbaus auf. Darin wurde zwischen drei förderungswürdigen Wohnungstypen unterschieden: Wohnungen der Ersten Gruppe, Wohnungen der Zweiten Gruppe und subventionierte Wohnungen. Ziel war es, den Zugang zum Wohnungsmarkt sozialschichtspezifisch zu steuern. So waren die Wohnungen der ersten Gruppe mit 50-200 qm nach Ausstattung und Preis auf mittlere Einkommensschichten zugeschnitten, während die subventionierten Wohnungen mit 50-150 qm für untere Einkommen zusätzliche Subventionen von bis zur Hälfte des Wohnungspreises enthielten (vgl. MAESTRE YENES 1979, S. 12).

Tab. 5: Wohnungsbauplanung im Rahmen des Wohnungsplans 1961-76

	Bedarf durch Bev. zunahme	Bedarf durch Migration	Bedarf durch Ersetzen u. Defizit	Gesamt-bedarf
1961	88.838	4.000	32.247	125.085
1962	89.859	4.000	45.744	139.603
1963	90.892	5.000	54.626	150.518
1964	91.938	6.000	64.206	162.144
1965	92.995	8.000	74.056	175.051
1966	94.065	10.000	84.327	188.392
1967	95.146	12.000	94.431	201.577
1968	96.240	14.000	106.383	216.623
1969	97.347	16.000	119.280	232.627
1970	98.467	18.000	132.791	249.258
1971	99.599	20.000	146.321	265.920
1972	100.744	22.000	162.274	285.018
1973	101.903	24.000	177.816	303.719
1974	103.075	26.000	194.825	323.900
1975	104.260	29.000	207.695	340.955
1976	105.460	34.000	214.050	353.510
TOTAL	1.550.828	252.000	1.911.072	3.713.900

Quelle: Ministerio de la Vivienda 1961

Wenngleich das Ausgangsdefizit in den 15 Jahren numerisch nivelliert wurde, so konnte doch das die unteren Einkommensschichten betreffende strukturelle Wohnungsdefizit nicht beseitigt werden. Es wurde durch die beeindruckend hohen Neubauzahlen vielmehr nur überdeckt. Insgesamt trug die staatliche Wohnungsbaupolitik nicht der Tatsache Rechnung, daß für die einkommensschwache Bevölkerung der Zugang zum Wohnungsmarkt erheblich erschwert war. Denn statt einer Förderung des Wohnungserwerbers, also sozialer Zugangskriterien der Nachfrageseite, erfolgte die Wohnungsbauförderung v.a. zu Gunsten des Wohnungsherstellers.

Ab 1964 erfolgte die Umsetzung des neuen liberalistischen Wirtschaftsmodells des *Desarrollismo* vermittels dreier, bis 1975 reichender Entwicklungspläne, die auch den Wohnungsbau beinhalteten. Während der Laufzeit des ersten Entwicklungsplans von 1964-67, innerhalb dessen im Nationalen Wohnungsplan 727.000 Neubauten vorgesehen waren, wurden 1,013 Mio. Wohnungen realisiert. Dabei zeigt sich am Beitrag der einzelnen Wohnungstypen der stark gestiegene Anteil der freifinanzierten Wohnungen: von 10% (1964) auf 35% (1967). Dabei war beim Neubauvolumen insgesamt ein Rückgang mit deutlich gesunkenen Anteilen im staatlich geförderten Wohnungsbau zu verzeichnen, wenngleich dieser mit 65% (1967) immer noch den Hauptanteil ausmachte. Damit wurde die Wirtschaftsphilosophie des Desarrollismus, wonach der staatlich geförderte Wohnungsbau nur mehr komplementäre Funktion zum privaten Wohnungsbau wahrnehmen soll (Subsidiaritätsprinzip), in die Praxis umgesetzt.

Zur Steuerung des Wohnungsbaus wurde 1964 das System der Quotierung eingeführt, wonach für die verschiedenen Wohnungstypen Höchstquoten festgelegt werden konnten. Diese Kontigentierung betraf v.a. die Wohnungen der Gruppe 1 und die subventionierten Wohnungen, wobei neben dieser Form der Steuerung auch noch eine Beschneidung der Finanzierungsbedingungen vorgenommen wurde. Die Quotierung stellte eine Zäsur im Wohnungsbau dar. Mit ihr sollte der staatlich geförderte Wohnungsbau gebremst und die Entfaltung des freifinanzierten Wohnungsbaus gesichert werden. Folgewirkung davon war aber nicht nur ein tiefgehender Eingriff in den Wohnungsmarkt, sondern auch die Umgewichtung der verschiedenen, am städtischen Wohnungsmarkt beteiligten städtischen Akteure. Nunmehr nämlich gewinnen die Baupromotoren entscheidend an Gewicht, die als Organisatoren von Bauprojekten für eine schnellere Zirkulation von Investitionskapital durch den Verkauf der frei finanzierten und frei verkaufbaren Wohnungen sorgen (s. Kap. 2 u. OLIVE/VALLS 1976, S. 41f). Damit ist ein seinem Wesen nach kapitalistischer Boden- und Wohnungsmarkt geschaffen.

Die Aktivitäten während des ersten Entwicklungsplans zeigen, daß der Wohnungsbau am drängendsten in den Großstädten und Metropolen einer Lösung bedurfte. Dementsprechend vereinigten die Provinzen Madrid, Barcelona, Valencia, Vizcaya und Alicante (resp. ihre Großstädte) rd. 53 % des gesamten Neubauvolumens allein auf sich (vgl. Presidencia del Gobierno 1967, S. 256). Trotz der über eine Million neu gebauter Wohnungen während des ersten Entwicklungsplanes blieb allerdings bis 1966 ein Fehlbestand von 725.000 Wohnungen bestehen.

Im zweiten Entwicklungsplan von 1968-71 war ein Neubauvolumen von 1,133 Mio. angesetzt - im Nationalen Wohnungsplan von 1961 waren für diesen Zeitraum noch 964.000 Wohnungen vorgesehen. Die deutliche Revision der Zahlen erfolgte aufgrund des aus Wanderungen unvorhergesehen stark erhöhten Wohnungsbedarfs. Wurde 1961, zu Beginn des ersten Entwicklungsplanes noch von rd. 16.000 Wohnungen p.a. ausgegangen, die allein aufgrund von Zuwanderungen zu schaffen waren, so wurde dieser Teilbedarf nunmehr auf 97.000 p.a. nach oben korrigiert (vgl. ebd., S. 259).

Der dritte Entwicklungsplan (1972-75) sollte dem qualitativen Wohnungsdefizit Rechnung tragen. Es wurde erkannt, daß zu dem Abbau des rechnerischen Fehls, was bis dahin alleiniges Ziel war, die Berücksichtigung der Ansprüche an die Wohnung (Qualität der Ausstattung) sowie an das Wohnumfeld (infrastrukturelle Ausstattung) hinzukommen müssen. Dies betraf einen Großteil der Wohnungen aus den sozialen Wohnungsbauprogrammen (vgl. Presidencia del Gobierno 1976, S. 245).

Trotz zunehmender Bedeutung des qualitativen Aspekts blieb aber die Reduzierung des numerischen Bestandsdefizits weiterhin als vorrangiges Ziel bestehen. Planungsziele und Planerfüllung für den dritten Entwicklungsplan (s. Tab. 6) machen deutlich, daß das vorgesehene Neubauvolumen erreicht bzw. übertroffen wurde, begründet allerdings erneut in der unvorhergesehen hohen Realisierungsquote der freifinanzierten Wohnungen, deren Anteil aber bereits in der zweiten Hälfte des Plans auf 690.000 korrigiert worden war. Demgegenüber zeigte sich eine große Diskrepanz bei den Wohnungen der Gruppe 2 und der direkt vom Staat gebauten Wohnungen, deren ursprünglicher Anteil sich um mehr als die Hälfte verringerte.

Tab. 6: Planziele und Planrealisierung des 3. Entwicklungsplans 1972-75 im Wohnungsbau nach Förderprogrammen

	ursprünglich vorgesehen	korrigiert	realisiert
Subventionierte Wohnungen	500.000	411.000	407.097
Gruppe 1	220.000	214.000	218.764
Gruppe 2	150.000	28.000	33.771
staatl. Wohnungsbau (*construcción directa*)	120.000	77.000	80.354
staatl. gefördert insgesamt	990.000	730.000	739.986
frei finanziert	360.000	690.000	677.717
gesamt	1.350.000	1.420.000	1.417.000

Quelle: Presidencia del Gobierno 1976

Auch im dritten Entwicklungsplan schien das Defizit zahlenmäßig abgebaut, und dennoch wurde eine beträchtliche, unbefriedigte Nachfrage der unteren Einkommensschichten festgestellt, denen aufgrund des Preisgefüges der freifinanzierten Wohnungen der Zugang zum Wohnungsmarkt weitgehend versperrt blieb. Dadurch bedingt war die Krise im Wohnungsbau, die im Gefolge der allgemeinen Wirtschaftskrise ab 1973 heraufzog, in erster Linie eine Nachfragekrise und nicht eine auf einen unzureichenden Bestand zurückgehende Angebotskrise (vgl. auch WYNN 1984, S. 140).

Der Zusammenhang zwischen Einkommenssituation und Wohnungsmarktzugang ist beispielhaft vom Wohnungsministerium an Vigo untersucht worden. Dort konnten sich 1973 rd. die Hälfte aller Familien selbst die billigsten angebotenen Wohnungen nicht leisten. Zu ähnlichen Ergebnissen kommt RAFOLS 1978 (S. 67) in einer Studie über die Agglomeration Barcelona im Jahr 1971. Im übrigen wird an Hand der Preisentwicklung die erhebliche Verteuerung des Wohnraums in den 70er Jahren deutlich (s. Abb. 4). Während Lebenshaltungskosten und Pro-Kopf-Einkommen (1971-77: + 2,5 %) landesweit gering anstiegen, nahm die Belastung der Familieneinkommen durch Wohnungsausgaben um 40-50 % beträchtlich zu. So verteuerte sich etwa in Madrid der Wohnraum 1971-77 um das Dreieinhalbfache.

Die Wirtschaftskrise nach 1973 brachte inflationistische Tendenzen, Kaufkraftschwund und eine Verteuerung des Wohnraums. Zudem trat eine zunehmende Verschlechterung der Finanzierungsbedingungen beim Wohnungsbau durch hohe Zinssätze ein. Hinzu kam später (1978), daß die Hypothekenzinsen beim Wohnungserwerb ähnlich hoch oder höher als die Inflationsrate lagen, so daß Wohnungen als Investitionsobjekt unattraktiv wurden. Insgesamt wurden somit die Spielräume für Wohnungsfinanzierungen zunehmend enger (vgl. RAFOLS 1982, S. 108f).

Die politische Krise und die Wirtschaftskrise des Franquismus in der ersten Hälfte der 70er Jahre machte die Politik der Entwicklungspläne zunehmend obsolet. In diesen Jahren kam es zu einem mehrfachen Wechsel im Wohnungsbauministerium, was eine nun völlig uneinheitliche Wohnungspolitik zur Folge hatte (vgl. TAMAMES 1980, Bd. I, S. 580).

Abb. 4: Einkommensbelastung durch Wohnungserwerb im Vergleich zu Lebenshaltungskosten und Pro-Kopf-Einnahmen in Madrid 1972-79

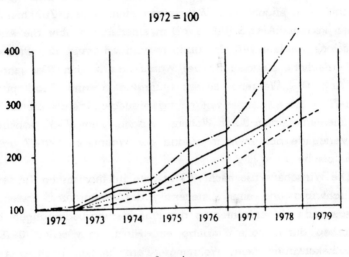

―――― Kaufpreis

―·―·― Annuität

― ― ― Lebenshaltungskosten

············ Pro-Kopf Einkommen

Quelle: RAFOLS 1982

3.3 Der Wohnungsbau nach 1975

Die Wohnungsbauentwicklung ist bisher vor allem unter dem Aspekt des Defizits und des Neubauvolumens betrachtet worden. Mit der Einbeziehung der Frage nach dem Wohnungsbesitz, also Miete oder Eigentum, kommt eine weitere aufschlußreiche Dimension der Wohnungsversorgung hinzu. Denn Aussagen über Entwicklung und Struktur im Wohnungsbau sind nur ungenügend nachvollziehbar ohne Aufschluß über die Besitzformen.

1920 wurde ein Gesetz erlassen, das die Mieten in Orten über 20.000 Einwohner einfror. In der Zweiten Republik wurde dies 1931 auf alle spanischen Ortschaften ausgedehnt und 1946 mit dem Gesetz über die städtischen Mieten weitergeführt. Wegen dieser die Investitionen im Wohnungsbaubereich allerdings bremsenden Regelungen wurde mit dem neuen Mietgesetz von 1956 zum ersten Mal die Möglichkeit eröffnet, die Mieten als Funktion einer Einigung zwischen Mieter und Vermieter zu sehen. Die weitere Reform des Gesetzes im Jahre 1964 beinhaltete (vgl. RAFOLS 1979, S. 130f):

- freie Mietvereinbarung, die dann für die gesamte Laufzeit des Mietverhältnisses bestehen bleibt, wenn nicht staatliche Anpassungen erfolgen
- Verpflichtung zur Verlängerung des Mietverhältnisses, d.h. weitgehender Kündigungsschutz
- Anpassung der Miete an die Ortsgröße, entsprechend des Erstbezugs und der Einkommensentwicklung (zwischen 1964-77 erfolgten sechs Mal gesetzliche Mietanpassungen); ab 1977 dann Anpassung entsprechend der Lebenshaltungskosten

Nach einer Umfrage (*Encuesta de Presupuestos Familiares*) fielen 1973/74 rd. zwei Drittel (68,4 %) der vermieteten Wohnungen unter das Mietgesetz und das restliche Drittel unter die Gesetze des staatlich geförderten Wohnungsbaus mit festgelegter Miete (*vivienda de renta limitada*; vgl. ebd., S. 133). Während der Mietwohnungsanteil allerdings 1950 noch rd. 53 % betrug, war er bis 1977 auf 26 % zurückgegangen (vgl. ebd., S. 140).

Die Entwicklungen im Wohnungswesen verdeutlichen, daß Investitionen in Mietwohnungen immer engere Spielräume und Gewinnerwartungen vorfanden, Bedingungen, die dann vor allem im freifinanzierten Wohnungsbau geschaffen wurden. Entsprechend gewann dieser Wohnungstyp für Investoren die größere Bedeutung. Aus dem hohen Eigentumsanteil folgten Konsequenzen für die Ausprägung bestimmter Wohnungssituationen und typischer Wohnmuster, die u.a. für die Mobilität bedeutsam wurden ("Eine Wohnung für das ganze Leben"). Bezüglich der Wohnungsdauer referiert RAFOLS (1979, S. 140), daß 1970 16% aller Mietverträge älter als 30 Jahre waren. In den Provinzhauptstädten wohnten 20% aller Familien 30 Jahre und länger in derselben Wohnung, 20% zwischen 15 und 29 Jahre, 26% zwischen 7 und 14 Jahre, 34% unter 7 Jahre. In Großbritannien etwa zog zur selben Zeit jede zwölfte Familie einmal jährlich um. Damit entwickelte sich ein spanientypisches Phänomen im Vergleich zu anderen europäischen Ländern (s. Tab. 7).

Tab. 7: Wohneigentumsquote im europäischen Vergleich um 1975
(% - Angaben)

	Eigentumswohnungen	Mietwohnungen Einzelpersonen	staatlich/ gemeindl.	Sonstige	Gesamt
Spanien	69	28	1	2	100
BR Deutschland	39	44	12	5	100
Italien	52	36	8	4	100
Frankreich	42	42	10	6	100
Großbritannien	52	13	31	4	100
Niederlande	38	26	35	1	100

Quelle: RAFOLS 1978, S. 79

Tabelle 7 zeigt, daß die Eigentumsquote in Spanien mit 69% deutlich vor derjenigen der anderen Ländern liegt, während der Mietwohnungsanteil nur 29% beträgt. Davon entfallen lediglich 1% auf einen kommunalen bzw. staatlichen Wohnungsanteil, womit diesen Wohnungen keine soziale Pufferfunktion für den kommunalen Wohnungsmarkt zufallen kann. Hinzu kommt, daß Mietwohnungen vielfach als Luxusapartments angelegt sind, insbesondere in den zentralen Großstadtlagen.

Der Wohnungsneubaubedarf wurde 1977 vom Städtebauministerium für den Zeitraum 1976-80 auf 2,1 Mio. Wohneinheiten geschätzt (vgl. MOPU 1977, S. 3f). Diese resultierten aus:

Defizit Ende 1976:	378.000	Wohneinheiten
Bedarf aus demograph. Entwicklung:	1.339.000	"
Wohnraumersatzbeschaffung:	386.000	"
gesamt:	2.103.000	"

Rein zahlenmäßig dagegen bestand Ausgang der 70er Jahre kein Defizit mehr, da ein Mehrangebot von einer Million Wohnungen vorhanden war. In der sozialen Differenzierung allerdings blieben für die unteren Einkommensschichten weiterhin erhebliche Probleme im Wohnungszugang bestehen. Der Umfang dieses Defizits an billigem Wohnraum betrug ca. 400.000 Wohnungen (vgl. ebd., S. 5).

Die Situation im Wohnungsbausektor, die geprägt war vom Fortbestehen eines qualitativen Defizits und der zunehmenden Verteuerung der Wohnungen, drängte auf Reformen. Dies insbesondere unter der Notwendigkeit, von der bisherigen Praxis der Bausubventionierung zu einer Förderung der Wohnungsnutzer zu kommen, d.h. also die Nachfrageseite und nicht die Angebotsseite zu stützen. Dieses Ziel sollte mit der Politik der "Sozialwohnung" *(vivienda social)* ab 1976 erreicht werden, in deren Folge dann auch alle finanziellen Unterstützungen für Promotor bzw. Konstrukteur ausgesetzt wurden. Im Gesetz vom September 1976 wurden vier Ziele der neuen Politik angesteuert:

1. Deckung des Defizits an "Sozialwohnungen" innerhalb von vier Jahren
2. Verbesserung der Wohnungsqualität durch präzisere Vorgaben und Kontrolle bei Bauausführung und Einrichtung
3. Zugangsförderung für die unteren Einkommensschichten mit weniger als dem 2 1/2-fachen des gesetzlichen Mindesteinkommens
4. Schaffung von Arbeitsplätzen

Der neuen Wohnungspolitik zufolge wurden die bisherigen Wohnungen der Gruppe 2 und die subventionierten Wohnungen durch den neuen Typ "Sozialwohnung" ersetzt. Die Höhe der von Banken bzw. Sparkassen übernommenen Neubaufinanzierung wurde in erster Linie in Abhängigkeit vom Einkommen gesetzt und betrug bis zu 85 % (vgl. MAESTRE YENES 1979, S. 14). Die gesetzlich festgesetzten Darlehensregelungen gingen bei einer Laufzeit von 25 Jahren von 4 % Zinsen aus (Real Decreto 2278), so daß die Rückzahlungen 18-25 % der Familieneinkommen nicht übersteigen sollten. Trotz dieser günstigen gesetzlichen Rahmenbedingungen blieb jedoch auch die Politik der Sozialwohnungen ohne Erfolg. Von den 1976-78 vorgesehenen 450.000 Wohnungen wurde nur ein Bruchteil (18.000) gebaut. Grund für das Scheitern war zunächst das zeitliche Zusammenfallen mit der ökonomischen Krise, die sich stark dämpfend im Baugewerbe niederschlug. Hinzu kam aber auch, daß die Belastung der Kreditinstitute durch die hohe Darlehensfinanzierung unterschätzt wurde und so das Finanzierungssystem des Wohnungsbaus undurchführbar war (vgl. MAESTRE YENES 1979, S. 14f u. WYNN 1984, S. 144f). TAMAMES (1980, Bd. I, S. 581) äußert deshalb die Vermutung, daß hier wegen der 1977 anstehenden Wahlen öffentlichkeitswirksame Maßnahmen angekündigt wurden statt konkrete Problemlösungen durchzuführen.

Bereits im zweiten Jahr nach Einführung des Sozialwohnungssystems war der Mißerfolg abzusehen. 1977 erfolgte der Versuch, das Konzept der Sozialwohnungen zu retten. Geopfert wurde dafür der neue und wichtige Aspekt der reinen nachfragebezogenen Förderung, während im Gegenzug die Möglichkeit eröffnet wurde, auch bei frei finanzierten Wohnungen verbilligte Darlehen zu erhalten.

Mit der Auflösung des seit 1957 bestehenden Wohnungsministeriums durch die seit 1977 regierende Mitte-Rechts-Koalition von Suárez wurde der Wohnungsbau dem neugegründeten Bau- und Städtebauministerium (*Ministerio de Obras Públicas y Urbanismo* - MOPU) übertragen. Damit wurde das Wohnungswesen einem "überbürokratisierten Makro-Ministerium" (TAMAMES 1980, Bd. I, S. 581) zugeordnet, das dem von der Wirtschaftskrise besonders betroffenen Wohnungsbau dann auch keine Impulse verleihen konnte. Die neue Regierung liberalisierte darüber hinaus das Finanzierungssystem im Wohnungsbau, wodurch die Sparkassen mehr Freiheiten bei der Baukreditvergabe erhielten und diese auch durch gewinnbringendere Bauinvestitionen nutzten. Der Wohnungsmarkt war dadurch als Geldanlage wieder lukrativer geworden. Um die Wohnungsfinanzierung und den dringendsten Wohnungsbedarf sicherzustellen, wurde 1977 im Zuge des Vertrages von Moncloa zwischen der Suárez-Regierung und der Linksopposition eine Reihe von Maßnahmen beschlossen, wie die Förderung des Baugrunderwerbs durch die Kommunen, der Vorrang des Wohnungsbaus für die unteren Schichten und die Dezentralisierung des Wohnungsbaus. Diese Maßnahmen blieben jedoch wegen der mangelnden Absicherung der Finanzierung, fehlender Neuordnung der gesetzlichen Grundlagen durch die MOPU und fehlender Bausparanreize ohne größere Wirkung (vgl. TAMAMES 1980, Bd. I, S. 583).

1978 wurde eine komplette Reorganisation des staatlich geförderten Wohnungsbaus in Angriff genommen. Im Zuge der Vereinfachung der Förderungssysteme sollte es nur noch einen einzigen Typ von staatlich geförderten Wohnungen geben (*viviendas de protección oficial*) und die Unterscheidung einzig danach erfolgen, ob die öffentliche oder die private Hand (*promoción pública* bzw. *promoción privada*) als Bauherr auftritt (vgl. Gesinca 1979, S. 32). Die neuen Bestimmungen enthielten für den geförderten Wohnungsbau u.a. die Festlegung des Darlehensanteils auf bis zu 70 % sowie eine mindestens zwölfjährige Laufzeit. Ferner wurden diese Wohnungen nunmehr allgemein zugänglich gemacht und einzig die finanzielle Förderung zum Erwerb wurde, im Rückgriff auf die Politik der "Sozialwohnungen" von 1976, einkommensabhängig gehalten (vgl. ebd., S. 33). Damit wurde eine klare Trennung vollzogen zwischen Einkommenssituation und Wohnungstyp.

1980 wurde ein Wohnungsbaurogramm für 1981-83 aufgelegt. Aufgrund der seit 1978/79 besonders das Bauwesen betreffenden Arbeitslosigkeit wurde darin die Verbindung zwischen dem Wohnungsmarkt (Ziel: Bau von rd. einer halben Million Wohneinheiten) und dem Arbeitsmarkt (Schaffung von Arbeitsplätzen) gesucht (vgl. RAFOLS 1982, S. 120). Bei der Realisierung zeigten sich allerdings wieder alte Probleme, wie die Verfügbarmachung von genügend Darlehensmasse bei Banken und Sparkassen.

Ferner bedurfte es trotz staatlicher Zuschüsse immer noch z.T. beträchtlicher finanzieller Aufwendungen bis zum Wohnungserwerb. Neu hinzu kam das Ansteigen der Inflationsrate mit einer starken Verteuerung der Wohnungspreise sowie zunehmend erhöhte Ansprüche der Nutzer an Wohnungsausstattung und Wohnumfeld.

Die Gründe für das Scheitern der Wohnungsbaupolitik nach 1956 waren, wie gezeigt, mehrfacher Art. Die Entwicklung ab 1960 (vgl. GAGO/ LEIRA 1979, S. 84) zeichnete sich insgesamt gesehen durch die neue liberalistische Wirtschaftspolitik aus, die keine interventionistische Bodenpolitik des Staates mehr beinhaltete. Dadurch wurde es möglich, den Wohnungsbau zu einer rentablen Investitionsanlage für das Kapital zu machen und ihm eine zentrale Stellung im Prozess der Kapitalakkumulation zu geben. Dieser Anreiz im privaten und freifinanzierten Wohnungsbau begünstigte allerdings die Spekulation - sowohl mit Grund und Boden als auch mit Wohnungen - und förderte entsprechend auch inflationistische Tendenzen. Die staatliche Politik des Nicht-Eingreifens war dabei flankiert von den Konstellationen auf der lokalen Ebene, d.h. der fehlenden Kommunalautonomie. Darüber hinaus wiesen die örtlichen Stadtentwicklungspläne (*Planes Generales*) der Wachstumsmentalität des Desarrollismus entsprechend überdimensionierte Baulandreserven aus mit der Folge, daß Bodenspekulation im Laufe der 60er Jahre Stadtentwicklung bzw. -planung und Wohnungsbau blockierte. Die Auflösung dieses Hemmnisses, die zu Lasten der Bodenbesitzer und zu Gunsten des in die Bauwirtschaft investierenden Kapitals weisen mußte, mündete in die Reform des Bau- und Bodengesetzes von 1975 ein. Für eine grundlegende Umorientierung war dies allerdings zu spät, da die ökonomische und politische Krise ab 1973 Stadtentwicklungsspielräume und Wohnungsbauaktivitäten stark einschränkte.

Die Entwicklung in den 70er und 80er Jahren ist geprägt von einem hohen, oft mehr als 1/3 des Gebäudewerts ausmachenden Grundstückspreis, der infolge der Bodenspekulation auftritt. Das Interesse der Promotoren dagegen richtet sich auf die Abschöpfung der Gewinne aus der Wertsteigerung der Grundstücke durch Erschließung und Bebauung (Differentialrente) statt auf ihre Umwandlung von ländlichem in städtischen Boden (Absolutrente).

Die Wohnungsproblematik konnte in den Nachkriegsjahrzehnten weder quantitativ noch qualitativ gelöst werden. Dabei standen Wohnsituation und Stadtentwicklung immer in einem engen Wechselverhältnis zueinander. Doch mit der ab Mitte der 70er Jahre sich etablierenden "Doktrin" vom Vorrang der Bekämpfung des Wohnungsdefizits wurden die Belange des Städtebaus denen des Wohnungsbaus untergeordnet, und zwar unter der als "Axiom" der Stadtplanung im zweiten Entwicklungsplan festgelegten Prämisse: "Zuerst Wohnungen, dann Städtebau" ("Primero vivienda después urbanismo"; vgl. TAMAMES 1980, Bd. I, S. 579).

Die Weichen für diese Entwicklung, die sich aus der Stellung der verschiedenen Politiksektoren zueinander ableitete, waren bereits 1957 mit der Gründung des Wohnungsministeriums gestellt worden, das sowohl für Wohnungsbau als auch für Städtebau und Stadtentwicklung zuständig war. In der staatlichen vertikalen Hierarchie wurde die Schwerpunktsetzung Wohnungsbau durch die provinziellen Filialen der Zentralverwaltung, die die lokale Wohnungs- und Entwicklungsplanung kontrollierten, abgesichert - auf Kosten der Gemeindeautonomie und einer Entmunizipalisierung (vgl. GONZALEZ BERENGUER 1979, S. 147ff).

Im Gegesatz zu den anderen europäischen Ländern dominiert in Spanien die Eigentumswohnung. Wenngleich sich hieraus bis in die 70er Jahre besondere strukturelle Probleme im Wohnungsneubau und dem Wohnungsmarktzugang ergaben, so wird diesem Merkmal doch im Hinblick auf die weitere, binnengerichtete Entwicklung im Zeichen der Stadterneuerung eine neue Bedeutung zukommen. Dies trifft entsprechend für den Mietwohnungsbestand und -neubau zu, dem zukünftig eine stärker steuernde Rolle für den großstädtischen Wohnungsmarkt zufallen dürfte.

3.4 Überblick: die Entwicklung des Wohnungsbaus in Zahlen

Die Entwicklung der Neubauaktivitäten im Wohnungsbau bestimmte sich aus der demographischen Entwicklung, den ökonomischen und wirtschaftspolitischen Rahmenbedingungen und der eigentlichen Wohnungsbaupolitik. Um das Ergebnis des Zusammenwirkens dieser Faktoren für die Wohnungsentwicklung zu ermessen, ist es aufschlußreich, die Entwicklung Spaniens in einen europäischen Kontext zu stellen (s. Abb. 5a). Die Ausgangssituation Spaniens zu Anfang der 60er Jahre war gekennzeichnet durch eine vergleichsweise niedrige Wohnungsbestandsquote und einen ebenfalls geringen Wohnungszuwachs. Am Ende des Betrachtungszeitraumes hatte Spanien zwar noch nicht die Wohnungsversorgung mitteleuropäischer Staaten wie Frankreich oder der Bundesrepublik erreicht, was an der vorauseilenden Entwicklung dieser Länder mit stationärer Bevölkerung und kleiner werdenden Haushalten liegt, doch zeigte die Entwicklung Spaniens während der beiden Dekaden beständig nach oben und übertraf dabei unter anderem Italien.

Stärker noch ist das gewaltige Neubauvolumen Spaniens an dem Index der fertiggestellten Wohnungen ablesbar (s. Abb. 5b). Wies das Land 1960 von den vier Vergleichsstaaten noch die geringsten Zunahmen von unter 5 v.T. aus, so setzte es sich in den 70er Jahren sogar an die Spitze mit über 10 v.T. Zuwachs p.a. Die absoluten Bestandszahlen (s. Tab. 8) verdeutlichen die zahlenmäßig rasche Wohnungsentwicklung. Im Zeitraum 1960 bis 1981 nahmen die Wohnungen insgesamt um 91 % auf 14,7 Mio. zu. Die Provinzhauptstädte verzeichneten in den beiden Dekaden einen Zuwachs von 117 % auf 4,9 Mio. Wohnungen.

Der Wohnungsneubau der 60er und 70er Jahre war bestimmt durch das Defizit, das im Zensus von 1960 mit einer Million Wohnungen festgestellt worden war. Der daraus resultierende ehrgeizige Wohnungsplan projektierte für 1961-76 rd. 3,7 Mio. neuer Wohnungen, wovon sich der größte Anteil bis 1967 aus der Erhöhung der Einwohnerzahl ergab und ab 1968 aus dem Ersetzen älteren Wohnraums und der Defizitdeckung (s. Tab. 5). Trotz hoher Vorgabewerte erfolgte dann im angegebenen Zeitraum tatsächlich die Planerfüllung, ja sogar eine Übererfüllung: So waren 1961-70 1,841 Mio. Wohnungsneuerrichtungen vorgesehen, und es wurden 2,357 Mio. gebaut, also rd. eine halbe Million mehr. Die näheren Hintergründe hierfür sowie für die Tatsache, daß trotz dieser beeindruckenden Zahlen aufgrund struktureller Mängel das Wohnungsdefizit nicht abgebaut werden konnte, sind bereits dargelegt worden (s. Kap. 3.2 u. 3.3).

Die Entwicklung des Wohnungsneubaus zeigt 1965 mit rd. 283.000 Wohnungen einen ersten und 1975 mit 374.000 den absoluten Höchstwert an Neuzugängen. Die Differenzierung nach der Finanzierungsart - staatlich gefördert oder frei finanziert - (s. Tab. 9 u. Abb. 6) verdeutlicht die gezielte Förderung des Anteils frei finanzierter Wohnungen. Machten diese bis Mitte der 50er Jahre noch die Hälfte aus - allerdings bei geringen Neubauaktivitäten -, so sank ihr Anteil bis 1959 auf 9 %. Erst im Verlaufe der 60er Jahre erhöhte sich als Auswirkung der Wohnungspolitik der Anteil systematisch auf rd. die Hälfte.

Tab. 8: Entwicklung des Wohnungsbestandes in Spanien 1950-1981

	Spanien insges. abs.	Index	Provinzhauptstädte abs.	Index	Anteil d. Prov.hauptstädte an Spanien ges. (%)
1950	6.370.280	83	k.A.	—	—
1960	7.708.702	100	2.275.410	100	29,5
1970	10.709.624	139	3.636.306	160	34,0
1981	14.726.920	191	4.946.843	217	33,6

Quelle: INE 1983 u. INE-Anuario Estadístico, versch. Jgge

Abb. 5: Entwicklung von Wohnungsbestand (a) und Wohnungsfertigstellungen (b) 1960-1980 im europäischen Vergleich

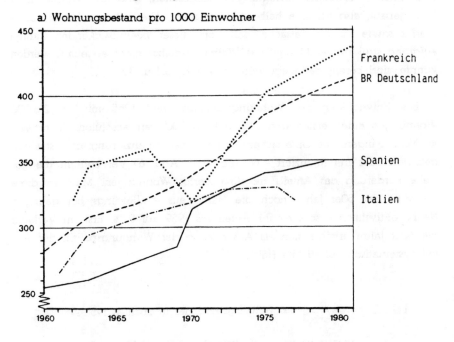

a) Wohnungsbestand pro 1000 Einwohner

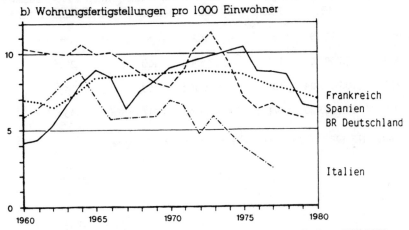

b) Wohnungsfertigstellungen pro 1000 Einwohner

Quelle: UN/ECE, Annual Bulletin, versch. Jgge u. GORMSEN/KLEIN 1986
E.u.A.: R. Klein

Tab. 9: Entwicklung von frei finanziertem und staatlich gefördertem Wohnungsbau 1951-1981 in Spanien

	Neubau-wohnungen gesamt	davon staatlich gefördert	davon frei-finanziert
1981	233.023	117.081	115.942
1980	262.931	126.093	136.838
1979	260.774	137.270	123.504
1978	319.066	157.015	162.051
1977	324.384	164.160	160.224
1976	319.825	162.294	157.531
1975	374.391	196.466	177.925
1974	358.460	175.783	182.677
1973	348.548	177.323	171.225
1972	336.304	190.414	145.890
1971	318.914	190.694	128.220
Zw.summe	3.456.620		
1970	308.049	185.294	122.755
1969	270.254	157.969	112.285
1968	248.089	133.370	114.719
1967	204.471	132.096	72.375
1966	268.366	211.366	57.000
1965	283.285	240.793	42.492
1964	256.894	231.205	25.689
1963	206.697	187.885	18.812
1962	162.445	147.833	14.612
1961	148.020	134.476	13.544
Zw.summe	2.356.570		
1960	144.280	127.518	16.762
1959	137.695	125.175	12.520
1958	129.321	95.957	33.364
1957	108.000	66.738	41.262
1956	122.000	77.726	44.274
1955	112.000	45.721	66.279
1954	87.000	30.442	56.558
1953	67.000	25.682	41.318
1952	63.000	25.760	37.240
1951	57.000	30.658	26.342
Zw.summe	1.027.296		
Ges.summe	6.840.486		

Quelle: INE-Anuario Estadístico, versch. Jgge u. TAMAMES 1980, Bd. I, S. 574

Die bisherigen Feststellungen zur Dynamik des Wohnungsbaus für Gesamtspanien gelten in besonderem Maße für die Städte und Großstädte. Die Folgen sind dabei vor allem im Massenwohnungsbau festzustellen, der eine nachhaltige physiognomische Überprägung der Städte nach sich zog (s. Kap. 4.4). So zeigt die Unterscheidung der Wohngebäude nach Ortsgrößen (s. Tab. 10), daß die großen Wohneinheiten mit über 10 bzw. 20 Wohnungen in den Großstädten vorherrschten und hier umgerechnet rd. 60 % bzw. 68 % aller Wohngebäude stellten. Die Entwicklung des Bestandes an Wohngebäuden (s. Tab. 11) verdeutlicht, daß in den städtischen Gemeinden (10.000 u.m. Einwohner) die 60er Jahre die höchsten Anteile halten. Sie machen bei den Großstädten 23,5 % und bei den Mittelstädten über 50.000 Einwohner 22,5 % aus. Welche Strukturen und Veränderungen

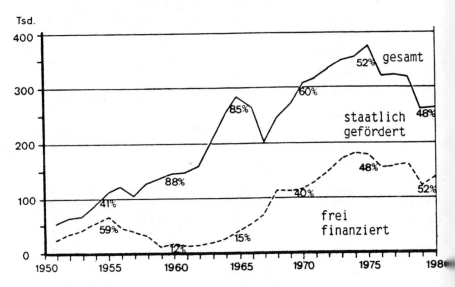

Abb. 6: Entwicklung von frei finanziertem und staatlich gefördertem Wohnungsbau 1950-1980 in Spanien

Quelle: INE-Anuario Estadístico, versch. Jgge
E.u.A.: R. Klein

Tab. 10: Wohngebäude nach der Anzahl der Wohnungen und nach Gemeindegrößenklassen in Spanien 1980

Anzahl der Wohnungen

Einwohner	1-4	(%)	5-9	(%)	10-19	(%)	20 u.m.	(%)	Gesamt	(%)
unter 10.000	3.589.523	59,9	37.338	16,2	16.700	8,9	6.566	6,2	3.650.127	56,1
10.001-50.000	1.446.150	24,1	60.262	26,2	37.192	19,8	16.953	15,9	1.560.557	23,9
50.001-100.000	304.729	5,1	27.909	12,1	21.559	11,5	10.918	10,3	365.115	5,6
über 100.000	652.097	10,9	104.645	45,5	112.163	59,8	71.885	67,6	940.790	14,4
Spanien gesamt	5.992.499	100	230.154	100	187.614	100	106.322	100	6.516.589	100

Quelle: INE 1984

Tab. 11: Bauperiode der Wohngebäude in Spanien nach Gemeindegrößenklassen 1980

Einwohner	Bauperiode						
	vor 1900	1900-40	1941-50	1951-60	1961-70	1971-80	Gesamt
10.001-50.000	225.792	262.228	148.569	224.556	350.110	349.102	1.560.557
(%)	14,5	16,8	9,5	14,4	22,4	22,4	100
50.0001-100.000	40.420	66.517	40.835	66.661	82.120	68.562	365.115
(%)	11,1	18,2	11,2	18,2	22,5	18,8	100
über 100.000	87.666	177.860	107.436	195.457	220.511	151.860	940.790
(%)	9,3	18,9	11,4	20,8	23,5	16,1	100
Spanien gesamt	1.341.467	1.210.326	643.838	881.611	1.205.091	1.234.256	6.516.589
(%)	20,6	18,6	9,9	13,5	18,5	18,9	100

Quelle: INE 1984

Tab. 12: Wohnungs- und Stockwerkszahl der Wohngebäude in Spanien nach Bauperiode und Gemeindegrößenklassen 1980 (%-Angaben)

	Anzahl der Wohnungen			Anzahl der Stockwerke	
	5-9	10-19	20 u.m.	6-9	10 u.m.
10-50.000 Einw.					
bis 1940	12,4	3,5	2,4	3,5	6,5
1941-50	3,7	1,6	1,0	1,5	2,5
1951-60	14,4	9,4	5,1	6,9	5,5
1961-70	32,9	37,7	35,6	36,9	36,3
1971-80	36,5	47,8	55,9	51,1	49,2
ges.	100	100	100	100	100
50-100.000 Einw.					
bis 1940	18,8	3,4	0,8	5,2	1,2
1941-50	6,6	1,9	0,6	2,4	0,6
1951-60	20,2	12,7	4,6	8,9	3,2
1961-70	29,5	35,3	30,5	35,5	26,9
1971-80	24,9	46,7	63,5	48,0	68,2
ges.	100	100	100	100	100
üb.100.000 Einw.					
bis 1940	28,5	15,2	7,3	19,6	1,9
1941-50	8,0	5,1	2,4	5,4	1,7
1951-60	21,1	17,9	11,3	13,7	8,8
1961-70	25,5	30,4	38,9	32,8	40,5
1971-80	16,9	32,8	40,0	28,5	47,1
ges.	100	100	100	100	100
Spanien ges.					
bis 1940	20,7	10,8	6,1	14,6	4,4
1941-50	6,0	3,8	2,0	4,3	2,2
1951-60	17,7	14,7	9,4	11,6	8,0
1961-70	28,4	36,4	34,0	33,9	37,5
1971-80	27,2	34,3	45,7	35,6	47,9
ges.	100	100	100	100	100

Quelle: INE 1984

die Wohnungsbauentwicklung für die Städte bedeutete, zeigt die Verknüpfung von Wohnungen und Wohngebäuden (s. Tab. 12).

Zunächst ist festzustellen, daß die großen Wohngebäude ab den 50er Jahren stärker in Erscheinung treten - in den Städten noch deutlicher ausgeprägt als im Landesdurchschnitt. Zwischen den 50er und 70er Jahren hat sich der Anteil der Wohnungen in Gebäuden mit 10-19 Wohnungen in den Großstädten etwa verdoppelt (17,9 % auf 32,8 %) und derjenigen mit 20 u.m. Wohnungen nahezu vervierfacht (11,3 % auf 40,0 %). Noch stärker haben die großen Wohngebäude in den anderen Städten sowie für Spanien insgesamt zugenommen. In der Tendenz zeigt sich sowohl nach den Gebäudegrößen als auch nach den Gemeindegrößenklassen eine zeitverzögerte Entwicklung, die ein Hinweis auf ein stadtgrößenabhängiges Verstädterungsmuster ist.

Entsprechend der Zunahme der Gebäudegrößen (s. Tab. 12) erfolgte auch der Hochhausbau in einer nach Dekade und Stadtgröße phasenverschobenen Entwicklung. Während die 6-9-stöckigen Gebäude in den 60er und 70er Jahren ihre höchsten Anteile hatten, stammt nahezu die Hälfte (47,9 %) der über 10-geschossigen Wohngebäude Spaniens aus den 70er Jahren. Differenziert nach den Stadtgrößen zeigen die Mittel- und Kleinstädte bei den Gebäudehöhen jeweils deutlichen Nachholbedarf, und so liegt etwa der Anteil der Gebäude mit 10 u.m. Geschossen aus den 70er Jahren bei den Städten von 50-100.000 Einwohnern mit 68,2 % höher als bei den Großstädten mit 47,1 %.

Insgesamt zeigt sich beim Wohngebäudebau der Nachkriegszeit eine stadtbildprägende Phasenverschiebung der Erscheinungsformen von der Groß- zu den Kleinstädten und von mittlerer zu hoher Gebäudeverdichtung. Die aufgezeigten Massierungen nach Fläche, Höhe und Volumen im Wohnungsbau der 60er und 70er Jahre geben deutliche Hinweise auf die daraus resultierenden erheblichen Probleme der Lebensqualität, des Wohnumfeldes und der städtebaulichen Monotonie.

4. Der Strukturwandel der Großstädte im Zeichen der Entwicklungen nach 1960

4.1 Die Entwicklung der städtischen Bevölkerung

Die Bevölkerungsentwicklung Spaniens und seiner Großstädte kann, verglichen mit den anderen Staaten Westeuropas, als eine zeitversetzte Bewegung im Rahmen des Modells des demographischen Übergangs charakterisiert werden (vgl. NADAL 1973, S. 13ff). Die erste Phase des Rückgangs der hohen Sterblichkeit war in Spanien um 1900 abgeschlossen (Mittel-Europa 30-40 Jahre früher). In der zweiten Phase erfolgte nach dem Ersten Weltkrieg der weitere Rückgang der Mortalität, insbesondere der Kindersterblichkeit. Der Bürgerkrieg verursachte einen starken Einbruch bei Geburtenrate und Reproduktionsrate. In der vierten Phase ist ab 1950 die in den anderen europäischen Ländern zu beobachtende Tendenz zur Überalterung infolge Geburtenrückgang in ersten Anzeichen auch in Spanien festzustellen. In die fünfte Phase einer Einwohnerstagnation bzw. -abnahme ist Spanien noch nicht eingetreten, doch läßt sich dies absehen; denn seit 1976 ist die Geburtenrate deutlich im Rückgang begriffen.

Bei der Bevölkerungsentwicklung innerhalb des Landes treten erhebliche Unterschiede zwischen Land und Stadt und in der Differenzierung nach der Ortsgröße zutage. Die allgemeine Verstädterungsrate (s. Tab. 13) hatte ab 1900 Zuwachsraten von 3-6 % pro Dekade und in den 60er und 70er Jahren sogar von 10 % bzw. 7 %.

Tab. 13: Entwicklung der städtischen Bevölkerung in Spanien 1900-1981
 (% - Angaben)

	Anteil der Einwohner in Orten mit			Provinz-
	> 10.000 Ew.	> 100.000 Ew.	(Anz.)	hauptstädten
1900	32,2	9,0	(6)	16,8
1910	35,0	10,3	(8)	17,4
1920	38,7	12,0	(9)	19,1
1930	42,9	14,9	(11)	21,6
1940	48,8	19,1	(18)	24,4
1950	52,1	24,0	(24)	27,5
1960	56,8	27,7	(26)	30,8
1970	66,5	36,8	(38)	35,7
1981	73,2	42,0	(50)	37,0

Quelle: INE-Anuario Estadístico, versch. Jgge

Damit lief der Verstädterungsprozeß mit einem "konstanten Rhythmus, aber unterschiedlicher Intensität" ab (M. TERAN 1982, S. 310). Lebte zu Beginn des Jahrhunderts nur etwa ein Drittel aller Spanier in städtischen Siedlungen (10.000 u.m. Einwohner), so waren es 1981 bereits nahezu drei Viertel. Noch beschleunigter nahm das Bevölkerungsgewicht der Großstädte zu, und zwar von 9 % (in 6 Großstädten) auf 42 % (in 50 Großstädten), wobei auch hier die stärksten Zunahmen in den beiden letzten Dekaden lagen. Die Provinzhauptstädte konnten ihren Bevölkerungsanteil seit 1900 mehr als verdoppeln und beherbergten 1981 immerhin 37 % aller Einwohner.

Die weitere Differenzierung nach den Gemeindegrößenklassen (s. Abb. 7) zeigt, daß die Verstädterung eine Verschiebung des Bevölkerungsgewichts zugunsten der oberen Einwohnerklassen brachte. Dabei ist zu beobachten, daß die kontinuierlich abnehmende Bevölkerung des ländlichen Raumes in erster Linie die Großstädte (mehr noch als die Provinzhauptstädte) "nährte", was ein deutlicher Hinweis auf die arbeitsplatzgerichteten Binnenwanderungen in die Industriezentren und Agglomerationen ist. Dieser Zug war in der Summe stärker als die Anziehungskraft der eigenen Provinzhauptstadt (die auch nicht immer 100.000 Einw. erreicht) oder anderer zentraler Orte mittlerer Größe. Die Einwohnerentwicklung in den Mittelstädten und deren räumliche Verteilung zeigt, daß diese offenbar überwiegend als Wohnvororte im Bereich von Stadtregionen eine besondere Dynamik aufwiesen (vgl. BREUER 1982, S. 17ff). Die Stagnation der Gemeinden mit 10-20.000 Einw. zeigt das geringe Entwicklungspotential der Kleinstädte, zumal Orte dieser Größe oft, vor allem in Galicien, noch eher Merkmale eines Dorfes als die einer Stadt aufweisen (vgl. RODRIGUEZ OSUNA 1983, S. 26f).

Zusammenfassend kann in Spanien ein stadtgrößenabhängiger Verstädterungsprozess festgestellt werden: Der Verstädterungsrhythmus ist um so stärker, je größer die Stadt ist. Folge der Verstädterung ist das zunehmende demographische Gewicht der Groß- und Provinzhauptstädte.

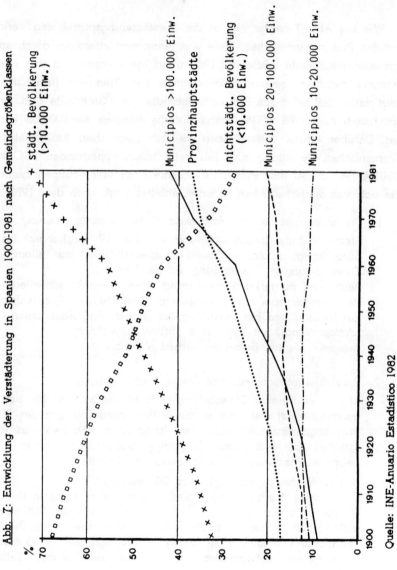

Abb. 7: Entwicklung der Verstädterung in Spanien 1900-1981 nach Gemeindegrößenklassen

Quelle: INE-Anuario Estadistico 1982
E.u.A.: R. Klein

4.2 Die Stellung der Provinzhauptstädte

Wie aus Abb. 7 hervorgeht, ist der Verstädterungsprozeß eng verknüpft mit den Provinzhauptstädten. Viele von ihnen sind allerdings durch andere, schneller wachsende Städte seit 1960 überflügelt worden, so daß ihre Bedeutung statistisch gesehen abgenommen hat. Eine der Ursachen dafür liegt darin, daß nicht alle Provinzhauptstädte auch Großstädte sind. Immerhin hatten noch 1981 17 Provinzhauptstädte weniger als 100.000 Einwohner. Darüber hinaus unterscheiden sie sich nach ihrer funktionalen und ökonomischen Bedeutung zum Teil beträchtlich voneinander. RODRIGUEZ OSUNA 1983 (S. 34) stellt Provinzhauptstädte nach vier Gruppen zusammen, die sich von wirtschaftlichen Kriterien ableiten (vgl. auch ders. 1978):

1. Provinzhauptstädte mit fortgesetzt starker Industrialisierung
   Mermale: frühe Industrialisierung seit dem 19. Jahrhundert bis zum Bürgerkrieg; schnelles Bevölkerungswachstum, vor allem durch Zuwanderungen; Ausstrahlung auf das Umland;
   nach dem Bürgerkrieg Fortsetzung eines nunmehr schnelleren Verstädterungstempos durch Migration; Zunahme der Ausstrahlung auf das Umland und Herausbildung der großen Agglomerationen (*Areas Metropolitanas*) mit über einer Million Einwohner;
   Beispiele: Madrid, Barcelona, Bilbao, Valencia

2. Provinzhauptstädte mit mittelstarker Industrialisierung
   a) mit industrieller Entwicklung vom 19. Jahrhundert bis zum Bürgerkrieg: auch hier kam es zur Suburbanisierung und der Bildung von Agglomerationen; nach dem Krieg setzte sich zwar das Wachstum fort, aber es fiel deutlich geringer aus als in der ersten Gruppe;
   Beispiele: Pontevedra, Oviedo, Santander, Sevilla

   b) mit Wachstum erst nach dem Bürgerkrieg:
   zwar spätes Wachstum, aber dies so intensiv wie das in der ersten Gruppe; Wanderungsströme orientieren sich nach der Sättigung der industriellen Zentren in randlichere Provinzen, wie Vitoria, Pamplona, Tarragona, Castellón oder konzentrieren sich auf Wachstumspole zwischen den entwickelten Zentren, wie bei Zaragoza, Valladolid und Burgos

3. Provinzhauptstädte mit touristischer Entwicklung
starkes Wachstum ab 1950, vor allem nach 1960 und 1975 (Tourismusboom); allerdings geringe Ausstrahlung und wenige Wachstumsimpulse auf das Umland
Beispiele: Gerona, Tarragona, Las Palmas

4. Provinzhauptstädte als zentrale Orte von landwirtschaftlichen Regionen
Wachstum während des ganzen Jahrhunderts, verstärkt in der Periode 1930-1950 Beispiele: Albacete, Badajoz, Logroño, León

Im vorigen Kapital war festgestellt worden, daß die intensivste Verstädterung zwischen 1960 und 1970 erfolgte. Dies traf sowohl auf die allgemeine Verstädterungsrate, als auch auf die Großstädte und die Provinzhauptstädte zu. Die durchschnittliche Einwohnerzunahme der Provinzhauptstädte zwischen 1950 und 1981 machte allein 45 % ihrer Gesamtbevölkerung im Jahre 1981 aus (s. Tab. 14). Nach Jahrzehnten unterschieden entfielen dabei auf

1950-60: 12 %
1960-70: 20 %
1970-81: 13 %.

Damit wird die herausragende Bedeutung der 60er Jahre für das Bevölkerungsgewicht der Provinzhauptstädte deutlich. Werden aber die einzelnen Städte genauer betrachtet, so muß diese Aussage differenziert werden. Tabelle 14 zeigt, daß mit 29 die meisten der 50 Provinzhauptstädte in den 70er Jahren am stärksten an Bevölkerung zugenommen haben, 14 am stärksten in den 60er Jahren und zwei in den 50er Jahren, wobei fünf Hauptstädte eine gleichstarke Zunahme in zwei Perioden verzeichneten. Da nun aber die Gesamtbevölkerung der Provinzhauptstädte in den 60er Jahren am stärksten zunahm, nämlich um 20 %, folgt, daß die Städte mit dem stärksten Wachstum in den 70er Jahren zusammengenommen über ein niedrigeres Bevölkerungsgewicht verfügten als diejenigen, die zwischen 1960 und 1970 am stärksten wuchsen. Und tatsächlich - unter letzteren befinden sich auch die größten Städte des Landes: Madrid, Valencia, Zaragoza, Bilbao, Alicante. Barcelona hatte in den 50er Jahren seine größten Zuwachsraten.

Tab. 14: Einwohnerbestand der spanischen Provinzhauptstädte 1981 und
Anteil der einzelnen Zensusperioden in Prozent von 1981

	Einwohner 1981 (=100)	vor 1950	Indexanteil 1950-81	1950-60	1960-70	1970-81
Vitoria (Alava)	192.773	27	73	11	33	29
Albacete	117.126	61	39	3	15	21
Alicante	251.387	41	59	7	26	26
Almería	140.946	54	46	8	19	19
Avila	41.735	54	46	10	10	26
Badajoz	114.361	69	31	15	5	11
Palma Mall. (Bal)	304.422	45	55	7	25	23
Barcelona	1.754.900	73	27	15	11	1
Burgos	156.449	47	53	6	24	23
Cáceres	71.852	63	37	4	11	22
Cádiz	157.766	64	36	11	11	14
Castellón	126.464	42	58	8	24	26
Ciudad Real	51.118	67	33	5	9	19
Córdoba	284.737	58	42	11	14	17
La Coruña	232.356	57	43	19	5	19
Cuenca	41.791	60	40	5	18	17
Gerona	87.648	33	67	4	20	43
Granada	262.182	59	41	1	12	28
Guadalajara	56.922	34	66	3	19	44
San Seb. (Guip.)	175.576	65	35	12	17	6
Huelva	127.806	50	50	8	18	24
Huesca	44.372	48	52	7	20	25
Jaén	96.429	64	36	3	14	19
León	131.134	45	55	11	24	20
Lérida	109.573	48	52	10	25	17

Lugo	73.986	72	7	7	14
Madrid	3.188.297	51	20	28	1
Málaga	503.251	55	5	15	25
Murcia	288.631	76	12	-3	15
Pamplona (Nav.)	183.126	40	13	28	19
Orense	96.085	58	9	9	24
Oviedo	190.123	56	11	14	19
Palencia	74.080	56	9	14	21
Las Palmas	366.454	42	11	25	22
Pontevedra	65.137	56	9	16	19
Logroño (Rioja)	110.980	47	8	21	24
Salamanca	167.131	48	6	21	25
Sta. Cruz de Ten.	190.784	54	16	9	21
Santander	180.328	57	9	17	17
Segovia	53.237	56	7	16	21
Sevilla	653.833	57	11	16	16
Soria	32.039	53	7	18	22
Tarragona	111.689	35	4	31	30
Teruel	28.225	66	4	7	23
Toledo	57.769	69	1	7	23
Valencia	751.734	68	-1	20	13
Valladolid	330.242	38	8	25	29
Bilbao (Vizc.)	433.030	53	16	26	5
Zamora	59.734	64	6	12	18
Zaragoza	590.750	45	10	26	19
Gesamt	13.912.500	55	12	20	13

eig. Ber. nach INE-Anuario Estadístico, versch. Jgge

Entsprechend der von RODRIGUEZ OSUNA aufgestellten Städtegruppen (s.o.) sind 10 der 14 Provinzhauptstädte mit dem stärksten Wachstum in den 60er Jahren der Gruppe der industrialisierten Städte zuzuordnen (Gruppe 1 und 2). Daraus wird ersichtlich, daß sich die ökonomisch aktivsten Zentren ab den 50er, vor allem aber in den 60er Jahren, auffüllten, während die übrigen Provinzhauptstädte ihren Nachholbedarf erst in den 70er Jahren befriedigen konnten.

Die Tatsache, daß das Gewicht der Provinzhauptstädte an der Gesamtbevölkerung insgesamt abgenommen hat ist ein deutlicher Hinweis darauf, daß sie inzwischen von Wanderungsverlusten betroffen sind. Dabei handelt es sich zunächst um die früh industrialisierten Metropolen wie Madrid, Barcelona und Bilbao mit Abwanderungen von der Kernstadt in die schnell wachsenden Schlafstädte der *Areas Metropolitanas*. Darüber hinaus aber haben die Provinzhauptstädte in den Abwanderungsgebieten, d.h. den Passivräumen, ihr Aufnahmepotential weitgehend ausgeschöpft (vgl. BREUER 1982, S. 17). Dennoch schlugen Wanderungsverluste in den Provinzhauptstädten bis 1981 noch nicht in negativen Bevölkerungsbilanzen durch, weil sie durch vergleichsweise hohe Geburtenüberschüsse ausgeglichen wurden. Die natürlichen Bevölkerungsbewegungen durch Geburtenüberschuß sind somit für die Bevölkerungsbilanz wichtiger geworden als die Wanderungsbewegungen (s. Tab. 15).

Tab. 15: Anteil von natürlicher Bevölkerungsentwicklung und Migration an der Einwohnerentwicklung Spaniens und der Provinzhauptstädte (% - Angaben)

	Saldo Spanien ges.	Provinzhauptstädte		
		Saldo ges.	Saldo Geburt/Tod	Saldo Wanderungen
1950-60	1,1	2,2	1,4	0,8
1960-70	1,2	2,9	2,2	0,7
1970-81	1,1	1,3	2,4	-1,1

Quelle: INE-Anuario Estadístico, versch. Jgge.

Eine eng mit der Entwicklung der Provinzhauptstädte verknüpfte Entwicklung erfuhren die Stadtregionen (*Areas Metropolitanas*). Sie bildeten sich um die Provinzhauptstädte mit starker und in der Regel auch früher Industrialisierung. Ende 1968 bestanden 21 solcher *Areas Metropolitanas* mit über 100.000 Einwohnern und einer Bevölkerung von zusammen rd. 7 Mio., was 21 % der Landesbevölkerung entspricht (vgl. FERRER REGALES 1972, S. 176).

Wenngleich für diese verdichteten Räume verschiedene Abgrenzungsvorschläge existieren (vgl. ebd., S. 182ff), so lassen sich ihre gemeinsamen Charakteristika doch wie folgt zusammenfassen: Sie sind Gebiete und Achsen, die über ein großes Einwohnerpotential verfügen und als Kondensationskern für weiteres Wachstum, auch im suburbanen Umland fungieren. Mit Madrid-Valladolid liegt eine solche Verdichtungsachse vor, weitere Städteachsen bestehen etwa in Galicien (Vigo-Pontevedra-Santiago-La Coruña), in Kantabrien-Baskenland-Guipúzcoa (Gijón, Santander, Bilbao, San Sebastián), ferner am Ebro um Zaragoza, am Mittelmeer (Gerona-Barcelona-Alicante) und in Andalusien (Málaga-Cádiz-Sevilla-Huelva).

Der Vergleich zwischen Provinzhauptstädten (über 100.00 Einw.) und den zugehörigen *Areas Metropolitanas* weist für die Stadtregionen höhere Wachstumsraten aus (s. Tab. 16). Dies deutet auf eine ungebrochene Verstädterungstendenz hin, die sich vor allem in einer Verstärkung des Suburbanisierungsprozesses ausdrückt und zu Lasten der Provinzhauptstädte (als Kernstädte) geht. Dies läßt sich am Beispiel von Barcelona verdeutlichen, um das bis 1981 in einem Radius von 20 km allein fünf Gemeinden zu Großstädten herangewachsen waren (L'Hospitalet de Llobregat, Badalona, Sabadell, Terrassa, Santa Coloma de Grammet), während die Stadt selbst seit Ende der 70er Jahre Einwohner verliert.

Tab. 16: Einwohnerentwicklung der spanischen *Areas Metropolitanas* und ihrer Kernstädte 1950-1981

	1950			1981		
	Area Metropolitana	Kernstadt abs.	(%)	Area Metropolitana	Kernstadt abs.	(%)
Alicante	115.000	104.222	91	285.000	251.387	88
Badajoz	109.000	79.291	73	145.000	114.361	79
Barcelona	1.827.000	1.280.179	70	3.951.000	1.754.900	44
Bilbao	444.000	229.334	52	1.037.000	433.030	42
Burgos	74.000	74.063	100	156.000	156.449	100
Cádiz	141.000	100.249	71	237.000	157.766	67
Cartagena	123.000	113.160	92	187.000	172.751	92
Castellón	84.000	53.331	63	180.000	126.464	70
Córdoba	165.000	165.403	100	285.000	284.737	100
La Coruña	134.000	133.844	100	232.000	232.356	100
Granada	162.000	154.378	95	279.000	262.182	94
Jerez	174.000	107.770	62	312.000	176.238	56
Las Palmas	186.000	153.262	82	411.000	366.454	89
León	66.000	59.549	90	150.000	131.134	87
Madrid	1.678.000	1.618.435	96	4.129.000	3.188.297	77
Málaga	285.000	276.222	97	552.000	503.251	91
Murcia	250.000	218.375	87	332.000	288.631	87
Oviedo	448.000	106.002	24	788.000	190.123	24
Palma de Mallorca	142.000	136.814	96	312.000	304.422	98
Pamplona	79.000	72.394	92	193.000	183.126	95
Pontevedra	65.000	43.221	66	93.000	65.137	70
Salamanca	82.000	80.239	98	170.000	167.131	98
Santa Cruz de Tener.	162.000	103.446	64	o.A.	190.784	—
Santander	176.000	102.464	58	310.000	180.328	58
Sevilla	487.000	376.627	77	897.000	653.833	73
Tarragona	89.000	38.841	44	232.000	111.689	48
Valencia	658.000	509.075	77	1.186.000	751.734	64
Valladolid	126.000	124.212	99	337.000	330.242	98
Vigo	147.000	137.873	94	272.000	258.724	95
Vitoria	52.000	52.206	100	193.000	192.773	100
Zaragoza	267.000	264.256	99	596.000	590.750	99

Quelle: Instituto de Desarrollo Económico Valenciano 1986 u. INE-Anuario Estadístico, versch. Jgge

4.3 Die Bauleitplanungen als Indikatoren stadtplanerischen Handelns

Im Zeichen der großen Bevölkerungsdynamik der Provinzhauptstädte und Großstädte stellt sich die Frage nach den stadtplanerischen Instrumenten, die auf der kommunalen Ebene zur Steuerung dieser Prozesse eingesetzt wurden. Zur Klärung dieses Sachverhalts wurde in der zweiten Hälfte des Jahres 1984 eine schriftliche Befragung spanischer Städte durchgeführt. Angeschrieben wurden die Provinzhauptstädte sowie alle weiteren Städte über 100.000 Einwohner. Aufgrund ihrer Größe und spezifischen Situation wurden Madrid und Barcelona nicht einbezogen, so daß der Fragebogen an insgesamt 51 Städte verschickt wurde. Einschließlich Burgos und Valencia, für die die Ergebnisse im Rahmen der Fallstudien ermittelt wurden, konnten 14 Städte ausgewertet werden, und zwar: Albacete, Burgos, Cádiz, Jerez, Gijón, Lérida, Logroño, Sevilla, Soria, Tarragona, Toledo, Valencia, Zamora, Zaragoza. Wenngleich dies eine Antwortquote von immerhin rd. 28 % bedeutet, so ist doch die Qualität der Antworten nicht immer befriedigend. Beispielsweise machten Sevilla und Zaragoza als viert- bzw. fünftgrößte Stadt keine Angaben zu ihren Bebauungsplanungen. Allerdings hatte Fernando de TERAN, der dem Fragebogen ein Begleitschreiben beigefügt hatte, bereits vorher auf die Möglichkeit eines geringen Rücklaufs hingewiesen, da zum Zeitpunkt der Befragung nahezu alle Großstädte mit der Neufassung ihres Stadtentwicklungsplans befaßt waren.

Der Fragebogen besteht aus vier Teilen: 1. Angaben zur Gesamtplanung (Stadtentwicklungsplan - *Plan General*); 2. Angaben zur konkreten, verbindlichen Bauleitplanung (Bebauungspläne - *Planes Parciales*); 3. Frage nach der Institutionalisierung der Planung durch Planungsorganismen; 4. Angaben zum Wohnungsbau: Entwicklung, Bestand und Defizit als Beziehungsgrößen zur städtebaulich-planerischen Entwicklung (Abb. 8).

Die Auswertung des Fragebogens (Tab. 17) unter dem Aspekt *Plan General* ergibt zunächst (für alle Angaben gilt der Stand 1984), daß der Plan in 11 der 14 Städte von vor 1976 stammt, also aus der Zeit vor dem Inkrafttreten des derzeit gültigen Städtebaugesetzes (*Ley del régimen del suelo y ordenación urbana*). Allerdings befindet sich der Plan in allen 11 Städten in

Abb. 8: Fragebogen der Städtebefragung zur Stadtentwicklungsplanung

CIUDAD: ....   Rainer Klein
                              Universität Mainz
                              Geographisches Institut
                              6500 Mainz (R.F.A.)
Encuesta sobre

DESARROLLO URBANO Y PLANEAMIENTO URBANISTICO EN ESPAÑA 1960 a 1980

1. **Plan General vigente**

   Año ....
   Autores ....

2. **Revisión del Plan General**

   Actualmente, ¿el PG se encuentra en revisión?   Si ..
                                                   No ..
   Si está en revisión, ¿en que fase se encuentra?
   a) Redacción
   b) Trámite de aprobación
   Autor   (nombre y dirección) ....

3. **Planes Parciales 1960 a 1979**, sólo aquellos referente a extensión urbana y polígonos residenciales (residencias principales)

   Año de aprobación definitiva ....
   Superficie .....
   Régimen: privado
            público (municipal/INV-INUR)
            otro
   Número de viviendas: previsto .....
                        realizado .....
   Situación:
      hasta 1976: en suelo urbano
                  en suelo de reserva urbana
                  en suelo rústico
      a partir de 1976: en suelo urbano
                        en suelo urbanizable programado
                        en suelo urbanizable no programado
                        en suelo no urbanizable

   Croquis o plano de la situación de los Planes Parciales y de los límites de suelo urbano, suelo de reserva urbana etc.

4. Viviendas 1960 a 1980

    Desarrollo: Año ....
               No. .....
               Régimen: público
                        privado
    Déficit: Año ....
             No. .....
    Viviendas vacías: Año ....
                      No. .....
                      Situación: Centro
                                 Ensanche
                                 Periferia

5. Organismos de planeamiento

    Nombre ....
    ¿Se trata de una Gerencia urbanística según Ley del suelo?
    Año de creación ....
    Razón ....

6. Nombre y función de la persona de contesta
    ....

```
                Contestación a

        María Jesús Teixidor
        Facultad de Geografía e Historia
        Depto. de Geografía (Rainer Klein)
        Universidad de Valencia
        Avenida Blasco Ibañez
        46010 Valencia
```

Tab. 17: Ergebnis der Städtebefragung zur Stadtentwicklungsplanung (Stand 1984)

	ALBACETE	BURGOS	CADIZ	GIJON
Plan General				
gültger Plan von	1975	1966	1984	1972
Redaktion durch	k.A.	priv. Büro	Stadt	priv. Büro
Neufassung in Arbeit?	ja	ja	nein	ja
im Genehmigungsverfahren?	ja	ja	-	ja
Redaktion durch	priv. Büro	priv. Büro	-	priv. Büro
Planes Parciales				
Anzahl der genehmigten Pläne	keine	18	keine	keine
Zeitraum der Aufstellung	-	1972-76	-	-
beplante Flächen (ha)	-	288	-	-
Anteil der Flächen der von Privat eingeleiteten Verfahren (%)	-	51.7	-	-
Wohnungen: vorgesehen	-	20.131	-	-
realisiert		5.139		
Lage der Pläne: -in Wohnbauflächen	-	alle	-	-
-im Erweiterungsgebiet	-			
-außerhalb der Planungsflächen	-			
Planungsorganismus				
existiert Gerencia gem. Baugesetz?	nein	nein	nein	nein
Planungsorganismus/-abteilung	Sección urbanismo	Servicio de desarrollo urbano	Oficina técnica	k.A.
Wohnungen				
Wohnungsneubau 1960-80 ges.	rd. 7.000	k.A.	k.A.	k.A.
davon freifinanziert (%)	k.A.	k.A.	k.A.	k.A.
Gesamtbestand 1981 (gem. Zensus)	45.686	51.845	47.350	k.A.
belegte Erstwohnungen	30.409	40.962	40.085	84.523
Leerstehend (gem. Zensus)	11.217	7.940	3.345	12.228
Defizit	k.A.	k.A.	1984: 950	k.a.

Forts. Tab. 17

	JEREZ	LERIDA	LOGRONO	SEVILLA
Plan General				
gültiger Plan von	1969	1979	1974	1962
Redaktion durch	priv. Büro	priv. Büro	priv. Büro	Stadt
Neufassung in Arbeit?	ja	nein	ja	ja
im Genehmigungsverfahren?	ja	-	ja	nein
Redaktion durch	Stadt	-	Stadt	Stadt
Planes Parciales				
Anzahl der genehmigten Pläne	16	1	14	k.A.
Zeitraum der Aufstellung	1961-79	1973	1970-79	-
beplante Flächen (ha)	806	41	457	-
Anteil der Flächen der von Privat eingeleiteten Verfahren (%)	66,0	-	72,5	-
Wohnungen: vorgesehen	39.775	2.608	23.944	-
realisiert	17.229	2.088	5.860	-
Lage der Pläne: -in Wohnbauflächen	k.A.	ja	k.A.	-
-im Erweiterungsgebiet				
-außerhalb der Planungsflächen				
Planungsorganismus				
existiert Gerencia gem. Baugesetz?	ja	nein	nein	ja
Planungsorganismus/-abteilung	Gerencia de urbanismo	Servicio de urbanismo	Unidad técnica de urbanismo	Gerencia de urbanismo
Wohnungen				
Wohnungsneubau 1960-80 ges.	17.229	18.577	19.933	k.A.
davon freifinanziert (%)	58,9	k.A.	15,0	k.A.
Gesamtbestand 1981 (gem. Zensus)	k.A.	40.108	41.609	220.597
belegte Erstwohnungen	k.A.	30.502	31.641	171.513
Leerstehend	2.359	6.147	8.459	37.479
Defizit	1984: 750	1981: 1.075	k.A.	k.a.

Forts. Tab. 17

	SORIA	TARRAGONA	TOLEDO	VALENCIA
Plan General				
gültiger Plan von	1961	1984	1964	1966
Redaktion durch	priv. Büro	Stadt	priv. Büro	Corpor. Gran Val.
Neufassung in Arbeit?	ja	nein	ja	ja
im Genehmigungsverfahren?	nein	-	ja	ja
Redaktion durch	priv. Büro	-	priv. Büro	Stadt
Planes Parciales				
Anzahl der genehmigten Pläne	1	15	6[1]	39[2]
Zeitraum der Aufstellung	1971	1963-79	1964-74	1956-81
beplante Flächen (ha)	5	649	659	k.A.
Anteil der Flächen der von Privat eingeleiteten Verfahren (%)	-	34.4	34.4	-
Wohnungen: vorgesehen	350	133.066	23.582	k.A.
realisiert	350	38.140	k.A.	k.A.
Lage der Pläne: -in Wohnbauflächen -im Erweiterungsgebiet -außerhalb der Planungsflächen	ja	vor 1976: ja nach 1976: 69 %	k.A.	k.A.
Planungsorganismus				
existiert Gerencia gem. Baugesetz?	nein	nein	nein	nein
Planungsorganismus/-abteilung	Servicios técnicos	Oficina técnica de urbanismo	Servicio de arquitectura	Oficina Municipal del Plan
Wohnungen				
Wohnungsneubau 1960-80 ges.	6.600 (1971-80)	k.A.	k.A.	193.145
davon freifinanziert (%)	k.A.	k.A.	k.A.	26,0
Gesamtbestand 1981 (gem. Zensus)	12.071	43.385	19.144	301.812
belegte Erstwohnungen	8.689	31.204	14.389	221.594
Leerstehend	2.112	8.888	3.818	61.920
Defizit	1980: 800	k.A.	300	k.a.

Forts. Tab. 17

	ZAMORA	ZARAGOZA
Plan General		
gültiger Plan von	1973	1968
Redaktion durch	priv. Büro	priv. Büro
Neufassung in Arbeit?	ja	ja
im Genehmigungsverfahren?	nein	ja
Redaktion durch	priv. Büro	Stadt
Planes Parciales		
Anzahl der genehmigten Pläne	3	20
Zeitraum der Aufstellung	1973-79	1963-80
beplante Flächen (ha)	173	k.A.
Anteil der Flächen der von Privat eingeleiteten Verfahren (%)	84.4	k.A.
Wohnungen: vorgesehen	9.534	k.A.
realisiert	k.A.	k.A.
Lage der Pläne: -in Wohnbauflächen		k.A.
-im Erweiterungsgebiet	ja	
-außerhalb der Planungsflächen		
Planungsorganismus		
existiert Gerencia gem. Baugesetz?	nein	ja
Planungsorganismus/-abteilung	Supervisión y gestión del Plan	Gerencia municipal de urbanismo
Wohnungen		
Wohnungsneubau 1960-80 ges.	k.A.	k.A.
davon freifinanziert (%)	k.A.	k.A.
Gesamtbestand 1981 (gem. Zensus)	21.987	203.404
belegte Erstwohnungen	16.927	170.033
Leerstehend	3.411	26.695
Defizit	k.A.	k.A.

1) von den 6 Planes Parciales sind 3 aus 1963 und 3 von 1963-74; nur letztere sind ausgewertet
2) ohne Planes Especiales de Reforma Interior
Quelle: Städtebefragungen

Neubearbeitung und darunter in sechs Städten bereits im Genehmigungsverfahren. Die allgemeine Überalterung der Großstadtpläne zeigt sich im übrigen bei einem Vergleich aller spanischen Provinzhauptstädte: Im Jahre 1980 datierten die *Planes Generales* in 40 Städten von vor 1976 und in 21 Fällen stammten sie noch aus den 60er Jahren. Damit waren sie 10 Jahre und älter (15 Jahre und mehr in 16 Städten), was insbesondere unter dem Anpassungsgebot an das Baugesetz von 1976 zu sehen ist (vgl. TERAN 1982). Dort sind vier Jahre zur Neufassung bzw. Anpassung vorgesehen, 1979 erhöht um ein weiteres Jahr (vgl. BRAU/HERCE/TARRAGO 1981, vol. 1, S. 108). Die Befragung zeigt, daß die Städte die Planungen zunehmend selbst durchführen - wenngleich oft Teilplanungen an private Büros vergeben werden. Waren von den 1984 gültigen 14 *Planes Generales* vier selbst erstellt, so werden fünf der elf in Neufassung befindlichen Planungen in Eigenregie durchgeführt.

Ein Schwerpunkt der Befragung sollte auf der Bebauungsplanung (nur Wohnungsbau), den *Planes Parciales*, liegen. Dabei bestand das Ziel darin, Aussagen über Art, Umfang und Durchführung der Bebauungspläne zu erhalten, die zum ersten Mal im Baugesetz von 1956 als Planungsfigur festgeschrieben sind.

Innerhalb der Stadtplanungsvorgänge kommt den *Planes Parciales* eine besondere Bedeutung zu. An der Schnittstelle von Stadtplanung und tatsächlicher Stadtentwicklung treffen hier die Interessen der verschiedenen städtischen Akteure zusammen, und die *Planes Parciales* stellen so als Focus der agierenden Interessen besondere Konfliktfelder dar. Dies wird noch verstärkt durch die Tatsache, daß die rechtlichen Festsetzungen der *Planes Parciales* im Baugesetz große Handlungsspielräume lassen, da die Bestimmungen vage gehalten sind und Ausstattungsstandards fehlen, etwa für öffentliche Infrastruktureinrichtungen. Die *Planes Parciales* sollen die *Planes Generales* spezifizieren. Angaben über Größe und Abgrenzung sind aber im Gesetz nicht ausgeführt. Damit orientieren sie sich in aller Regel an Eigentumsgrenzen statt an Gesichtspunkten städtebaulicher Homogenität mogenität. Ebensowenig ist die Fläche spezifiziert (mögliche Größe: 1-500 ha), so daß erhebliche Größenschwankungen resultieren können. In einer Auswertung der *Planes Parciales* 1956-70 in der Provinz Barcelona kommt FERRER AIXALA (1974, S. 127) zu dem Ergebnis, daß die *Planes Parciales*, sofern sie aufgestellt werden, meist als Instrument zur Spekulation eingesetzt werden. Dies erfolgt entweder durch Änderung der bisherigen Bodennutzung: Umwandlung von landwirtschaftlichen Flächen - *suelo rústico* - in Bebauungsflächen - *suelo urbano* -, oder durch Nutzungsänderung bzw. -verdichtung: niedrige in dichte Bebauung bzw. Umwandlung von Frei- in Bauflächen. Die Auswertung der Befragung ergab bei den Bebauungsplänen, daß in drei der ausgewerteten Städte überhaupt keine solche Planung vorliegt (Albacete, Cádiz, Gijón). In den übrigen Städten sind insgesamt 131 Pläne erfaßt, wobei sie in vier Städten zwischen einem und sechs Mal aufgestellt wurden und in sechs Städten über 10 Mal zur Anwendung kamen. Zwar läßt sich feststellen, daß in den größten Städten auch eine Vielzahl von *Planes Parciales* existieren (Valencia: 39, Zaragoza: 20), doch ist der Zusammenhang zwischen Stadtgröße und Anzahl der Pläne nicht immer gegeben. So kam in der Viertel-Millionen-Stadt Gijón kein einziges Bebauungsplanverfahren zur Durchführung.

Ebenso wichtig wie bei den *Planes Generales* ist es für die *Planes Parciales*, ob sie vor oder nach dem Baugesetz von 1976 aufgestellt wurden. Das Baugesetz präzisiert nämlich die Bebauungsplanung, nicht nur in den konkreten Wertfestsetzungen von Wohndichte oder Grünflächen, sondern stellt auch die Verfahrensgrundlage etwa bei Erschließungen und Enteignungen dar. Von den in den 14 Städten erfaßten 131 Bebauungsplänen entstammt der größere Teil (80) aus der Zeit von vor der *Ley del suelo* von 1976. Wird Valencia allerdings ausgeklammert, wo ab den 60er Jahren systematisch und flächendeckend *Planes Parciales* für das Stadtgebiet erstellt wurden und später keine neuen mehr hinzukamen, entfallen für die anderen Städte auf die Zeit vor und nach 1976 jeweils gleich viele Pläne. Je nachdem, welche Funktion dem *Plan Parcial* zukommt - ob flächendeckende Steuerung der Stadtentwicklung wie in Valencia oder nur auf einzelne Bauvorhaben bezogen - fällt auch seine Fläche aus. Bei einem Durchschnitt von 58 ha pro *Plan Parcial* liegen die durchschnittlichen Größen um bzw. unter 50 ha - niedrigere oder höhere Werte resultieren aus der geringen Zahl der Pläne (z.B. Soria: 1 Plan, 5 ha Fläche).

Über alle Städte betrachtet, wird in zwei von drei Fällen das Planverfahren der *Planes Parciales* durch öffentliche Träger, seien es Kommune oder staatliches Wohnungsbauinstitut, eingeleitet. In Soria, Lérida und Valencia dagegen findet sich nur eine öffentliche Plandurchführung, während in Zaragoza das Schwergewicht bei den durch Privat eingeleiteten Planverfahren liegt.

Nur rund die Hälfte (51 %) aller in den Bebauungsplänen ausgewiesenen Wohnungen wurde realisiert. Dies liegt vor allem an der häufigen Annulierung von Genehmigungsverfahren (z.B. in Valencia und Burgos), oft mit der Absicht, sich abzeichnende zu große Verdichtungen zu verhindern. Wurden private Planungen nicht oder unvollständig ausgeführt, konnte es sich zusätzlich um Finanzierungsschwierigkeiten oder auch eine spekulativ bedingte Verzögerung handeln.

Die im Fragebogen erbetene Auskunft über die Lokalisierung der *Planes Parciales* sollte bestätigen, daß eine Vielzahl von Planungen außerhalb der definierten Entwicklungsflächen erfolgte. Die Antwortlage läßt allerdings kaum Interpretationsmöglichkeiten zu. Hinzu kommt, daß flächenextensive Siedlungen, die von Institutionen aus Madrid eingerichtet wurden, meist ohne *Plan Parcial* und außerhalb der kommunal festgesetzten Planungsflächen ausgeführt wurden. Beispiel für solche Umwidmungen von ländlichen Flächen in Baugebiete ist Zaragoza mit seinen großflächigen Erweiterungsgebieten nördlich des Ebro (vgl. MOPU 1981 u. TERAN 1982, S. 469).

Eine besondere Bedeutung wurde den städtischen Planungseinrichtungen zugemessen. Gemäß dem Baugesetz von 1976 (Reglamento - Art. 15-20) können eigenständige Planungsstellen, die *Gerencias de urbanismo* eingerichtet werden "zur besseren Entwicklung der städtebaulichen Kompetenzen, die die Regelung (das Baugesetz) ihnen übertragen hat" (Art. 15, 1). Dies bedeutet im einzelnen die Übernahme von Funktionen wie Entwurf, Ausführung und Überwachung der Stadtentwicklungs- und Bebauungsplanungen und die Durchführung von Bodenenteignungsverfahren. Die *Gerencia* soll also eine Leitstelle für Stadtentwicklung und Stadtplanung sein. Allerdings wird der *Gerente*, der Leiter der Einrichtung, durch das übergeordnete Ministerium auf lokalen Vorschlag hin eingesetzt wird (Art. 18, 2). Die Einrichtung einer kommunalen *Gerencia* kann also als eine funktionale und institutionelle Stärkung der Stadtplanung und Stadtentwicklung gesehen werden. Eine solche Einrichtung besteht in drei der 14 ausgewerteten Städte: in Jerez, Sevilla, Zaragoza (Valencia ist aufgrund seiner regionalen Planungsorganisation - *Corporación Gran Valencia* - aufgelöst 1983 - ein Sonderfall). Einige Großstädte wie Soria oder Gijón verfügen teilweise nicht über eigene Planungsämter oder -abteilungen. In den übrigen 7 Städten werden die städtebaulichen Aufgaben durch sog. technische Büros oder Abteilungen wahrgenommen (*Oficina Técnica* bzw. *Servicio municipal de urbanismo*).

Der vierte Komplex des Fragebogens enthält Angaben zum Wohnungsbau. Hieran sollten die Zusammenhänge zwischen Planungsaktivitäten, Leerbestand und Defizit verdeutlicht werden. Es zeigte sich, daß die Wohnungsstruktur in den verschiedenen Städten relativ einheitlich ist. So liegt etwa der Leerbestand meist zwischen 15 und 20 % und das Defizit um 4 %. In diesen Angaben sind allerdings die *Planes Parciales*, die von den staatlichen Wohnungsbauinstitutionen aufgestellt und ausgeführt wurden, nicht enthalten.

4.4 Die neuen Großstadtphysiognomien

Die dargestellten Entwicklungen im spanischen Städte- und Wohnungsbau der 60er und 70er Jahre haben zu einer grundlegenden Überprägung der Städte geführt. Im Wohnungsbau wurde mit der einseitigen Förderung des Massenwohnungsbaus und der Realisierung zunehmend mehrgeschossiger Großanlagen möglichst in Zentrumsnähe eine starke horizontale und vertikale Verdichtung geschaffen. Städtebau und Stadtplanung stellten aber, wie gesehen, nur bedingt Instrumente zur Steuerung dieser Prozesse auf der kommunalen Ebene zur Verfügung und selbst staatliche Institutionen gingen bei der Errichtung von Siedlungen mit schlechtem Beispiel voran und weichten so die gesetzlichen Grundlagen sowie die städtebauliche Disziplin auf. Hinzu kam die historisch und politisch bedingt schwache Stellung der Kommunen, die die Dynamik der Entwicklung nicht zu lenken vermochten und sich jeweils in der schwächeren Position zur Zentralverwaltung und den anderen lokalen Akteuren der Stadtentwicklung befanden. Die Ergebnisse dieser Konstellationen widerspiegeln sich in der physiognomischen Entwicklung der spanischen Städte und kommen in Grundriß und Aufriß deutlich zum Ausdruck.

Ausgangspunkt bei der Betrachtung der Physiognomie der spanischen Stadt ist ihre historisch begründete Engräumigkeit und Kompaktheit (vgl. GUTKIND 1967, S. 289). Dies liegt einerseits in der topographischen Lage in Folge von Schutzbedürfnissen begründet (Bergriedel- und Berggipfellage: Segovia, Cuenca, Toledo, Ronda; Hafenlage: Santander, Vigo). Andererseits wurde die Engräumigkeit lange dadurch bewahrt, daß die Stadtmauern um die mittelalterlichen Erweiterungsgebiete der *Arrabales* erst spät niedergelegt wurden (z.B. Valencia: 1865). Die bis in das gegenwärtige Jahrhundert hineinreichende Wirksamsamkeit dieser mittelalterlichen Stadtstrukturen zeigt sich deutlich in den Grundrißaufnahmen von JÜRGENS aus dem ersten Viertel des Jahrhunderts (s. Abb. 22 u. 34: Valencia und Burgos).

Die gegenwärtige Engräumigkeit der spanischen Großstädte wird vor allem im Zentrum augenfällig, wo die Zentralität von Geschäfts- und Verkehrsfunktion mit der Wohnfunktion zusammentrifft (vgl. LAUTENSACH 1969, S. 271f). Doch auch bei Stadterweiterungen und Neubaugebieten dominiert die kompakte Bebauung, so daß LAUTENSACH (ebd. S. 272) feststellen kann: "Ein Übergang über locker gebaute Vororte in die ländliche Umgebung fehlt der iberischen Stadt mit Ausnahme der neuen Stadtteile unseres Jahrhunderts völlig." Doch auch diese Ausnahmen beschränken sich auf eine geringe Zahl gartenstadtähnlicher Areale und erreichen in keinem Fall die Bedeutung der mitteleuropäischen stadtrandnahen Einzelhaussiedlungen.

TAMAMES (1980, Bd. I, S. 578) weist darauf hin, daß Mitte der 60er Jahre in Großbritannien 75 %, in Dänemark 62 % und in der Bundesrepublik 46 % der Neubauwohnungen in Ein- bis Zwei-Familienhäusern entstanden, während sie in Spanien gerade 9 % ausmachten. Dies deutet auf ein charakteristisches spanisches Verdichtungsmuster hin und wird bestätigt durch die Erfahrungstatsache vor Ort, daß das in Mittel- und Nordeuropa anzutreffende Stadt-Land-Kontinuum in Spanien ebensowenig eine Ausprägung erfahren hat wie eine durchgängig ausgeprägte Suburbanisierung - von den Metropolen einmal abgesehen (vgl. LICHTENBERGER 1972, S. 18 u. 23). Zur Erläuterung dieses Tatbestandes trägt der Hinweis von LICHTENBERGER (ebd.) zum Dualismus von Industrialisierung und Verstädterung bei. Sie unterscheidet in der europäischen Stadtentwicklung einen englischen, einen mitteleuropäischen und einen südeuropäischen Städtetyp. Dabei sei der südeuropäische - und spanische - Typ geprägt von einer der Industrialisierung vorauseilenden Verstädterung. Dadurch fehle der Industriegürtel der mitteleuropäischen Stadt, so daß sich die weitere, kompakte Blockbebauung unmittelbar an die vorhandene Kernbebauung anschließen könne.

Die prägenden Elemente der spanischen Stadtphysiognomie, die dem jeweiligen Stadtbild ihren Stempel aufdrücken, stellen sich in ihrer historischen Abfolge bis zum Bürgerkrieg wie folgt dar (vgl. FERRER/ PRECEDO 1977-78, S. 54ff):

2. Hälfte 19. Jh.:	Schaffung der *Gran Vías* und anderer zentraler Verkehrsachsen durch die Altstadt bzw. am Altstadtrand
	Niederlegung der Stadtmauern
	Anlage von *Ensanches* (großflächige "Neustadt"-Erweiterungen für Mittelschichten)
	spontane Siedlungen am Stadtrand
Jahrhundertwende/ 20er-30er Jahre	Gartenstadtanlagen
	Einfachhausviertel *(casas baratas)* mit aufgelockerter ein- und zweigeschossiger (Zeilen-)Bauweise für untere Schichten

Ab den 50er und vor allem in den 60er Jahren folgte, bedingt durch den kräftigen Einwohnerzuwachs und begünstigt durch die Architektur des Rationalismus, der Massenwohnungsbau mit Mehrgeschoß- und Hochhausbauweise. Damit einher ging eine hohe bauliche Verdichtung bei gleichzeitigem Fehlen von ausgleichenden Frei- und Grünflächen und bei starker Verkehrszunahme. Monotonie und archtitektonische Lösungsarmut wurden zum Charakteristikum des neuen Wohnungsbaus. PARICIO (1973, S. 2ff) zeigt am Beispiel von vier Vorstädten Barcelonas, daß, obwohl Finanzierung, Bau und Entwürfe völlig unabhängig voneinander erfolgten, dennoch ein exakt gleicher Aufbau der Blocks und der Wohnungen festzustellen ist. Er führt dies auf das die Promotoren verbindende Ziel zurück, Baukosten zu minimieren und den städtischen Grund und Boden maximal zu nutzen. Hoher Bevölkerungsdruck, ungenügende Grünflächen und mangelnde Infrastrukturausstattung prägten so die Wohn- und Lebensbedingungen eines großen Teils städtischer Zuwanderer und Bewohner in den randstädtischen Neubaugebieten der 60er und 70er Jahre.

Typische Vertreter der stadtbildprägenden Elemente dieser Zeit sind die von staatlichen Institutionen wie dem Nationalen Wohnungsinstitut gebauten Wohnsiedlungen (*polígonos residenciales*). Diese Siedlungen zeigen aufgrund der Anwendung neuer Bautechniken eine vielgeschossige und äußerst verdichtete Bauweise. Mit ihrer Architektur bestimmen sie heute weitgehend die Stadtrandphysiognomie und geben ihr "a grotesque overall appearance" (WYNN 1984, S. 138). Die in den größten Städten des Landes vorhandenen Barackenviertel, die sich wie ein Saum um die Neubaugebiete legen, geben dabei in vielen Fällen Aufschluß über die weitere Wachstumsrichtung der Stadt.

Zusammenfassend läßt sich vor allem im Vergleich mit der mitteleuropäischen Stadt der spanienspezifische Grund- und Aufriß der Großstädte am Modell von GORMSEN 1984 (S. 324f) verdeutlichen (s. Abb. 9). Während in den mitteleuropäischen Städten die an die Altstadt anschließenden zentralen Innenstadtlagen bis in die jüngste Zeit an Bevölkerung und sozialem Status verloren, blieben sie in Spanien eine bevorzugte Wohnlage.

Aufgrund ihrer baulichen Konzentration und Kompaktheit hat die spanische Stadt kein flächenhaftes Stadt-Land- Kontinuum ausgebildet, sondern zeigt

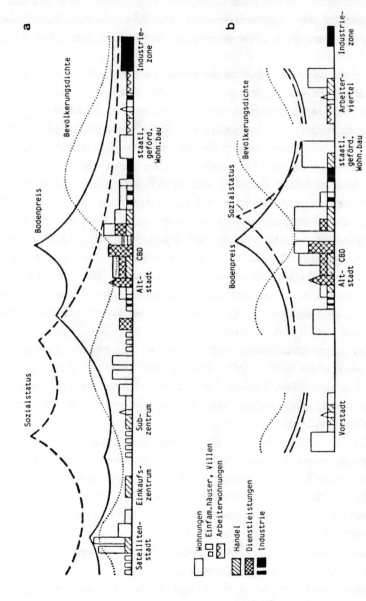

Abb. 9: Aufrißmodell der mitteleuropäischen (a) und spanischen (b) Stadt der 70er Jahre

Quelle: GORMSEN 1984

auch in den Neubaugebieten des Stadtrandes Wohnhochhausbebauung, die oft unmittelbar an die agrarischen Flächen angrenzt. So ergibt das Zusammenwirken von funktionalen und sozioökonomischen Strukturelementen das charakteristische physiognomische Gepräge der spanischen Stadt.

Um die besondere Situation der spanischen Städte und den Zusammenhang zwischen Einwohnerentwicklung, Wohnflächenentwicklung und Stadtphysiognomie zu verdeutlichen, wurde eine Luftbildauswertung vorgenommen. An Hand des Vergleichs von Aufnahmen der Jahre 1956/57 und 1978 wurde das Wachstum von acht Großstädten untersucht (s. Tab. 18 u. Abb. 10-17).

Die ausgewerteten Beispielstädte geben einen deutlichen Hinweis auf die durchgreifende Grundrißveränderung vor allem durch die enorme Flächenzunahme in den 60er und 70er Jahren (vgl. auch GORMSEN/KLEIN 1986). Die Nettozunahmen der Wohnbauflächen betrugen im betrachteten Zeitraum für die acht untersuchten Städte zwischen 20,6 % (Alicante) und 47,5 % (Vitoria). Werden zu den neu bebauten Flächen die nach Abriß überbauten Flächen hinzugenommen, so ergibt die resultierende Fläche das eigentliche, physiognomische Umgestaltungsareal (ohne die Veränderungen im historischen Kern). Hier liegt die Spannweite zwischen 28,7 % (Málaga) und 70,2 % (Vitoria).

Bei allen acht Städten liegt der Anteil der neuerschlossenen und bebauten Flächen nach 1956/57 deutlich über dem der durch Neubau nach Abriß umgestalteten Flächen. Bei letzteren handelt es sich meist um dörfliche Kerne, die im Zuge der Stadtausdehnung einverleibt und baulich überformt wurden.

Der Vergleich zwischen den Wohnungsneubauflächen und dem Einwohnerzuwachs der acht Städte verdeutlicht die auf den Erweiterungsflächen stattgefundene Bevölkerungskonzentration. In jeder der ausgewerteten Städte lag die Einwohnerzunahme jeweils über dem Zuwachs an neuen Wohnflächen und mit Ausnahme von Valencia sogar über der Summe von neubebauten und überbauten Flächen.

Die Betrachtung der Gebäudehöhen (nur Obergeschosse) zeigt, daß zu der horizontalen Stadtumgestaltung auch eine stark entwickelte vertikale Komponente hinzugekommen ist. Meist dominieren die 6-10 stöckigen

Neubauten, wobei die Gebäudehöhe aber in der Regel an der oberen Grenze von 9 oder 10 Stockwerken liegt. Die Wohngebäude mit 11 u.m. Obergeschossen stellen, auch wenn sie eher punkthaft auftreten, deutliche Akzentuierungen im städtischen Baukörper dar. Wohnhochhausbau ist damit im Zuge der Entwicklungen der 60er und 70er Jahre zum beherrschenden Charakteristikum der spanischen Großstadtphysiognomie geworden.

Tab. 18: Wohnflächenentwicklung 1956-1978 in acht spanischen Großstädten

	Bebaute[1] Fläche ges. 1978		Neubau nach 1956		d a v o n dto. nach Abbruch		Altbestand seit 1956		Bev.zunahme 1950 auf 1981 (1981=100)
	ha.	(%)	ha.	(%)	ha.	(%)	ha.	(%)	%
Albacete*	121	100	30	24,8	17	14,0	74	61,2	+ 38,7
Alicante*	175	100	36	20,6	25	14,3	114	65,1	+ 58,5
Burgos	105	100	29	27,6	2	1,9	74	70,5	+ 52,7
Huesca	37	100	10	27,0	4	10,8	23	62,2	+ 51,9
Málaga*	181	100	40	22,1	12	6,6	129	71,3	+ 45,1
Valladolid*	166	100	47	28,3	27	16,3	92	55,4	+ 62,4
Valencia*	484	100	126	26,0	79	16,3	279	57,7	+ 32,3
Vitoria	225	100	107	47,5	51	22,7	67	29,8	+ 72,9

1) nur Aufnahme der Wohnungsbauflächen; der Innen- bzw. Altstadtbereich von 1956/57 ist 1978 komplett als Altbestand gewertet (sofern nicht großflächig überbaut)
∎ Stadtgebiet ist wegen Luftbildausschnitt nicht vollständig erfaßt

eig. Auswertung nach Luftbildern des Servicio Geográfico del Ejército 1956/57 u. Ministerio de Agricultura 1978 sowie INE-Anuario Estadístico, versch. Jgge

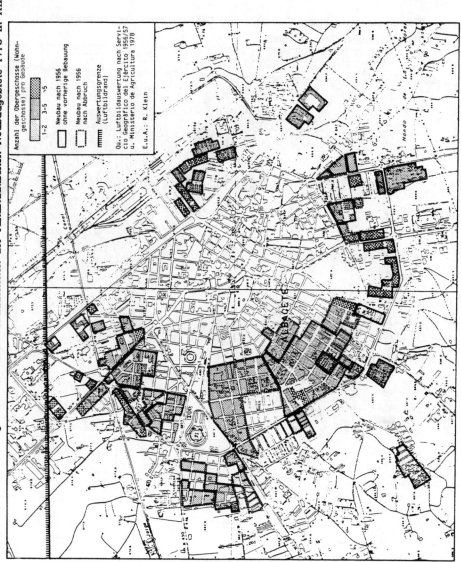

Abb. 10: Wohnflächenentwicklung 1956-1978 und Gebäudehöhen der randstädtischen Neubaugebiete 1978 in Albacete

Abb. 11: Wohnflächenentwicklung 1956-1978 und Gebäudehöhen der randstädtischen Neubaugebiete 1978 in Alicante

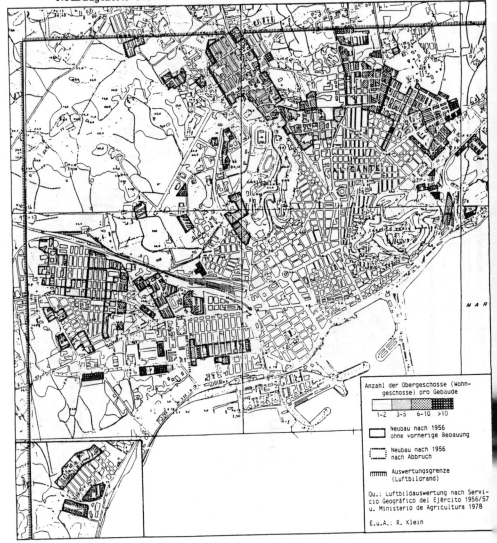

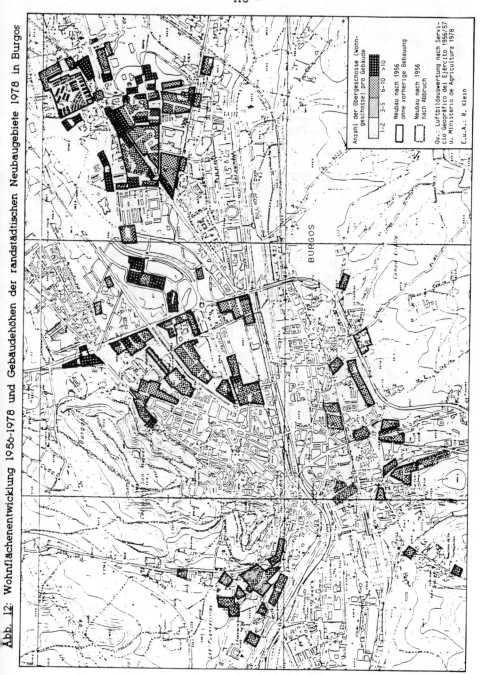

Abb. 12: Wohnflächenentwicklung 1956-1978 und Gebäudehöhen der randstädtischen Neubaugebiete 1978 in Burgos

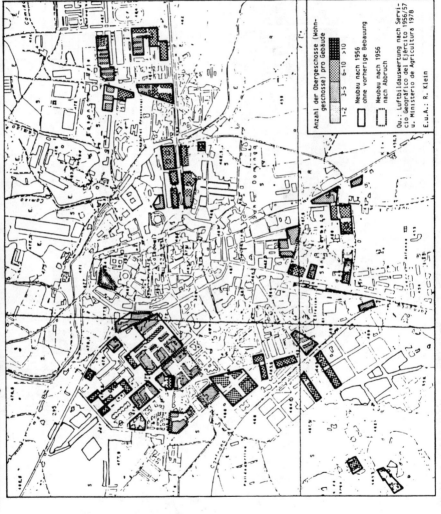

Abb. 13: Wohnflächenentwicklung 1956-1978 und Gebäudehöhen der randstädtischen Neubaugebiete 1978 in Huesca

Abb. 14: Wohnflächenentwicklung 1956-1978 und Gebäudehöhen der randstädtischen Neubaugebiete 1978 in Málaga

Abb. 15: Wohnflächenentwicklung 1956-1978 und Gebäudehöhen

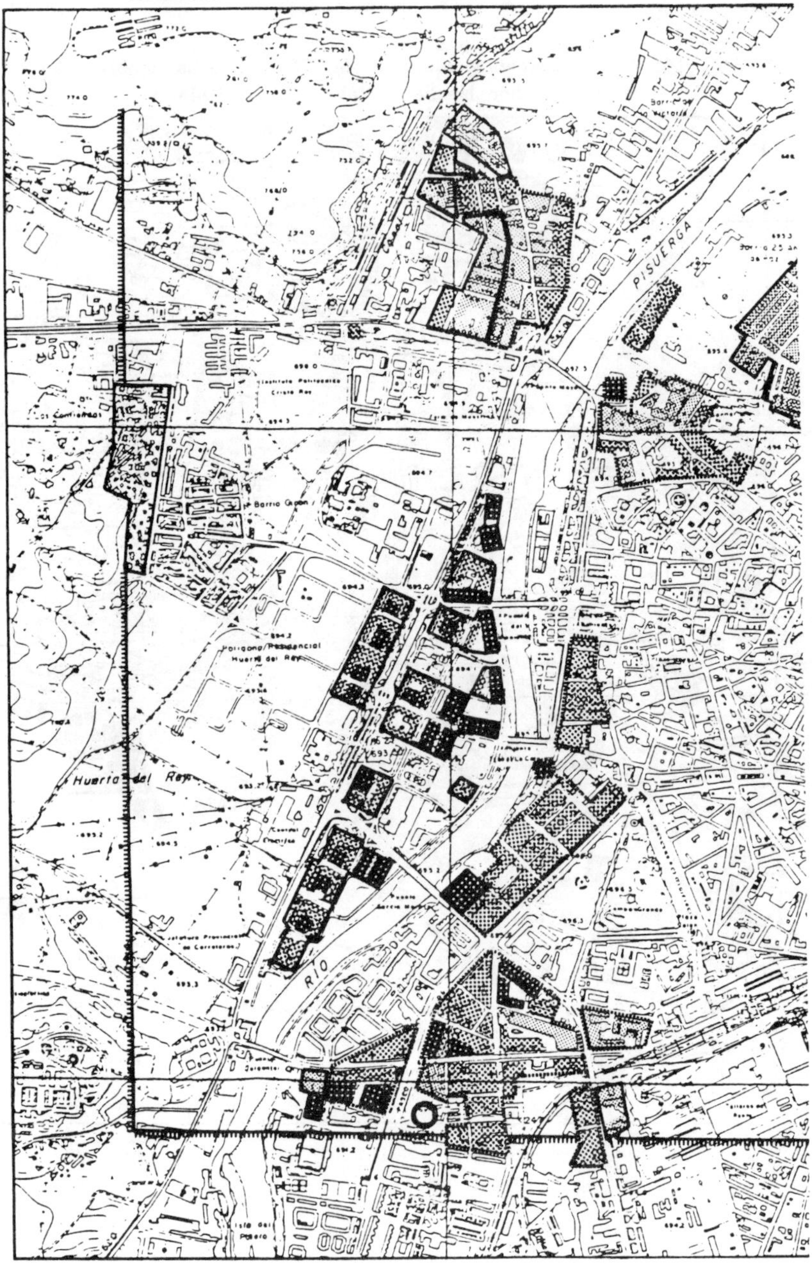

der randstädtischen Neubaugebiete 1978 in Valladolid

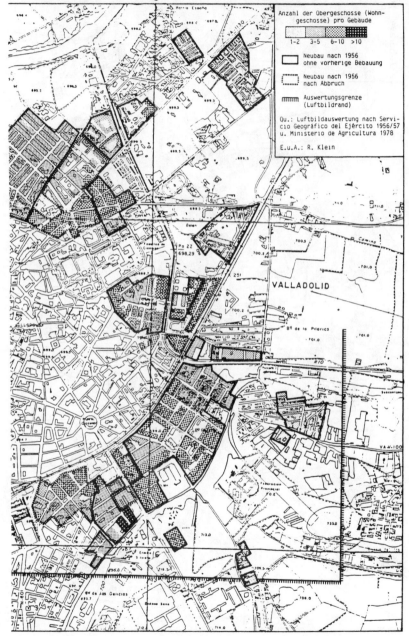

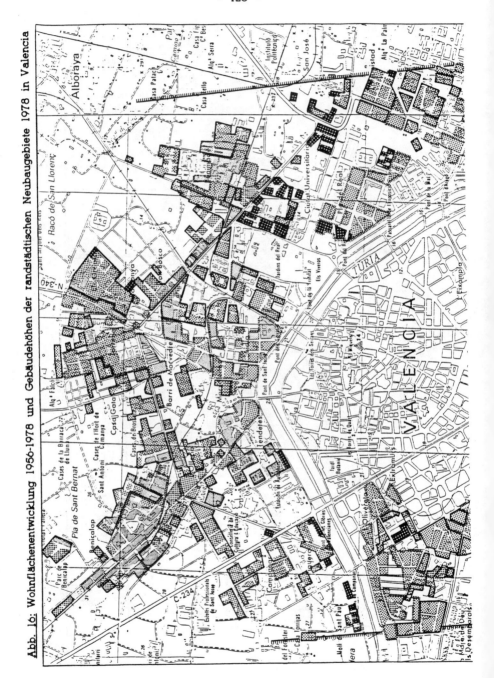

Abb. 16: Wohnflächenentwicklung 1956-1978 und Gebäudehöhen der randstädtischen Neubaugebiete 1978 in Valencia

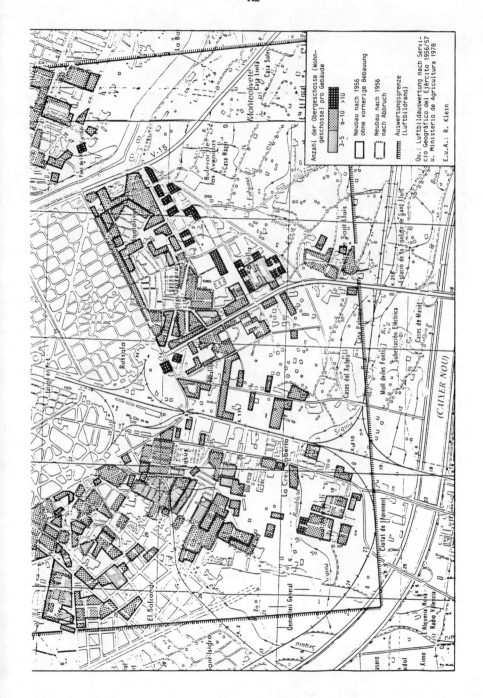

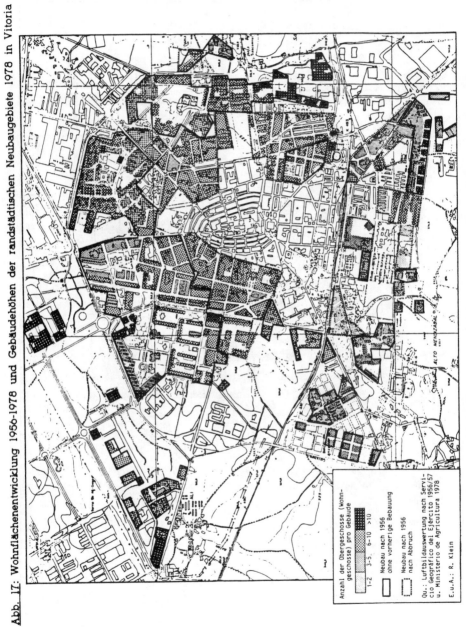

Abb. II: Wohnflächenentwicklung 1956-1978 und Gebäudehöhen der randstädtischen Neubaugebiete 1978 in Vitoria

III. FALLSTUDIE VALENCIA
1. Die Stadtentwicklung Valencias bis zum Bürgerkrieg
1.1 Demographische Entwicklung

Die Bevölkerung der Stadt Valencia lag Mitte des vorigen Jahrhunderts, zum Zeitpunkt des ersten modernen Zensus, bei rd. 100.000 Einwohnern (s. Tab. 19). Das Stadtgebiet umfaßte dabei die heutige "Altstadt" innerhalb der Stadtmauern (s. Abb. 18). Vor den Toren der Stadt lagen verschiedene Siedlungskerne, die Kristallisationspunkte der späteren Stadtausdehnung wurden: Russafa (rd. 13.000 Einw.), Campanar (1.600), Patraix (500), Benimaclet (500) und Poblats Maritims (11.000) (vgl. TEIXIDOR 1982, S. 70). Das Bevölkerungswachstum Valencias war am stärksten in den 20er, 30er und 60er Jahren dieses Jahrhunderts ausgeprägt. In den 70er Jahren schwächte sich die Zunahme zwar prozentual ab; dennoch wuchs die Stadt um 100.000 Einwohner - im Gegensatz zu Madrid und Barcelona, deren Bevölkerung in diesem Dezennium nahezu stagnierte.

Die Bevölkerungszunahme resultiert vor allem aus massiven Zuwanderungen. Die Veränderungen der Herkunft der Einwohnerschaft (s. Tab. 20) belegen, daß 1950 nur noch etwas mehr als die Hälfte der Einwohner aus Valencia selbst kamen, während es 1920 noch nahezu 2/3 waren. Als Folge der Zuwanderungen zeigt sich bei der Einwohnerzusammensetzung Valencias eine fortgesetzte Abnahme der autochtonen Bevölkerung. Während innerhalb der Zeitspanne die Zuwanderungen aus der eigenen Provinz nahezu konstant blieben, nahmen die Zuwanderer aus dem übrigen Spanien zu, vor allem aus den angrenzenden Provinzen (Castellón, Teruel, Cuenca, Albacete, Murcia, Alicante) und aus Andalusien. LOPEZ GOMEZ (1961, S. 132) weist darauf hin, daß die Zuwanderungen nicht nur aus den provinziellen Ungunsträumen erfolgten, sondern auch aus dem Bereich fruchtbaren Huertagebietes, was auf die hohe Attraktivität des städtischen Lebens bzw. die Überbevölkerung der Huerta hindeutet. Die Geschlechtsdifferenzierung bei der Zuwanderung zeigt einen leicht überhöhten Frauenanteil. So waren von den 15 % aus der Provinz Valencia Zugewanderten 8,5 % Frauen und von den 30,7 % Zuwanderern aus anderen Provinzen 17,2 % (vgl. ebd., S. 132). Dies erklärt sich aus der Tatsache, daß Frauen ihren

Männern oftmals in die Stadt nachfolgten und darüber hinaus viele in den Dienstleistungsbereich gingen.

Der Bevölkerungsaufbau Valencias verdeutlicht den Übergang von einer Pyramidenform mit breitem Sockel an junger Bevölkerung (um 1900) zu einer Urnenform (1950; s. Abb. 19). Diese Entwicklung ist bedingt durch die zunehmende Lebenserwartung und den Rückgang der Geburtenrate, die sich von 30,0 v.T. um 1900 auf 16,5 v.T. um 1950 nahezu halbierte (vgl. ebd., S. 140).

Die Bevölkerungsverteilung innerhalb der Stadt (s. Tab. 21) verdeutlicht, daß mit der natürlichen Bevölkerungsentwicklung auch eine räumliche Dynamik vor sich ging. Die Distrikte des Stadtzentrums (Nr. 1-4) verzeichneten eine deutliche Abnahme zugunsten der übrigen Distrikte.

Abb. 18: Altersaufbau der Einwohner Valencias 1900 und 1950

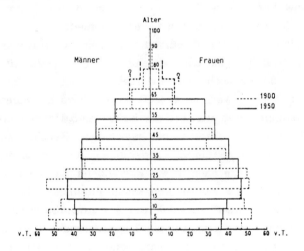

Quelle: LOPEZ GOMEZ 1961

1.2 Soziostrukturelle Entwicklung und Stadtphysiognomie

Valencia, eine römische Gründung aus dem zweiten vorchristlichen Jahrhundert, war unter der maurischen Herrschaft (718-1238) ab dem 11. Jahrhundert von einer Mauer umgeben, die den nordöstlichen Teil der heutigen Altstadt mit der Kathedrale (ehemals Moschee) als Zentrum umfaßte. Im Jahre 1356 erfolgte der Bau einer neuen, weitergefaßten Mauer um das christliche Valencia, die bis 1865 bestehen blieb. Diese Ummauerung folgte in ihrem Verlauf dem heutigen inneren Straßenring (*Calle Guillem de Castro/Calle Xátiva*); von ihr sind nur noch die zwei Türme *Torres de Quart* und *Torres de Serranos* erhalten (zur stadthistorischen Entwicklung siehe SANCHIS GUARNER 1983).

Die ökonomischen Aktivitäten, denen Valencia seine Bedeutung verdankt, sind Handel und Dienstleistungen, Industrie (Seiden-, Textilindustrie) und Landwirtschaft (Huerta). Im 19. Jahrhundert erfuhr die wirtschaftliche Entwicklung unter französischen Besetzung eine Dynamisierung. Die zunehmende Bedeutung der Bourgeoisie manifestierte sich in der Industrialisierung, dem Eisenbahnbau (1852), der Errichtung großer Bank- und Handelshäuser und in städtebaulichen Projekten. Trotz dieser Modernisierung blieb jedoch die enge Verbindung zum agrarischen Umland bestehen, so daß noch 1900 rd. 44 % der Erwerbstätigen in der Landwirtschaft tätig waren (1950: 11 %; vgl. LOPEZ GOMEZ 1961, S. 125). Die im Vergleich zu anderen Teilen Spaniens allerdings eher verhaltene Rolle der Bourgeoisie begründete sich darin, daß mit der Desamortisation in der zweiten Hälfte des 19. Jahrhunderts das säkularisierte Land bei allgemein gestiegenen Bodenpreisen als eine gewinnbringendere Investitionsquelle erschien als etwa industrielle Aktivitäten. Ebenfalls höhere Rendite versprach die Landwirtschaft mit Weinbau und Zitrusfrüchten, die nunmehr mittels Dampfpumpen bewässert werden konnten (vgl. SANCHIS GUARNER 1983, S. 514). Innerhalb des industriellen Bereichs erfolgte mit der Krise der bis dahin wichtigen Seidenindustrie ab den 50er Jahren des vorigen Jahrhunderts die Ablösung durch neue Industrien, wie der Möbel- und Metallbranche. Diese siedelten sich in und um Valencia an (vgl. TEIXIDOR 1982, S. 95f).

Abb. 19: Valencia 1983

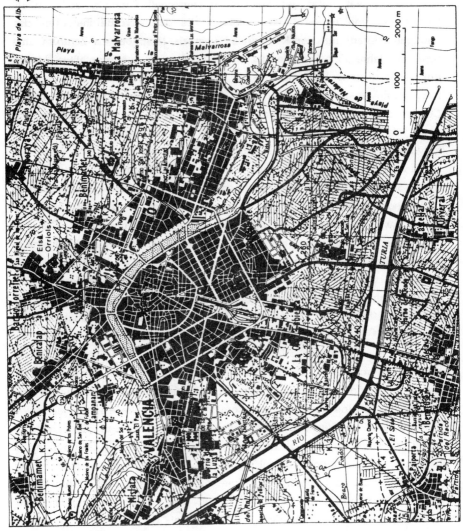

Die Stadtentwicklung des 19. Jahrhunderts spielte sich vor dem Hintergrund des Dualismus Land-Stadt ab. Folge der stadtgerichteten Wanderungen war die Konzentration der ökonomischen Aktivitäten in der Stadt, während Entvölkerung und Dekapitalisierung die übrige Provinz und den weiteren ländlichen Raum kennzeichneten. Einschneidende Bedeutung für die Stadtentwicklung hatte das Niederlegen der Stadtmauer 1865, was eine Reihe städtebaulicher Initiativen einleitete, wie die Anlage von Stadterweiterungen (*Ensanches*) und eine Vielzahl von Eingemeindungen. Diese waren im einzelnen: 1870: Patraix; 1872: Beniferri, Benicalap; 1877: Russafa, Pinedo, El Palmar, l'Oliveral, Castellar, La Font de S. Lluis; 1882: Benimamet, Els Orriols, Benimaclet; 1888: Borboto, Carpesa; 1897: Campanar, Vilanova del Grao, Poble Nou de la Mar; 1898: Masarrojos; 1900: Benifaraig (vgl. Ajuntament de València 1981, S. 40).

Das erste Projekt eines *Ensanche*, einer Stadterweiterung für die neue Bougeoisie, wurde 1865-87 entworfen und realisiert (s. Abb. 20). Es schloß im SE an die ehemalige Stadtmauer an und umfaßte den Bereich bis zu den *Gran Vias Germanias/Marqués del Turia*. Vorbild war die Planung Barcelonas von CERDA aus dem Jahre 1859.

Im 20. Jahrhundert ging mit den Eingemeindungen eine Ausdehnung des Einflußbereichs Valencias auf die umliegenden Orte wie Mislata,

Tab. 19: Einwohnerentwicklung Valencias 1857-1981

	Einwohner	Zunahme in %	Einw. der Provinz	Einw.anteil a.d. Provinz in %
1857	106.435	-	606.608	18
1900	213.550	101	806.556	26
1910	233.348	9	884.298	26
1920	251.258	8	926.442	27
1930	320.195	27	1.042.154	31
1940	450.756	41	1.256.633	36
1950	509.075[a]	13	1.347.912	38
1960	505.066	-1	1.429.708	35
1970	653.690	29	1.767.327	37
1981	751.734	15	2.066.413	36

a) Die offizielle Einwohnerzahl von 1950 liegt wahrscheinlich zu hoch: PEREZ PUCHAL (1981, S. 100) schätzt sie auf rund 450.000 "bzw. etwas darüber".

Quelle: INE- Censos de la población

Tab. 20: Herkunft der Einwohner Valencias 1920 und 1950 (%-Angaben)

	Valencia Stadt	Restprovinz Valencia	andere Provinzen	Ausland	Gesamt
1920	63,7	17,3	18,4	0,6	100
1950	53,4	15,0	30,7	0,9	100

Quelle: LOPEZ GOMEZ 1961, S. 133

Tab. 21: Einwohnerentwicklung in Valencia nach Distrikten 1940-70 (Angaben in v.T.)

Distrikt	1940	1950	1960	1970
1. Patriarca	111,7	94,0	63,6	39,6
2. Catedral	122,3	111,1	76,8	45,8
3. Gran Via	92,7	88,0	80,3	56,8
4. Ruzafa	96,8	96,9	80,6	55,4
5. Dehesa	87,7	88,7	91,6	97,3
6. Jesus	101,3	105,6	122,1	122,0
7. Botanico	94,1	90,0	141,5	150,5
8. Zaidia	66,5	73,7	77,7	96,9
9. Exposicion	91,4	90,7	114,3	181,8
10. Maritimo	135,5	161,3	151,5	153,9
Gesamt	1000	1000	1000	1000

Quelle: TEIXIDOR 1975 u. eig. Ber. nach Ayuntamiento de Valencia- Padrones municipales de habitantes

Paterna oder Xirivella einher, die funktional zu Vororten wurden. Eine integrierende Rolle fiel dabei der Schmalspureisenbahn (ab 1891) zu, die dem Handel mit dem Umland zugute kam (vgl. PEREZ PUCHAL 1981, S. 98). Die zunehmende Bedeutung der Industrie als ökonomischer Basis der Stadt entsprachen die Regionalausstellung von 1909 und die Nationalausstellung im folgenden Jahr. Der erste Weltkrieg schließlich brachte aufgrund des Hafens, der rd. 5 km von der Stadt entfernt liegt, weitere wirtschaftliche Impulse. Zu Beginn des 20. Jahrhunderts kam es zur Niederlassung einer Vielzahl von Banken bzw. Filialen. Darüber hinaus brachte das neue Jahrhundert mit der zunehmenden Bedeutung der Industrie auch entsprechende Veränderungen in der Stadtentwicklung mit sich. Die Weiterführung der *Ensanches*, u.a. bis zum entworfenen *Camino de transitos* von 1907, wies neben den Wohnflächen auch Flächen für Handel und Industrie aus. Neben der Ausweitung der Stadt durch die *Ensanches* wurden die Ausfallstraßen nach Madrid, Sagunt/Barcelona und zum Hafen zu Kristallisationspunkten von Ansiedlungen, so daß die Stadtentwicklungsrichtung zunehmend "sternförmig" nach W, S, NW, N und SE erfolgte. Zu den *Ensanches* kamen um die Jahrhundertwende die ersten Reihenhausprojekte für untere soziale Klassen. Erste einstöckige Reihenhäuser für Arbeiter und Fischer entstanden 1881, 1897 und 1902. Im Gesetz für billigen Wohnraum (*Ley de casas baratas*) von 1911 wurden solche Projekte dann verankert. Insbesondere Kooperativen realisierten verschiedene Baugruppen mit Reihenhäusern (vgl. PEÑIN 1978, S. 69f).

1907 wurde der innerstädtische Reformplan (*Plan de Reforma Interior*) von AYMAMI entworfen und 1912 gebilligt (s. Abb. 21). Dieser beinhaltete drastische städtebauliche Maßnahmen für das Zentrum, durch das eine breite Straßenschneise vom Bahnhof bis zum Turia-Bett geschlagen werden sollte. Das Projekt wurde allerdings nur im ersten Abschnitt realisiert (heutige *Avenida Barón de Cárcer*). Ebenfalls projektiert und nicht realisiert wurde in der östlichen Altstadt eine weitere *Avenida*, und zwar zwischen der heutigen *Plaza Zaragoza* im Zentrum und dem Turia (Brücke del Real). 1907 wurden weitere, durch die *Gran Via Fernando el Católico* abgegrenzte, *Ensanches* im Westen der Altstadt festgelegt. 1912 schließlich erfolgte die Aufstellung eines Erweiterungsplans für das erste *Ensanche* über die

Abb. 20: Erste Ensanche-Planungen in Valencia von 1887 bzw. 1907

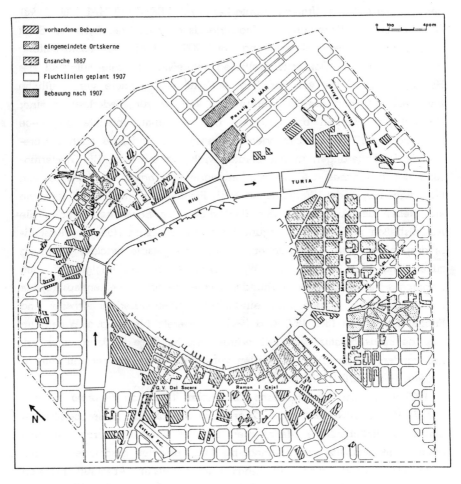

Quelle: TEIXIDOR 1982

Abb. 21: Innenstadtplanung von AYMAMI 1910

Quelle: TEIXIDOR 1982

Abb. 22: Stadtgrundriß von Valencia aus dem ersten Viertel des 20. Jahrhunderts

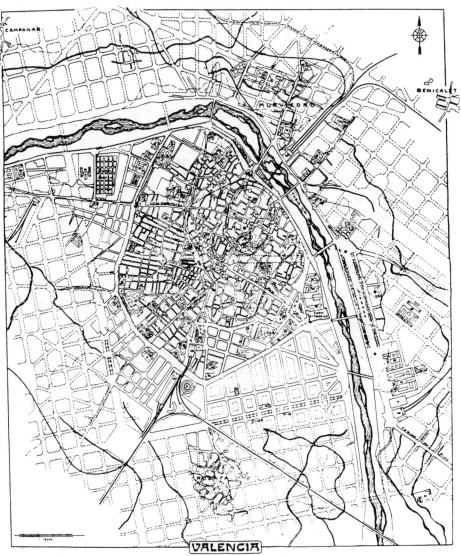

Quelle: JÜRGENS 1926

damals noch existierenden Eisenbahngleise Valencia-Barcelona (heutige Diagonale *Antic Regne de Valencia*) hinaus bis zum dritten Ring, dem *Camino de transitos* (vgl. SANCHIS GUARNER 1983, S. 553f).

Architektonisch wurden in den beiden ersten Jahrzehnten besondere Akzente durch den Bau öffentlicher Gebäude, vor allem im Jugendstil, gesetzt: *Colón*-Markt 1916, Nordbahnhof 1917, Hauptpost 1922 und Hauptmarkthalle 1928. JÜRGENS gibt in seiner Aufnahme der spanischen Städte von 1926 eine Beschreibung des damaligen Zustands von Valencia (S. 45; s. Abb. 22).

"Bis heute ist mit Ausnahme einzelner Veränderungen die Altstadt von Valencia noch ziemlich in ihrem alten, wenn auch nicht völlig ursprünglichen Grundriß erhalten, sodaß sie unter den Großstädten Spaniens, namentlich im Gegensatz zu Madrid und Barcelona als eine der Städte gilt, die ihr mittelalterlich-maurisches Gepräge noch am reinsten bewahrt haben. Die Bebauung ist aber in den letzten Jahren derart erneuert, daß kaum mehr wirklich maurisch anmutende und überhaupt verhältnismäßig wenige einheitlich alt erhaltene Gesamtbilder bestehen. In den Einzelheiten wirken die Straßen Valencias heute im allgemeinen nicht mehr sehr anziehend, eher wohl nüchtern und in ihrer jetzigen hohen, meist viergeschossigen Bebauung oft etwas unfreundlich."

Ähnlich wie Gesamtspanien war auch Valencia zu Beginn der 20er Jahre von der wirtschaftlichen Krise betroffen, die erst unter der Diktatur Primo de Riveras (1923-30) ein Ende fand. In diese Zeit fällt die Schaffung wichtiger städtischer Infrastruktureinrichtungen. Städtebaulich erfolgt mit dem innerstädtischen Reformplan von 1928 unter dem Architekten GOERLICH das schrittweise Ersetzen der 3- und 4-stöckigen Häuser durch Gebäude mit 8 bis 9 Stockwerken (vgl. SANCHIS GUARNER 1983, S. 589).

In Fortführung des billigen Wohnungsbaus für die unteren Schichten, der *casas baratas*, kamen um 1930 am Stadtrand verschiedene Projekte zweistöckiger Reihenhäuser - mit *Patio* und kleinem Garten - zur Ausführung, wie die Viertel Don Bosco in Els Orriols und Maria Auxiliadora in Torrefiel (vgl. PEÑIN 1978, S. 128ff). Die Periode der Republik nach 1931 war in Valencia gekennzeichnet durch insgesamt zurückhaltende Bauaktivitäten. Der Bürgerkrieg (1936-39) setzte den weiteren Wohnungsbauaktivitäten ein jähes Ende.

2. Stadtentwicklung und Stadtplanung nach dem Bürgerkrieg
2.1 Der Stadtentwicklungsplan von 1946

Im Bürgerkrieg spielte Valencia als Sitz der republikanischen Regierung ab November 1936 eine wichtige Rolle. Die Kriegsschäden allerdings waren für die weitere Entwicklung der Stadt nicht von so einschneidender Bedeutung wie für andere Städte.

Der Stadtentwicklungsplan von 1946 (*Plan General de Valencia y su cintura*; s. Abb. 23) stellte als Flächennutzungs- bzw. Stadtentwicklungsplan für die folgenden 20 Jahre die Grundlage der Stadtentwicklung dar. Der Plan wurde mit einem Sondergesetz (*Ley de bases para la ordenación urbana de Valencia y su cintura*) in Kraft gesetzt, da noch kein Baugesetz existierte.

Der Plan war in seiner Diktion durch eine Madrider Planergruppe um BIDAGOR, den neuen Generaldirektor für Städtebau, bestimmt. Diese Gruppe vertrat in Übereinstimmung mit der herrschenden Staatsideologie ein historisch-monumentalistisches Leitbild und einen sich auf die Charta von Athen (1933) gründenden Rationalismus (vgl. PEÑIN 1978, S. 165). Ausdruck hiervon war das Konzept der Zonierung, das von einem radiozentrischen Entwicklungsmodell für Valencia ausging: Das einkernige Zentrum ist umrahmt und begrenzt durch die landwirtschaftlich geprägte Huerta und ergänzt durch die umliegenden ländlichen Wachstumsorte der *cintura*. Alles zusammen bildet *Gran Valencia*.

Ziel des Stadtentwicklungsplans war es, Flächennutzung und Bauvolumen zu regeln. Die Leitvorstellungen dazu sollten sein (vgl. Plan General 1946, S. 1f):

1. "organisch funktionierende Stadt"
2. Bevölkerungsdichten entsprechend dem Charakter der Viertel
3. Schutz des historischen Baugutes
4. Festlegung der Flächennutzung
5. Distrikt- und Viertelorganisation entsprechend der vorherrschenden Nutzung

Im einzelnen wurden folgende Zonen ausgewiesen (vgl. ebd., S. 2ff):
- historisches Zentrum (*recinto antiguo*)
- innere Zone (*zona interior*)
- Gewerbezone (*zona comercial*)
- bestehendes Ensanches (*ensanches actuales*)
- bestehende Ortskerne im Erweiterungsgebiet (*núcleos actuales*)
- zukünftige Erweiterungsgebiete (*ensanches futuros*)
- Zonen offener Bauweise (*zonas de edificación abierta*)
- periphere Ortskerne (*núcleos periféricos*)
- Gartenstadt (*zona de ciudad jardín*)
- Mischgebiete (*zonas de tolerancia industrial*)
- Industriezonen (*zonas industriales*)
- Sonderzonen (*zonas de ordenanza especial*)

desweiteren
- Hafenzone
- Huerta
- Ortskerne im Randbereich von Gran Valencia (*poblados de cintura*).

An Projekten zur Stadtentwicklung waren vor allem Verkehrsmaßnahmen vorgesehen, wie die Nutzung des breiten Turiabettes als Verkehrsader und Grünzone, die Auflösung der in der Stadt liegenden Bahnhöfe Aragón, Liria, Villanueva de Castellón und Norte sowie der Bau einer Metro. Bemerkenswertestes Bauprojekt war die Aufnahme der 1912 von AYMAMI entworfenen Altstadttransversale, der *Avenida de Barón Cárcer* bzw. *Avenida del Oeste* (vgl. TEIXIDOR 1976, S. 335f). Verwaltungstechnisch sollte eine Neugliederung der Stadt in Distrikte erfolgen.

Die Bebauungshöhen im Plan von 1946 orientierten sich an den Straßenquerschnitten. Sie betrugen für den Bereich der geplanten Wohnerweiterungsflächen:

Straßenbreite	max. Gebäudehöhe[a]	
12-15 m	17 m	5 Stck
15-25 m	20 m	6 Stck
25-40 m	25 m	7 Stck
üb. 40 m	28 m	8 Stck

[a] einschl. Erdgeschoß
Quelle: Plan General 1946, S. 19

Zonierung und Entwicklungsrichtung Valencias wurden im 1946er Plan unmittelbar abgeleitet aus den topographischen Gegebenheiten der beiden von NW (Bereich Burjasot) und SE (Torrente) in die Huerta-Tiefebene eingreifenden, edaphisch leicht erhöhten Bereiche, auf denen Trockenanbau betrieben wird; ferner aus den entlang der Ausfallstraßen nach S, W und N bereits bestehenden Industriegassen.

Die kritische Betrachtung des Stadtentwicklungsplans von 1946 bringt eine Reihe von Schwachstellen zu Tage. HOUSTON (1951, S. 35) verweist auf das weiter zu erwartende Wachstum der Stadt in die Huerta hinein. Da Stadt und Huerta in einer engen Beziehung stehen, würden Kernstadt und Satellitenstädte die eigene ökonomische Grundlage, ihre "raison d'être", gefährden. Fehlende Abstimmung der Stadtentwicklungsplanung mit der ökonomischen Planung stellt auch SORRIBES (1977, Bd. 2, S. 1011) fest. GONZALEZ MOSTOLES (o.J., S. 3) bemängelt, daß die Planungen nicht mit der Festlegung der entsprechenden Ausführungen verknüpft waren, so daß die Realisierung etwa der Wohnerweiterungsgebiete der jeweiligen Verwaltung bzw. privaten Interessen zur Einflußnahme und Ausgestaltung überlassen blieb. Wesentliche Kritik am Stadtentwicklungsmodell begründet die Beibehaltung des einkernigen Wachstumsmodells. Denn bei einer für die Stadt prognostizierten Entwicklung von 1 Mio. Einwohnern waren weitere Verdichtungen in der Stadt und ein "Auseinanderfließen" (mancha de aceite) am Stadtrand mit zunehmender Aufsiedlung der Huerta abzusehen.

Sowohl aus dem Flächennutzungskonzept wie aus der konkreten innenstadtbezogenen Planung wird deutlich, daß der Plan von 1946 keine neuen, spezifisch auf Valencia zugeschnittenen stadtplanerischen Ziele oder Strategien beinhaltete. Er schien vielmehr eine einfache Anwendung damals allgemeingültiger Ideen zu sein (vgl. TERAN 1982, S. 190). Ähnlich kritisiert PEÑIN (1978, S. 166), für den es sich bei dem neuen Plan um "dasselbe alte Kleid" handelt, allerdings mit neuem Namen versehen und eine Nummer größer ("...sirve con diferente etiqueta el mismo traje, con el mismo patrón y una talla mayor").

Neben der städtebaulichen Einordnung des Plans von 1946 ist auch der politische Hintergrund von Bedeutung. Der sieben Jahre nach dem Ende des

Abb. 23: Der Stadtentwicklungsplan von Valencia von 1946

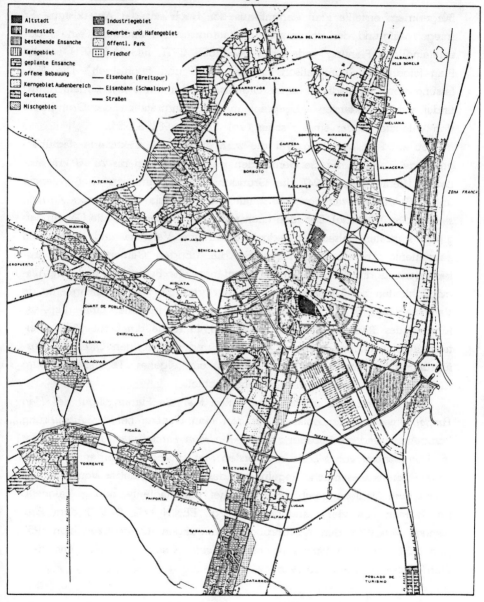

Bürgerkriegs erstellte Plan stammt aus der Hoch-Zeit des Autarkismus. Er spiegelt aufgrund der dominierenden falangistischen Strömung eine industriefeindliche Planung wider. Für SORRIBES (1977, Bd. 2, S. 991) ist der Plan folgerichtig "bürokratisch, anti-industriell und faschistisch". Die Auffassung von der Stadt als eines Organismus (im Sinne des Organizismus) findet sich am klarsten ausgeprägt in der Interpretation des Grundrisses von Valencia als der eines Fisches (vgl. TERAN 1982, S. 255).

Neu am Plan von 1946 war die zum ersten Mal praktizierte stadtübergreifende Planung, die die Gemeinden im Umkreis von bis zu 10 km einbezog. Hieraus folgte 1947 die Gründung der Kommission Groß-Valencia und 1949 der Verwaltungskörperschaft Groß-Valencia (*Corporación Administrativa Gran Valencia*). Der Idee nach sollte die Körperschaft alle Gemeinden gleich vertreten, tatsächlich jedoch dominierte Valencia und stellte eine permanente Annexionsbedrohung für die übrigen Gemeinden dar, insbesondere da die Körperschaft über umfangreiche Befugnisse und Eingriffsmöglichkeiten bei Städtebau und Verkehr verfügte (vgl. Ayuntamiento de Valencia 1984c, S. 18). Ziel der Körperschaft war in erster Linie die Ausführung des Stadtentwicklungsplans von 1946 sowie die Leitung der weiteren städtebaulichen Planung Valencias und der übrigen Orte. Als Ausführungsorgan der Körperschaft wurde ein eigenes Technisches Büro (*Oficina Técnica de Gran Valencia*) eingerichtet.

Der Plan von 1946 enthielt zum ersten Mal die Planungsfigur des *Plan Parcial*, eines Bebauungsplanes, der den *Plan General* bei der Ausführung konkretisiert und die Bebauung regelt. Ein *Plan Parcial* war fünf Jahre zuvor im *Plan General* von Madrid zum ersten Mal entwickelt worden und beinhaltete bereits wesentliche Regelungen des Städtebaugesetzes von 1956.

Bis zum Städtebaugesetz von 1956 lief die Stadtentwicklung Valencias im Rahmen von vier Planungen ab (vgl. PEÑIN 1982, S. 197): dem *Plan General* von 1946, den Ausführungsbestimmungen (*Ordenanzas*) von 1950 und 1955, dem Plan Parcial Nr. 14 des *Sector Centro* von 1954 und dem *Plan Parcial* Nr. 1-3-4 von 1956.

2.2 Die Überschwemmung 1957 und der Plan Sur von 1958

Ein einschneidendes Ereignis für Valencia war die Überschwemmung von 1957, bei der drei Viertel der Stadt überflutet wurden. 1949 erst hatte eine starke Flut die Stadt heimgesucht und seitdem wurden Überlegungen einer Flußbettregulierung vorgenommen. Von drei möglichen Eingriffen fiel 1958 die Entscheidung für eine südlich Valencias anzulegende Lösung (*Solución Sur*). Diese beinhaltete im einzelnen: 1) Bau eines neuen, 12 km langen und 200 m breiten Flußbettes, das westlich der Stadt zwischen Quart de Poblet und Manises beginnen, südlich um die Stadt herumführen und unterhalb der bisherigen Mündung ins Mittelmeer führen sollte. 2) Bebauung des alten Flußbettes mit einem Kopfbahnhof für die Strecke Valencia-Zaragoza, einer mehrspurigen Straße, einer U-Bahn und Hochhäusern. 3) Anlage verschiedener ergänzender Infrastrukturmaßnahmen bzgl. der Verkehrsführung und des Hafens. Diese Punkte sollten in die Generalplanung aufgenommen werden, vermittels: 4) Revision des *Plan General* von 1946, und 5) Schaffung einer Sonderkommission zur Durchführung der neuen Planungen (vgl. PEÑIN 1978, S. 200ff u. Ayuntamiento de Valencia 1984c, S. 22ff).

Aus dem Neubau des Turiabeckens sollten sich für die Stadtentwicklung neue Möglichkeiten der Dezentralisierung, insbesondere des Verkehrs, ergeben. Mit der Anlage mehrspuriger, das neue Bett begleitender Straßen sollte eine Entwicklungsachse E-W geschaffen werden, um Hafen, Innenstadt und Flughafen zu verbinden (vgl. ebd.).

Die neue Turiabett-Planung ging nach der Abstimmung mit dem *Plan General* von 1946 im sog. Plan Süd (*Plan Sur*) von 1958 auf (s. Abb. 24). Die Ziele dieses Stadtentwicklungsplans waren im einzelnen (vgl. Plan Sur de Valencia 1967, S. 22f):

- Valencia und seine umliegende *Comarca* (Landkreis) sollen gleichgewichtig in eine gemeinsame sozioökonomische Struktur eingebunden sein, die in erster Linie durch das Verkehrssystem zu realisieren ist. Das weitere Wachstum der Zentralstadt soll dadurch verhindert werden.

Abb. 24: Der Plan Sur de Valencia von 1958

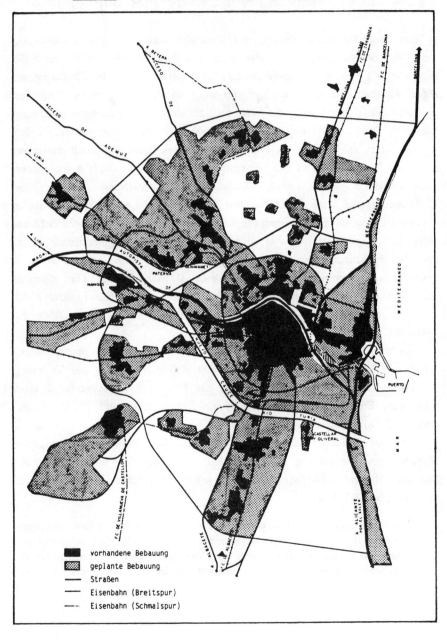

- Einsatz des neuen Turiabettes als Barriere für das weitere Stadtwachstum in das südliche Bewässerungsgebiet der Huerta; stattdessen Entwicklungsrichtung nach NW in das Trockenanbaugebiet
- Einrichtung von Industriezonen in den Comarca-Orten mit dem Ziel, die Bevölkerung dort zu halten und zu verhindern, daß sich die landwirtschaftliche Grundlage dieser Orte auflöst
- Verlegung des Nordbahnhofs nach S, dadurch Entlastung des Zentrums
- Ausbau des alten Turiabettes zur Verkehrsachse bei gleichzeitiger Anlage weitläufiger Grünzonen
- Entwicklung und Bebauung von ausgewiesenen und urbanisierten Flächen als Mittel gegen Bodenspekulation
- Schaffung von Parkmöglichkeiten an zentralen Stellen
- Sicherstellung eines effizienten Nahverkehrssystems

Kritik kann an verschiedenen der aufgeführten Punkte angebracht werden. So wurde das neue Flußbett zwar als Wachstumsbarriere ausgewiesen, doch eignete es sich durch die großzügigen Verkehrsanlagen zur Ausprägung einer bevorzugten neuen Entwicklungsachse (vgl. SORRIBES 1977, Bd. 2, S. 1021). Das angestrebte Ziel der Sicherung der Landwirtschaft als der ökonomischen Grundlage der Comarca-Orte war nicht strukturell begründet, sondern ideologisch: Es sollte offenbar die Proletarisierung der Bevölkerung vermieden werden (vgl. Plan Sur de Valencia 1967, S. 23). Bemerkenswert ist die in erster Linie auf verkehrliche Lenkungsmaßnahmen zugeschnittene Stadtentwicklung, die den Verkehr zum Regulativ der Stadtentwicklung erhebt und fordert, daß sich die Stadt dem Verkehr anzupassen habe und nicht umgekehrt: "Las ciudades de cierta importancia deben estar organizadas, vialmente, para servir a tres clases de tráfico..." (ebd., S. 27). Insgesamt ist auffallend, daß der Anteil der nicht durchgeführten Projekte, wie schon beim *Plan General* 1946 und wie auch bei späteren Planungen, beträchtlich ist (vgl. SORRIBES 1977, S. 1021). Darunter fällt u.a. die Verkehrsplanung für das Turiabett.

2.3 Der Stadtentwicklungsplan von 1966

Basierend auf dem Stadtentwicklungsplan von 1946 wurde unter Einarbeitung des *Plan Sur* von 1958 ein neuer *Plan General* erstellt, der 1966 in Kraft trat: der *Plan General de Ordenación Urbana de Valencia y su Comarca adoptado a la Solución Sur* (s. Abb. 25). Grundlage des neuen Stadtentwicklungsplans war eine Übereinkunft mit dem Ministerrat, die beinhaltete (vgl. Plan General 1966, Memoria):

- Abstimmung der verschiedenen Fachplanungen, wie Verkehr, Landwirtschaft und Wohnungswesen an die Planung von 1958
- Durchführung der Neufassung des *Plan General* von 1946 durch die *Corporación Administrativa Gran Valencia*

Die Ausrichtung des neuen Plans am *Plan General* von 1946 und am *Plan Sur* bedeutete die weitgehende Übernahme der Inhalte des alten *Plan General* von 1946. Ergänzend wurde in den Katalog neuer Maßnahmen aufgenommen (vgl. ebd., S. 2ff):

- Bau einer Umgehungsstraße im N und NW der Stadt
- Anlage von Frei- und Grünflächen entsprechend den Anforderungen des inzwischen verabschiedeten Baugesetzes von 1956
- Anerkennung der bisherigen Veränderungen durch die Bebauungsplanungen
- Ausweisung von 2100 ha Industrieflächen in 5 Industriezonen
- Neugliederung des Stadtgebietes in Anlehnung an die Hierarchie des Straßensystems bis auf die unterste Ebene, die Nachbarschaftseinheiten ("verdaderos unidades vecinales")
- Abgrenzung der durch Umgehungsstraßen umschlossenen Stadtviertel durch Grüngürtel, um die weitere randstädtische "Ausfransung" zu verhindern
- Neuerrichtung von Einkaufszentren: insgesamt vier auf Distriktsebene und 16 auf Viertelsebene
- Betonung des hierarchischen und zentripetalen Aufbaus Valencias und seines Umlandes: die *Plaza del Caudillo* ("Platz des Führers") als Mittelpunkt der Stadt und des Umlandes

Die Ausführungsbestimmungen des *Plan General* (*Normas urbanísticas*) legten die Richtwerte für Art und Intensität der Flächennutzung fest (vgl. Plan General 1966, Normas u. Estudio económico-financiero):

1. Flächen verdichteter Bebauung (*zona de edificación intensiva*), untergliedert in:

    - historischer Kern (max. 6 Stockwerke)
    - Gebiet innerhalb der ersten Ringstraße (*Ronda*) (bis 7 Stockw.)
    - *Ensanche* bis zur dritten Ringstraße (bis 9 Stockw.)
    - Erweiterung der Stadtrandgebiete außerhalb der dritten Ringstraße (bis 8 Stockw. und 870 Einw./ha)
    - randliche Ortskerne, d.h. die Orte der *Comarca* (bis 6 Stockw.)

2. Fläche der Blockbebauung bzw. offener Bebauung (*zona de edificación abierta*) mit max. Dichte von 400 Einw./ha und bis zu 5 m^3/m^2 Bebauungsdichte
3. Gartenstadt, max. 2-geschossig und mit 30-120 Einw./ha
4. Industrieflächen, bis zu 8 m^3/m^2
5. Mischgebiete (*zonas de tolerancia industrial*), bis zu 8 Stockw.
6. Sonderflächen (*zonas especiales*), ohne vorgebene Richtwerte
7. Grünflächen, öffentlich und privat
8. Huerta, max. 0,20 m^3/m^2
9. Reserveflächen

Besondere Bedeutung kam den Festlegungen der städtebaulichen Normen für die Bebauungspläne zu (vgl. ebd., S. 12ff). Hier enthielt der Plan unter anderem die Vorgaben, 10 % der Gesamtfläche für Parks und Sportanlagen freizuhalten (Norm 32) und KFZ-Stellflächen vorzusehen - 1 KFZ pro 3 Familien in "besseren" Vierteln und pro 5 Familien in den anderen Vierteln (Norm 33). Weiterhin sollte bei der offenen Blockbauweise eine abwechslungsreiche Bebauung sichergestellt werden, um Monotonie zu vermeiden (Norm 34). Die Mindestgröße der Einkaufszentren (Norm 35) wurde mit 6 ha bei Distriktzentren und 2 ha bei Viertelszentren festgelegt.

Die Errichtung von Einzelgebäuden, die die festgelegten Werte überschreiten (*edificios singulares*) wurde nach dem *Plan General* dann ermöglicht, wenn diese Gebäude entweder als Teil eines *Plan Parcial* genehmigungs-

Abb. 25: Der Plan General 1966 von Valencia

Quelle: TERAN 1982

fähig waren oder das vorgebene Bauvolumen auf der Gesamtfläche nicht überschritten wurde (vgl. ebd., S. 15).

Auf welchen demographischen Projektionen basierten nun die Annahmen des Plans von 1966? Die Einwohnerzahl Valencias wurde aus der linearen Fortschreibung der Zunahmen aus den vorangegangenen 7 Jahren ermittelt und für einen Projektionszeitraum von 80 Jahren (!) entworfen. Hieraus wurde auch der Wohnungsbedarf abgeleitet, wobei von einer Belegungsdichte von konstant 5 Personen pro Wohnung ausgegangen wurde (vgl. Plan General 1966, Estudio Económico, S. 2):

Einwohner- vorausschätzung		Bedarf an neuen Wohnungen	
1963	770.000	1963-70	44.000
1970	990.000	1970-80	47.000
1980	1.225.000	1980-90	36.000
1990	1.405.000	1990-2000	31.000
2000	1.560.000	2000-10	27.000
2010	1.695.000	2010-20	22.000
2020	1.805.000	2020-30	18.000
2030	1.895.000	2030-40	14.000
2040	1.965.000	2040-50	14.000
2050	2.035.000		253.000

Dem Stadtentwicklungsplan von 1966 kommt zentrale Bedeutung zu, da er für über 20 Jahre die Grundlage der Stadtentwicklung und -planung darstellte. Der Vergleich zwischen altem *Plan General* von 1946, der *Solución Sur* von 1958 und dem neuen Plan zeigt neben einer terminologischen und demographisch-prognostischen Aktualisierung sowie neuen *Normas Urbanísticas* keine neuen Planungsinhalte. Der Plan von 1966 ist ein überwiegend infrastrukturell ausgerichteter Plan. Da die Planungen federführend von der Straßenbaubehörde sowie der staatlichen Eisenbahngesellschaft vorgenommen wurden, kann er eher als "Plan städtischer Ingenieurtechnik" (*Plan de ingenería urbana*) denn als solcher der Stadtplanung bezeichnet werden (vgl. PEÑIN 1978, S. 168). Die alten Inhalte finden sich weiterhin in den Aussagen zur Flächennutzung. Die "Flächen dichter Bebauung" von 1966 stellen nichts anderes als die Zusammenfassung der entsprechenden sechs Gruppen des 46er Plans dar. Neu hinzugekommen war lediglich die Aufnahme von Grün- und Reserveflächen gemäß den Bestimmungen des Baugesetzes von 1956.

Weder im ersten *Plan General* von 1946 noch in dem neuen von 1966 sind Festlegungen zum Zeithorizont für die Planungsausführungen enthalten. Damit blieb die Aufstellung der Bebauungsplanungen *(Planes Parciales)* ganz der Bodenpreisdynamik und der Spekulation überlassen.

Die Bebauungspläne wurden 1966 erstmals nach dem Baugesetz von 1956 aufgestellt. Sie sollten als verbindliche Bauleitplanung den Gesamtplan entwickeln. Tatsächlich aber war die Ausarbeitung der *Planes Parciales* wegen des "exzessiven Bürokratismus" (SORRIBES 1977, S. 1055) zu langsam, so daß ein großer Teil des städtischen Wachstums nur in den Außenbereichen der Stadt verlief und Baugenehmigungen dort oft als "Einzelgenehmigungen" deklariert wurden (vgl. ebd.). So kam den *Planes Parciales* meist nur die Funktion einer nachträglichen Legalisierung zu (z.B. im Bereich *Avenida Blasco Ibáñez* und in El Saler). In Valencia kam ihnen damit eine deutlich geringere, städtebaulich ordnende Funktion zu als es scheinen mag. Dies zeigt sich besonders deutlich an der Herausbildung einer Reihe von Wohnghettos, wie Els Orriols oder Torrefiel (vgl. ebd., S. 1054). Die Rolle der *Planes Parciales* bestand darüber hinaus oft in der Entwicklung kleiner Flächen, die sich im Falle privater Bebauung in der Regel einer kommunalen und öffentlichen Kontrolle entzogen und entsprechend desintegrative Ergebnisse für die Gesamtstadt bedeuten konnten (vgl. PEÑIN 1978, S. 171f). *Planes Parciales* förderten so die Spekulation und wurden dementsprechend zum Ausdruck des den Immobilienmarkt beherrschenden Kapitals (vgl. u.a. Ayuntamiento de Valencia 1983a, S. 36).

Im folgenden seien eine Reihe weiterer Kritikpunkte zur Ziel- und Umsetzung des Plans von 1966 genannt (vgl. Ayuntamiento de Valencia 1984c, S. 30ff). Viele davon resultieren aus der Tatsache, daß der Plan in der Konzeption unter ökonomischer und infrastruktureller Dominanz stand und an der desarrollistischen Wirtschaftsdoktrin orientiert war (vgl. Kap. II, 1.2). Er sollte ein "Modellplan" sein. Aufschlußreich ist der lange Planungszeitraum bis ins Jahr 2040, während im Baugesetz von Zeiträume von rd. 15 Jahren ausgegangen wurde. Überhaupt beruhte die demographische Prognose auf Annahmen aus dem Plan von 1946 und wurden, vom Optimismus der 60er Jahre getragen, schnell unrealistisch (Daten hierzu, s.o.).

Der Plan war als Gesamtplanung für den Kreis (Comarca) angelegt. Er orientierte sich entsprechend an den Gemeindegrenzen, ohne weiter nach den tatsächlichen Einflußbereichen der Stadt zu fragen. Die Ausweisung von 2100 ha neuer Industrieflächen im Außenbereich ebnete den Weg für weitere Huertaland-Überbauungen.

Mit der geplanten Bündelung verschiedener, großzügig ausgebauter Verkehrsträger im alten Turiabett sollte der Verkehr insgesamt entlastet werden. Tatsächlich aber hätte bei Realisierung eine weitere Konzentration und Zentralisierung innerhalb der Stadt stattgefunden mit zusätzlichen verkehrserzeugenden Effekten.

Die Vereinheitlichung und Reduzierung der Bebauungsdichteklassen schien verwaltungsvereinfachend, führte aber im Ergebnis zu höheren Verdichtungen. Dies trifft u.a. auf die Flächen der peripheren Wohngebiete mit Gewerbedurchmischung zu. War hier im Plan von 1946 noch keine Vorschrift bzgl. der Höhe der Wohnbebauung festgelegt, so wurden nunmehr bis zu 8 Stockwerken ermöglicht. Die Bebauung nach offener Bauweise, d.h. Einzelblocks bzw. Hochhäuser vor allem in randlicher Lage, war 1946 noch bis max. 6 Stockwerke möglich und erfuhr mit der Einführung der volumetrischen Indices (max. 5 m^3/m^2) nunmehr weitere Verdichtungsmöglichkeiten.

Ungenügend bemessen wurden die Frei- und Parkflächen. Hier wurden nur die vom Baugesetz vorgeschriebenen Werte beachtet, wonach 10 % der Bebauungsfläche für Grünanlagen freizuhalten waren. Diesen Flächen kam allerdings als Füll- und Restflächen meist keine sinnvolle Funktion mehr zu.

Insgesamt gründete sich der Plan von 1966 noch auf die Vorstellungen des *zoning*, das mit seinem Prinzip der klaren Funktionstrennung auf die

Charta von Athen zurückgeht. Und obwohl die strikte Weiterführung dieses Konzepts in den 60er Jahren in Europa zunehmend in Frage gestellt wurde, wurde es in Spanien weiter praktiziert. Dies begünstigte Überschreitungen der Bebauungshöhe, die Dominanz des Verkehrsgeschehens über die Stadtentwicklung und die Festschreibung des radiozentrischen Entwicklungsmodells (vgl. Ajuntament de València-La Ciutat 1984, H. 14-15, S. 8 u. GAJA 1984, S. 444ff).

2.4 Die Stadtentwicklungsplanung nach 1966 und der Plan General von 1987

Die Planungsaktivitäten nach 1966 lassen sich zunächst an den Bebauungsplanungen ablesen (s. Tab. 22). Es fällt auf, daß bis 1983 bei einer Vielzahl von Bebauungsplänen Modifizierungen vorgenommen wurden. Dabei waren jeweils Teilbereiche der Pläne betroffen, wie Flächenvorhaltungen für Schulen. Grundlegende Neufassungen der Bebauungspläne wurden als *Plan Especial de Reforma Interior* - PERI - vorgenommen. Bis 1983 standen den 12 Bebauungsplanmodifizierungen 6 PERI-Planungen gegenüber, 8 weitere PERIs waren 1983 in Vorbereitung. Von den Bebauungsplänen der Peripherie erfuhren vier im Zeitraum bis 1983 Modifizierungen (Nr. 8, 13, 24, 26), zwei Mal wurde ein PERI aufgestellt (Nr. 3, 23) und drei Mal blieben die Pläne unverändert. Die Häufigkeit der Modifizierungen läßt hier spekulativ bedingte Anpassungen an Nutzungsanforderungen vermuten, die ursprünglich nicht im *Plan Parcial* enthalten waren. PEÑIN (1982, S. 103) hat diesbezüglich am Beispiel Benidorms, wo zwischen 1956 und 1974 42 Veränderungen des Stadtentwicklungsplans erfolgten, auf diese spekulativen Kräfte hingewiesen. Meist geht es darum, agrarischen Boden in Bauland umzuwandeln, oder aber die nachträgliche Legalisierung von Bauaktivitäten auf Agrarland zu erreichen (vgl. RAMIREZ u.a. 1981, S. 40). Die Modifizierungen der Bebauungspläne, die eine entsprechende Änderung des Stadtentwicklungsplans nach sich zogen, gingen Hand in Hand mit Planmodifizierungen auf der Ebene der gesamtstädtischen Fachplanungen, und zwar bzgl. der Autobahnen, der Metro und der Planungen im alten Turia-Bett, wo nunmehr Grünanlagen statt Verkehrswege vorgesehen sind. Die Maßnahmen zur Verbesserung der Verkehrssituation mündeten 1981 in den Plan zur Neuorganisierung des städtischen Nahverkehrs, worin eine neue Tarifpolitik und die Kommunalisierung der Verkehrsbetriebe enthalten waren. Desweiteren wurden 1983 Vorschläge zur Neuorganisierung des Verkehrs entwickelt, die Überlegungen zu einer großräumigen Autobahnumgehung und zur innerstädtischen Verkehrsberuhigung enthalten (vgl. Ayuntamiento 1984c, S. 50ff).

Im folgenden soll die in Tab. 22 aufgeführte, zeitlich letzte Gruppe der Planänderungen von 1979-83 näher betrachtet werden. 1979, bei der Übernahme der kommunalen Verwaltung durch die Sozialisten, waren von den gültigen Bebauungsplänen nahezu alle noch unter dem alten Baugesetz von 1956 entworfen worden. Folgen der daraus abgeleiteten expansionistischen und auf die Privatinitiative zugeschnittenen Stadtentwicklung waren überhöhte Einwohnerdichten und große Infrastrukturdefizite (vgl. RIVERA HERRAEZ o.J., S. 2). Die neue Planungspraxis nach 1979 manifestierte sich zuerst Mitte 1980 in der Aufstellung des Programms zur Verbesserung der Peripherie. In der ersten Phase 1980/81 wurden die ersten Sonderpläne (PERI) als Revision der Bebauungspläne Nr. 12 und Nr. 23 aufgestellt, was zur Überprüfung der Durchführbarkeit des Verfahrens dienen sollte. In der zweiten Phase von 1981-83 wurden dann die weiteren PERIs erstellt.

Die im vorigen Kapitel ausgeführten Problempunkte des *Plan General* von 1966 zeigt dessen nur bedingte Brauchbarkeit für eine ausgewogene Stadtentwicklung. Damit ergab sich zum Ende des Franquismus und nach Verabschiedung des neuen Baugesetzes im Jahre 1976 die Notwendigkeit zur Neufassung des Stadtentwicklungsplans. Im Baugesetz ist dazu eine Frist von 4 Jahren festgelegt (*Disposiciones transitorias*, Art. 1). Unter Berücksichtigung der Tatsache allerdings, daß nach dem Tod Francos im November 1975 Institutionen erstmals wieder 1977 demokratisch gewählt werden konnten, war dieser Zeitraum für eine Neufassung der Flächennutzungsarten und Nutzungsdichten zu kurz bemessen (vgl. Ayuntamiento

Tab. 22: Entwicklung der Bebauungspläne (Planes Parciales) im Wohnungsbau in Valencia bis 1983

Nr.	bis 1975	1976-1980	1981-1983
1-3-4	1956, 1966m	--	--
1 a-f	1971-75	--	(1982m)
2	1968	--	1982m
3	1969	1979m	1982 PERI
4	1974, 1975m	1976m	1983 PERI
5	1968	1978m	(1981m)
5b	1969		1982m
5c	1974	1976m	
6	1968	--	1983m+PERI
7	1969, 1970m	--	1983m
8	1974, 1975m	1978m	1982m
8b	1968	1978m	1981m
9	1974	1980m	1982m
10	1974, 1975m	1978m	1983m
11	1970, 1974	1978m	1983m
12	1969, 1975m	1976m	1982 PERI
13	1975	1978m	
14	--	1977, 1978	(1983m)
15	1970	1976, 1977m	--
16	1969	--	--
17	1974	1977m	--
18	--	--	1981
19	1974	--	--
20	--	1978	1983 PERI
21	1963	--	--
22	1974, 1975m	--	--
23	1968	--	1983 PERI
24	--	1976	1983m
25	1969	--	1982 PERI
26	1974	--	1983m
26b	1968	--	--
27	--	1976	--
28	1974	--	--
29	--	--	1982 PERI
31	1962	--	--
33	1974	--	--
PP Avda Castilla	1960	--	--
PP Fuente San Luis	1970	--	--
PP Campanar	1963, 1971m	--	--
PP Acceso Ademuz	1974	--	--

Anmerkungen: Jahreszahl : Jahr der Genehmigung (*aprobación definitiva*)
(Jahreszahl) : Genehmigungsverfahren eingeleitet
m : Planmodifizierung
PERI : *Plan Especial de Reforma Interior* (s. Text)

Quelle: PEÑIN 1982 (Angaben bis 1980); Ayuntamiento de Valencia-Inspección de Servicios (Angaben bis 1983)

de Valencia 1984c, S. 77f). Bei der beabsichtigten Revision der Stadtteilplanungen auf Bebauungsplanebene, wo ein akuter Handlungsbedarf bestand, konnten deshalb nur formale Anpassungen vorgenommen werden, da weitergehende inhaltliche Festsetzungen einzig im Rahmen einer Gesamtrevision des Stadtentwicklungsplans möglich waren. In einem 1981 eigens geschaffenen Gesetz wurde allerdings die Undurchführbarkeit der Anpassung an das Baugesetz festgestellt und damit die Möglichkeit geschaffen, Neufestsetzungen in Bebauungsplänen sowie Nutzungsänderungen im *Plan General* ohne vorherige Aktualisierung des Gesamtplans durchzuführen. Dies führte, bei gleichzeitig beginnender Überarbeitung des *Plan General*, zur Möglichkeit eines schnellen Handelns. Die Instrumente hierzu waren die Sonderpläne *Plan Especial de Reforma Interior* (PERI) und *Plan Especial de Protección* - letzterer vornehmlich innenstadtbezogen - sowie Modifizierungen des *Plan General*. Die Voraussetzung für eine zügige Revision des Stadtentwicklungsplans wurde 1982 mit der Übertragung der Kompetenz zur vorläufigen Genehmigung des Plans an die Stadt gelegt.

Der neu zu erstellende Stadtentwicklungsplan mußte einer Reihe von Anforderungen und Ansprüchen gerecht werden, die an eine demokratische und effektive Planung gestellt werden. So muß der Plan nunmehr von einem breiten Konsens innerhalb von Kommune und Institutionen getragen werden, sowohl bzgl. der Flächennutzungsfestsetzungen als auch der Investitionen. Damit wird auch für die privaten Investoren ein verbindlicher Rahmen abgesteckt, wobei diese allerdings auch von der "Rationalität eines neuen Planungsmodells profitieren" (vgl. ebd., S. 84). Ziel der neuen Planungsvorstellungen war die Vermeidung weiterer Infrastrukturdefizite und hoher sozialer Kosten. Weitere Punkte des neuen *Plan General* sollten die drastische Reduzierung der Bauerweiterungsflächen (*suelo clasificado*) und die maximale Ausnutzung der kommunalen Handlungsspielräume sein. Insgesamt wurde eine neue Sicht der urbanistischen Kultur angestrebt, die der städtebaulichen Bestandssicherung und -verbesserung ein großes Gewicht beimißt (vgl. Ajuntament de València-La Ciutat 3/83, S. 8).

Eng verknüpft mit den städtebaulich begründeten neuen Anforderungen an eine Gesamtplanung waren die politischen Rahmenbedingungen.

Stellte bereits die Parlamentswahl von 1977 als erste freie Wahl nach Franco einen wichtigen Schritt für die Demokratisierung des Landes dar, so erfolgte mit der Kommunalwahl vom März 1979 auch die Demokratisierung der kommunalen Ebene. Die von der franquistischen Administration "geerbte Stadt" wies als Folge reiner Wachstumsplanung und des Fehlens einer städtebaulichen Perspektive zwei wesentliche Defekte auf: eine hohe Verdichtung und erhebliche Defizite in Ausstattung und Infrastruktur, und beides konzentriert in den Randbezirken. Zudem mußte Stadtplanung nach 1979 aufgrund der gesamtwirtschaftlichen Rahmenbedingungen als Planung unter dem negativen Vorzeichen der Krise erfolgen. Auch insofern mußte als erstes Ziel die Sanierung der alten Bausubstanz und die Stadterneuerung stehen, und nicht weitere Neubauaktivitäten. Entsprechend der Zielsetzung der neuen sozialistischen Verwaltung Valencias wurde so dem Erhalt der historischen Altstadt und der Verbesserung der Wohn- und Lebensbedingungen, vor allem in den Randbezirken, Priorität eingeräumt. Ebenso vorrangig war die Erhaltung von Frei- und Grünflächen, z.B. im alten Turia-Bett (vgl. GONZALEZ MOSTOLES 1983, S. 42). Im Bereich der Verwaltungsorganisation wurde das Planungskonzept Groß-Valencia revidiert und 1983 mit dem Gesetz zur Auflösung der Planungsbehörde *Corporación Administrativa Gran Valencia* der administrative Schlußstrich unter die franquistische Planung gezogen. Begründet wurde die Auflösung damit, daß sich die Behörde weder demokratisiert noch an die neue Verfassung von 1978 angeglichen habe und die Autonomie der Mitgliedsgemeinden behindere (vgl. Ley X/1983 sobre extinción de la Corporación Administrativa Gran Valencia, Präambel u. RAMIREZ u.a. 1981, S. 43). Darüber hinaus deckte sich das Planungsgebiet von *Gran Valencia* nicht mehr mit dem tatsächlichen Einflußgebiet der Stadtregion. Nunmehr sollte jede Gemeinde einen eigenen Entwicklungsplan erstellen können und alle Pläne sind durch eine von der Regionalregierung zu schaffende Institution zu koordinieren. Darüber hinaus wurde das Planungsgebiet erweitert und umfaßt nun die 44 Gemeinden des Huerta-Kreises (*Comarca l'Horta*; vgl. Decreto I/1983 zum Ley X/1983).

Die Überarbeitung des *Plan General* 1966 wurde 1980 begonnen. Ein Jahr später wurden zur Verbesserung der städtebaulichen Situation vor allem in den Stadtrandbereichen spezielle Programme geschaffen (*Programa de Intervención de la Periferia Urbana* - PIPU). Diese beinhalteten eine Analyse der Mängelsituation und sollten daraus Maßnahmen ableiten (vgl. Ayuntamiento 1984c, S. 44). Die Bestandsaufnahme brachte erschreckende Ergebnisse bzgl. der infrastrukturellen Einrichtungen zu Tage. So verfügten 19 der 56 erfaßten Stadtrandviertel über keine Freiflächenreserve, 33 wiesen ein Defizit im Grundschulbereich auf und in 39 Vierteln waren die städtischen Versorgungsnetze (Strom etc.) nur unvollständig vorhanden (vgl. RIVERA HERRAEZ o.J., S. 3f). Schnelles Handeln war also nötig und erfolgte durch die Aufstellung der o.g. PERI-Sonderpläne zur Änderung der Bebauungspläne (vgl. Ayuntamiento 1984c, S. 44). Bezüglich der historischen Bausubstanz im Zentrum und in den *Ensanches* der *Gran Vías* wurden spezielle Innenstadtprogramme aufgestellt.

Ein grundlegender Schritt der valencianischen Verwaltung war die Neufestlegung der Wohnungsbauflächen. Mit dem Dekret vom Oktober 1981 wurde die Möglichkeit geschaffen, trotz des noch gültigen *Plan General* eine Neufestlegung der Flächennutzung vorzunehmen, quasi im Vorgriff auf den kommenden Plan. Ziel der Neufestsetzung war es, die weitere Erschließung und Bebauung auf den dafür vorgesehenen, aber zu exzessiv ausgewiesenen Wohnbauflächen (*suelo urbano*) zu verhindern und eine neue, restriktive Ausweisung vorzunehmen. Bezüglich der Flächennutzung der Wohnungsbauerweiterungsflächen (*suelo urbanizable*) erfolgte eine restriktive Ausweisung nur bei bereits aufgestellten Bebauungsplänen (vgl. ebd., S. 48).

Der 1987 vorgelegte und in einer ersten Fassung genehmigte neue *Plan General* enthält eine Vielzahl von Planungsverbesserungen. In dem in drei Etappen zu realisierenden Plan (1988-1991, 1992-1995 und nach 1995) ist das Schwergewicht der 158 Mrd. Pesetas (rd. 2,5 Mrd. DM) betragenden Investitionen auf die Verbesserungen der Infrastruktursysteme gelegt (vgl. Ajuntament de Valéncia 1987). Von dieser Summe sind 61 % für die sog. *sistemas generales* der Gesamtstadt vorgesehen, davon allein 28 % für den Nahverkehr, 15 % für das sonstige Verkehrsnetz und 5 % für Freiflächen. Die Summe der stadtteilbezogenen Mittel ist bei 20 % des Gesamtvolumens angesetzt, wobei die Schwerpunkte Schul- und Kultureinrichtungen (8 %) und Freiflächen (5 %) ausmachen. Zur Beseitigung der städtebaulichen Erschließungsdefizite schließlich sind 10 % der Gesamtmittel ausgewiesen.

Weitere, inhaltliche Schwerpunkte des vorgelegten *Plan General* sind die Stadterneuerung, wo das Programm der 1983 aufgestellten *Planes de Protección* ausgedehnt werden soll, und eine Reihe von ökologischen Maßnahmen. So soll 1800 ha Huertaland, das bereits als Stadterweiterungsgebiet verplant war, in seinem landwirtschaftlichen Zustand belassen werden.

2.5 Die städtischen Akteure

Das in Kapitel I-2 der Arbeit vorgestellte Konzept der städtischen Akteure soll im folgenden zur Klärung der Frage verhelfen, welcher Beitrag den einzelnen Akteursgruppen bei der Stadtentwicklung der letzten Dekaden zukam. SORRIBES (1977 u. 1978) unterscheidet als wichtigste Akteure der Stadtentwicklung:

1. Grund- und Bodenbesitzer:
Der Grund und Boden im Bereich der Neubaugebiete der städtischen Peripherie lag, mit bedingt durch die Säkularisierung, in der Hand weniger Besitzer, wie dem Adel und der städtischen Rentenbourgeoisie, konzentriert. Hinzu trat eine gewisse Bedeutung der kleinen Grund- und Bodenbesitzer, die bei der Überbauung ihrer Parzellen den Promotoren ihr Land abtraten, oft im Eintausch mit einer Wohnung im Neubau. Zu diesem mehr traditionellen Grundbesitz treten in der Nachkriegsentwicklung neue Grundbesitzformen hinzu, die den Boden als Anlagekapital einsetzen und durch seine Überbauung auf hohe Renditen spekulieren. Diese Grund- und Bodenbesitzer sind oft auch gleichzeitig Promotoren, oder sie bringen ihren Besitz in Immobiliengesellschaften ein. Solche Konstellationen findet SORRIBES (1977, S. 660f) vor allem bei Gesellschaften, die nach dem

Krieg gegründet wurden. Diese führen bevorzugt große Einzelprojekte durch.

2. Bauunternehmer:

Bei den Wohnungsbauunternehmen handelt es sich überwiegend um Kleinunternehmen. Die Unternehmen sind darüber hinaus meist unterkapitalisiert und untertechnisiert und sind deshalb für Veränderungen des Wohnungsbaumarktes jeweils besonders empfindlich. Ihnen kommt beim valencianischen Wohnungsbaugeschehen nur eine untergeordnete Rolle zu.

3. Promotoren:

Hierbei handelt es sich um den differenziertesten Bereich der städtischen Akteure und um die Gruppe mit dem größten Einfluß auf die Stadtentwicklung. Zunächst kann es sich um Einzelpersonen oder Familien handeln, die als Promotor tätig werden, desweiteren um Gesellschaften, wie Baugesellschaften, die die Promotion, d.h. Finanzierung und Vermarktung ihrer Bauvorhaben, übernehmen. Kommen die Promotionsgesellschafter nicht aus dem Baubereich, handelt es sich neben dem möglichen Zusammenschluß von Einzelpersonen oder Familien um Kapitalanleger verschiedener Herkunft, wie Industrielle, Händler, Ärzte etc. (sog. Patrimonialkapital). Desweiteren treten Promotionsgesellschaften auf, die unmittelbar von Industrie- oder Finanzkapitalgesellschaften gegründet werden und deren Teilhaber keine privaten, sondern juristische Personen sind. Schließlich finden sich Gesellschaften oder Gruppen von Gesellschaften, die von Kapitalgesellschaften nur für Einzelvorhaben (ad hoc) gegründet werden. Eine weitere Gruppe von Promotorengesellschaften, die sich auf die Vermittlung touristischer Objekte und Zweitwohnungen spezialisiert, soll nicht weiter betrachtet werden.

In seiner detaillierten Studie von 197 Promotionsgesellschaften weist SORRIBES die zeitversetzte Bedeutung von verschiedenen Typen von Promotorengesellschaften nach. Danach dominierte in den Promotorengesellschaften von vor 1960 die valencianische Großbougeoisie, in den 60er Jahren die Baugesellschaften und das Patrimonialkapital und ab den 70er Jahren das Finanzkapital. Die nähere Betrachtung des Gesellschaftskapitals zeigt, daß die größten Kapitalkonzentrationen bei den letztgenannten, sog. ad hoc-Gesellschaften vorliegen und daß es unter diesen nur einige wenige Gesellschaften sind, die die Aktivitäten dominieren. So stellen 13 von 182 Gesellschaften allein 47 % des Einlagekapitals. Dies ist Ausdruck der Oligopolisierung und Machtzusammenballung im valencianischen Wohnungsbaugeschehen.

4. Stadtteilbewegungen:

Die Bedeutung der Stadtteil- bzw. Basisbewegungen für die Stadtentwicklung ist eng mit der allgemeinen politischen Entwicklung verknüpft. Meist handelte es sich um Ein-Punkt-Bewegungen mit dem Ziel städtebaulicher Verbesserungen, oft allerdings war das Engagement mit dem Kampf um demokratische Freiheiten verbunden. Da im Zuge der Demokratisierung die politische Interessenvertretung zunehmend auf die ehemals verbotenen Parteien und Gewerkschaften überging, nahm die Bedeutung der Stadtteilbewegungen als Ausdruck direkter Demokratie ab. Dies war insbesondere der Fall, als 1979 Sozialisten und Kommunisten wie in Valencia die Kommunalverantwortung übernahmen.

Waren die valencianischen Initiativen (*Asociaciones de Vecinos*) im Stadtteil auch stark verwurzelt, so fehlte doch lange Zeit eine Koordination auf der gesamtstädtischen Ebene. Erst Mitte der 70er Jahre erfolgte dies mit der Gründung einer Koordinationsstelle. Die Organisationsform der über 50 Basisbewegungen stellt die *Federación de Vecinos de l'Horta* dar (vgl. Ajuntament de València-La Ciutat, No. 11/84, S. 9). Darin sind überwiegend Gruppen aus dem städtischen Peripheriebereich organisiert.

5. Stadtverwaltung:

Stellung und Funktion der Stadtverwaltung müssen in ihrem Zusammenwirken mit den privaten Akteuren der Stadtentwicklung gesehen werden (vgl. SORRIBES 1978, S. 85ff). Aus der Analyse der Stadtplanungen sind deutliche Umsetzungsmängel und Planungsdefizite erkennbar. Die Stadtentwicklungsplanung, größtenteils ideologisch abgeleitet (Organizismus), kam über eine formale Planung nicht hinaus. Bereits der erste Plan General von 1946 erbrachte aufgrund seines ideologischen Entstehungshintergrundes für die Entwicklung der Stadt nur einen geringen Planungsgehalt. Der *Plan Sur* von 1958 und der *Plan General* von 1966 stellten in erster Linie anspruchsvolle Infrastrukturplanungen dar, die allerdings auch nur teilweise realisiert wurden. Ihnen kommt nach SORRIBES (1978, S. 88) nur die Bedeutung einer "Pseudo-Stadtplanung" zu. Die im Plan von 1966 enthaltenen ehrgeizigen Projekte, wie einer Autobahn über den Hafen, sowie die Vielzahl von Unkonkretheiten, etwa in der großzügigen Ausweisung von zukünftigen Bauflächen (*suelo urbanizable*), verweisen auf die geringen Realisierungschancen und die fehlende Lenkungsmöglichkeit der kommunalen Stadtentwicklung, so daß den privaten Interessen und damit der Spekulation entsprechend größere Handlungsspielräume zufielen. Während aber eine ideologisch bestimmte, gesamtstädtische Rahmenplanung ohne jegliche öffentliche Planungsbeteiligung erfolgte, wurden die Bebauungspläne im Zusammenspiel mit den privaten Promotoren nahezu reibungslos umgesetzt - Hinweis auf die weitgehende Durchsetzung der Interessen von privaten Gruppen und Gesellschaften.

6. Staat:

Das übergeordnete staatliche Handeln mit seinen unkoordinierten Sektorialplanungen in den Bereichen Städtebau und Wohnungswesen schlug bis auf die kommunale Ebene durch und wirkte sich nachteilig auf die Stadtentwicklungsmöglichkeiten Valencias aus. Das Wohnungsministerium setzte seine Politik der Wohn- und Gewerbesiedlungen (*Polígonos*) gegen die gültige Stadtplanung durch und das Verkehrsministerium beschleunigte mit seinen Verkehrskonzepten, wie dem Integrierten Verkehrsplan von 1974, die Unterordnung der Stadtplanung unter die Verkehrsinfrastrukturplanung.

3. Wohnungsbau
3.1 Die Entwicklung des Wohnungsbestandes

Das Geschehen auf dem Wohnungsmarkt Valencias ist im Verlauf des Untersuchungszeitraumes von zwei Entwicklungen in besonderem Maße bestimmt worden: von der Nachfragestruktur nach Wohnraum und vom staatlichen Handeln im geförderten Wohnungsbau. Die Nachfragestruktur resultiert aus der sich gegenseitig beeinflussenden Beziehung von allgemeiner Wirtschaftslage und der Entwicklung auf dem Wohnungsmarkt.

Das Wirtschaftswachstum der 60er Jahre führte zu einer Differenzierung der sozialen Schichtung. Auch in Spanien bildete sich eine "neue Bourgeoisie" von städtischen Angestellten heraus. Am unteren Ende der sozialen Skala dagegen verbreiterte sich die Schicht der zugewanderten, ungelernten industriellen Arbeiter und Hilfsarbeiter. Dieser ökonomische und soziale Differenzierungsprozeß schlug auch auf den Wohnungsmarkt durch. Hier stand eine solvente Nachfrage einer insolventen gegenüber, wobei letztere nicht nur aus Migranten bestand, sondern auch aus Verdrängungsprozessen aus den Innenstadtquartieren resultierte. Ergebnis war die Herausbildung verschiedener Wohnungsteilmärkte (vgl. SORRIBES 1977, S. 635ff): für große Luxuswohnungen, für Luxuswohnungen, Halbluxuswohnungen, Massenwohnungen etc. (ferner die Teilmärkte mit Touristenwohnungen, Zweitwohnungen usw., die hier allerdings außer Betracht bleiben).

Eine systematische staatliche Wohnungsbaupolitik hatte sich zum ersten Mal 1955 in dem Nationalen Wohnungsplan konkretisiert (s. Kap. II-3.1). Ein Jahr später wurde ein Bodenprogramm aufgestellt (J. *Programa de Actuación Nacional sobre Régimen del Suelo*) mit dem Ziel, Bauland für preisgünstigen Wohnungraum zu schaffen. Vorgesehen war die Erstellung von Wohnsiedlungen, unter anderem in Valencia. 1961 wurden im Zuge des neuen Wohnungsplans sowie des neuen Programms 400.000 Wohnungen in 94 Siedlungen und 71 Städten - darunter Valencia - projektiert. In Valencia kam es in der Folge zur Schaffung von vier solcher *Polígonos residenciales* sowie eines *Polígono industrial*, deren Einrichtung unter Leitung der *Gerencia de Urbanización* erfolgte (vgl. GAJA 1984, S. 390):

		Fläche	vorgeseh. Wohnungen	Baubeginn	Genehmig. du. Plan Parcial
Wohnsiedlung	Avda. Castilla	28,80 ha	1.964	6/1958	10/1960
"	Campanar	37,77 ha	o.A.	2/1961	6/1963
"	Accesos Ademuz	199,48 ha	8.872	2/1961	2/1974
"	Monteolivete	57,39 ha	2.368	11/1961	2/1970
Industrieansiedlung	Vara de Quart	47,85 ha	-	11/1961	11/1962

Neben dem Umfang der staatlichen Wohnungsbauförderung zeigt sich hier auch dessen Bedeutung für die kommunale Planung. Denn der Vergleich zwischen dem Jahr der Genehmigung und dem Baubeginn weist aus, daß alle Siedlungen außerhalb der gültigen Planung und damit der Legalität begonnen und nachträglich legalisiert wurden. Insgesamt verliefen die Wohnprojekte, die auf die Entlastung der Stadt, die Bereitstellung günstigen Baugrundes und auf Impulse für den Wohnungsmarkt abzielen sollten, aufgrund der fehlenden Koodination nur sehr unbefriedigend. Die Wohnsiedlung Accesos Ademuz etwa wurde zwar infrastrukturell komplett erstellt, aber erst Mitte der 80er Jahre wurde mit der Wohnbebauung begonnen.

Die Zensusdaten (s. Tab. 23) weisen für Valencia aus, daß der Wohnungsbestand während der betrachteten 30 Jahre eine rasche Entwicklung von 96.160 auf 221.594 Wohnungen nahm (+ 130 %), was selbst die Einwohnerentwicklung deutlich übertraf (+ 67 %). Die Zahl der Wohngebäude erhöhte sich in geringerem Ausmaß auf 34.466 (+ 12 %). Daraus ergibt sich, daß einerseits die durchschnittliche Belegungsdichte deutlich abgenommen hat und daß andererseits die Gebäudeeinheiten größer geworden sind. Der Wohnungsbestand zeigt (s. Tab. 24), daß von den 34.466 Wohnungen des Jahres 1980 rd. 83 % aus der Nachkriegszeit stammen und davon jeweils allein über 30 % aus der 60er und 70er Jahren. Beim Wohngebäudebestand stammt über die Hälfte aus der Nachkriegszeit. In den 60er Jahren liegt bei ihm von allen drei Dezennien der vergleichsweise höchste Anteil mit 16,7 % vor. Die zwischen Wohnungs- und Wohngebäudezahl verschobenen Spitzenwerte weisen im übrigen auf die Entwicklung von Gebäudegröße und -höhe hin. Die Bedeutung des Wohnungsbaus für die Stadtphysiognomie Valencias tritt aus der Übersicht der Wohngebäude, unterschieden nach Bauepoche und Stockwerkzahl, deutlich hervor (s. Tab. 25). Der Hochhausboom im Wohnungsbau und die daraus entstehenden Folgen der Verdichtung prägen dabei die 60er und 70er Jahre. Aus dieser Epoche stammen zusammen 80 % aller Wohngebäude mit 10 u.m. Stockwerken. Die Entwicklung des Wohnungsbaus für den Zeitraum 1960-1983 ist in Tab. 26 mit Abb. 26 zusammengefaßt. Dabei zeichnen sich drei Wachstumsspitzen mit jeweils über 10.000 Wohnungsfertigstellungen pro Jahr ab: 1964-66, 1970-73 und 1976-78. In den 80er Jahren ist ein deutlicher Rückgang auf Werte von unter 4.000 Wohneinheiten festzustellen. Die Anteile von frei finanziertem bzw. staatlich gefördertem Wohnungsbau in dieser Zeit entsprechen einem an die Wohnungsbaupolitik angelehnten Verlauf. Der frei finanzierte Wohnungsbau gewinnt nach 1965 an Bedeutung (Maximum 1968 mit 67,6 %), geht allerdings bis 1975 wieder zurück und erreicht 1980 erneut 57,7 %. Die Kurve des Wohnungsbaus in Valencia spiegelt zunächst das starke Ansteigen zu Beginn der 60er Jahre wider. Hier war durch Zuwanderungen ein massiver Bevölkerungs- und Wohnungsdruck entstanden. Hinzu kam, daß mit dem Zensus von 1950 zum ersten Mal das große landesweite Defizit in Höhe von über einer Million Wohnungen festgestellt worden war und im ersten Wohnungsbauprogramm von 1955 mit einem Neubauvolumen von über 1/2 Million reduziert werden sollte. In den beiden Programmen von 1956 und 1961 zur Ausweisung von Bauland für die großen, staatlich geförderten Wohnsiedlungen war jeweils auch Valencia als Standort enthalten (vgl. GAJA 1984, S. 385ff). Dies führte zum Bau von rd. 4.000 Wohnungen in *Polígonos residenciales* (vgl. hierzu die Anzahl der geplanten Wohnungen, s. S. 2), zu denen 1960-69 ca. 3.500 Wohnungsfertigstellungen aus anderen Förderprogrammen hinzukamen, so daß nach 1960 zusammen rd. 7.500 Wohnungen durch Maßnahmen staatlicher Förderung erstellt waren (GAJA 1984, ebd.). Insgesamt nahm die Wohnungsbauentwicklung in Valencia somit einen ähnlichen Verlauf wie diejenige in Gesamtspanien, wo die Höchstwerte in den Jahren 1965 und 1975 lagen (s. Kap. II-3 u. MAESTRE YENES 1979, S. 20).

1964 wurden landesweit zur Förderung des privat finanzierten Wohnungsbaus Restriktionen in Form von Quoten im sozialen Wohnungsbau eingeführt. Diese legten die maximale Anzahl öffentlich förderbarer Wohnungen fest und wurden bis 1975 beibehalten. Dies war eine von mehreren Maßnahmen zur Umstrukturierung des Wohnungsmarktes. Absicht war es - und dies ist auch gelungen - durch Schaffung günstiger Rahmenbedingungen für den frei finanzierten Wohnungsbau zusätzliche Investitionsanreize im Wohnungsbereich zu erreichen, um so die ehrgeizigen Vorgaben der Wohnungsbauprogramme einzulösen.

Tab. 23: Entwicklung der Bevölkerung, Wohnungen und Wohngebäude 1950-1981 in Valencia

	Einwohner	Wohnungen[1]	Wohngebäude	Einw.pro Wohnung	Wohng.pro Wohngeb.
1950	450.000*	96.160	30.800	4,7	3,1
1960	505.066	132.148	o.A.	3,8	o.A.
1970	653.690	172.858	33.889	3,8	5,1
1981	751.734	221.594	34.466	3,4	6,4

1) belegte Familienwohnungen (*viviendas familiares ocupadas*), die Hauptwohnung sind
* Schätzung von PEREZ PUCHAL 1981; offiziell lt. Zensus: 509.075 Einw.

Quelle: INE-Censos und Anuario Estadístico 1981

Tab. 24: Bauperiode der Wohnungen und Wohngebäude in Valencia

	Wohnungen[1]	Wohngebäude	
	%	Anzahl	%
vor 1900	5,6	4.678	13,6
1900-40	11,7	11.003	31,9
1941-50	4,3	3.352	9,7
1951-60	14,8	4.549	13,2
1961-70	31,5	5.754	16,7
1971-80	32,2	5.130	14,9
gesamt	100	34.466	100

1) Wohnungszensus 1981 wurde als 25 %-Stichprobe durchgeführt, daher keine Absolutzahlen möglich.

Quelle: INE-Censos

Tab. 25: Bauperiode und Höhe der Wohngebäude 1980 in Valencia

	Wohngebäude insgesamt		Stockwerke		
	abs.	(%)	1-4 (%)	5-9 (%)	10 u.m. (%)
vor 1900	4.678	13,6	20,8	5,2	0,1
1900-1940	11.003	31,9	46,9	14,7	3,5
1941-1950	3.352	9,7	12,8	6,2	4,4
1951-1960	4.549	13,2	9,7	18,0	12,0
1961-1970	5.754	16,7	4,5	29,8	48,5
1971-1980	5.130	14,9	5,3	26,1	31,5
gesamt	34.466	100	100	100	100

Quelle: INE-Censo de edificios 1980

Tab. 26: Entwicklung von Wohnungs- und Wohngebäudebau 1960-1985 in Valencia (Fertigstellungen)

	Wohngebäude	Wohnungen gesamt	davon frei finanz. (%)
1960	470	6.478	o.A.
1961	270	4.383	4,4
1962	392	6.609	2,0
1963	391	7.667	1,0
1964	588	10.054	1,6
1965	536	11.204	2,1
1966	580	10.581	10,9
1967	488	8.919	42,7
1968	513	8.747	67,6
1969	586	8.823	61,4
1970	639	10.888	42,8
1971	588	11.166	38,4
1972	549	10.750	33,2
1973	531	11.627	28,2
1974	407	8.542	24,1
1975	472	9.912	14,8
1976	537	11.283	16,4
1977	475	10.593	22,3
1978	490	10.006	33,2
1979	451	8.194	35,0
1980	334	6.719	57,7
1981	396	8.466	43,0
1982	295	5.919	29,3
1983	214	4.225	32,7
1984	248	3.778	22,4
1985	209	3.958	11,9

Quelle: Ajuntament de València 1986 u. SORRIBES 1977

Abb. 26: Entwicklung des Wohnungsneubaus 1960-1985 in Valencia

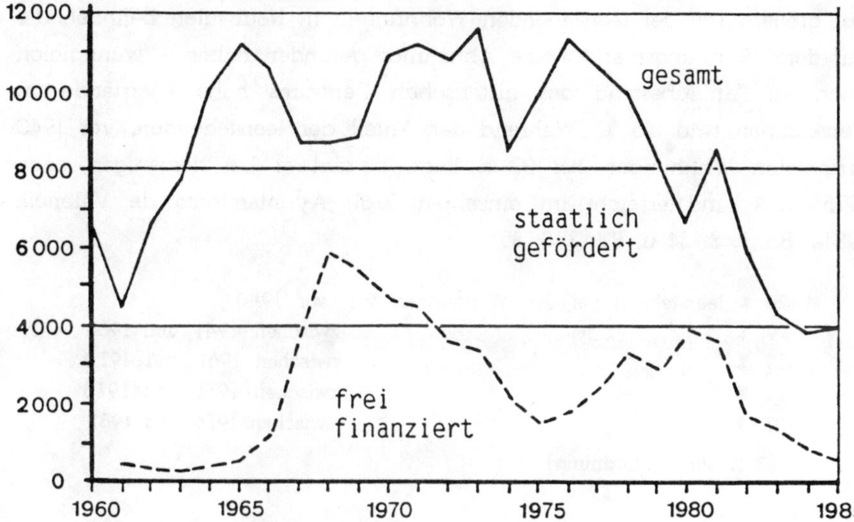

Quelle: Ayuntamiento de Valencia 1986
E.u.A. : R. Klein

3.2 Die Struktur der Wohnungsversorgung

Wenngleich bei der Betrachtung des Wohnungsmarktes meist die Neubauaktivitäten im Vordergrund stehen, so kommt im Falle von Valencia auch dem leerstehenden Wohnraum eine nicht unwesentliche Bedeutung zu. Schon im Wohnungszensus von 1970 wurde in Valencia ein beträchtlicher Anteil (12,4 %) nicht genutzter Wohnungen ausgewiesen. Dieser Anteil stellte allerdings zunächst keine Singularität des valencianischen Wohnungsmarktes dar. Dies bezeugt die Tatsache, daß der Durchschnitt für alle 50 spanischen Provinzhauptstädte 1970 bei 10,7 % lag. Im Zensus von 1981 allerdings schnellte die Quote für Valencia auf überdurchschnittliche 20,5 % hoch. Für alle Provinzhauptstädte Spaniens betrug der Durchschnittswert nun 14,8 % (zum Vergleich: Madrid 11,6 %, Barcelona 11,8 %, Sevilla 17,0 %.

Bilbao 13,5 %; vgl. Censo de viviendas 1981). Die Unterscheidung der 1981 nicht belegten Wohnungen Valencias nach dem Baualter zeigt, daß sich der größere Teil der leerstehenden Wohnungen in Neubauten befindet, die auf dem Wohnungsmarkt keine Abnehmer gefunden haben - wenngleich auch im Altbaubestand des historischen Zentrums hohe Leerstände zu verzeichnen sind (25 %). Während der Anteil der leerstehenden, vor 1940 errichteten Wohnungen bei 20 % liegt, beträgt er bei denjenigen nach 1975 37 % und erreicht im einzelnen (vgl. Ayuntamiento de Valencia 1984a, Bd. 1, S. 34 u. Bd. 3, S. 85):

20 % leerstehend bei den Wohnungen von vor 1940
9 % " zwischen 1941 und 1960
19 % " zwischen 1961 und 1970
12 % " zwischen 1971 und 1975
37 % " zwischen 1976 und 1981
(3 % ohne Zuordnung)

Der Anteil an leerstehendem Wohnraum ist unmittelbar Ausdruck der Situation auf dem Wohnungsmarkt und des dortigen Verhältnisses zwischen Angebot und Nachfrage. Im Zuge der Zuwanderungen der 50er und vor allem 60/70er Jahre und unter den nationalen ökonomischen Rahmenbedingungen erfuhr der privat finanzierte Wohnungsbau einen Spekulationsboom, der staatlich oder kommunal kaum gesteuert wurde. Entsprechend kräftig schlugen der Rückgang der Zuwanderungen und die ökonomische Krise der 70er Jahre durch. Dies machte sich als deutlicher Rückgang der Nachfrage bemerkbar. Dieser Nachfragerückgang stand aber in keiner Beziehung zu Wohnungsangebot oder Nachfragepotential.

Wie erwähnt, wies der Zensus von 1981 für Valencia rd. 62.000 ungenutzte Wohnungen (20,5 %) bei einem Gesamtbestand von rd. 301.000 Wohnungen aus. Dennoch bestand ein deutliches Wohnungsdefizit. Unter Einbeziehung von 11,1 % oder 33.500 Substandardwohnungen (verfügen nicht über alle hygienischen Einrichtungen) sowie einer unmittelbaren Nachfrage nach ca. 16.000 Wohnungen (Annahme für 1981, da 1983 16.322 ermittelt; vgl. Ayuntamiento de Valencia 1984a, Bd. 1, S. 40 u. 197) kann für 1981 ein Defizit von rd. 50.000 oder 16,5 % angenommen werden

Eine Haushaltsbefragung ergab darüber hinaus, daß 1983 rd. 77.300 Familien mit ihrer Wohnsituation unzufrieden waren, ohne daß hier allerdings konkrete Umzugswünsche oder -notwendigkeiten vorlagen (vgl. Ajuntament de València-La Ciutat 13/84, S. 6).

Je nach Stadtteil kann eine unterschiedliche Ausprägung von Angebot, Nachfrage und Leerbestand festgestellt werden (s. Tab. 27 u. 28). So weist zwar die Altstadt mit 25,3 % die zweithöchste Quote leerstehender Wohnungen aus, doch findet sich die größte Reserve ungenutzten Wohnraums in den zentrumsnahen, an die *Ensanches* anschließenden Stadtteilen mit hohem Neubauanteil (Patraix, Quatre Carreres) sowie in den Vororten (Benicalap, Rascanya).

Weiteres wesentliches Merkmal zur Erfassung der Wohnungsstruktur in Valencia ist die Besitzstruktur, d.h. das quantitative Verhältnis zwischen Wohneigentum und Mietwohnungen. Ein Vergleich der Zahlen von 1970 und 1981 zeigt, daß der Eigentumsanteil, der 1970 mit 50,5 % bereits hoch lag, 1981 weiter auf 56,8 % gestiegen ist, während sich der Mietanteil im selben Zeitraum von 29,9 % auf 19,6 % um rund ein Drittel reduzierte (vgl. INE-Censo de viviendas 1970 u. Ayuntamiento de Valencia 1984a, Bd. 1, S. 47).

Der Eigentumsanteil in Valencia erhöhte sich als Folge der nationalen Wohnungspolitik des Wirtschaftsliberalismus, wenngleich die Entwicklung in anderen Großstädten rascher voranschritt (z.B. Burgos mit einer Entwicklung von 53 % auf 70 %). Valencia wies 1981 mit rd. 20 % Mietanteil dieselbe Quote wie der nationale Durchschnitt auf und lag noch unter den Werten der Provinzhauptstädte. Umgekehrt war der Eigentumsanteil entsprechend höher und weist auf das Übergewicht des Wohnungsteilmarktes der Eigentumswohnungen gegenüber den Mietwohnungen hin. Der niedrige Mietwohnungsanteil konnte also nur eine ergänzende Funktion wahrnehmen, und zwar für die unteren Einkommensschichten und neugegründeten Familien, sowie im Stadtzentrum auch für die oberen Einkommensschichten (vgl. ebd., S. 48). Tatsächlich wird das Streben nach Wohneigentum bestätigt durch die im Rahmen der Wohnungsstudie 1984 durchgeführte Befragung in Valencia. Danach bevorzugten 91,7 % der

Tab. 27: Wohnungsnutzung 1981 in Valencia nach Stadtdistrikten

Distrikt	Gesamt-wohnungs-bestand	belegte Haupt-wohnungen	davon Zweit-wohnungen	leerstehend	leerstehende Wohnungen (%) 1981	1970
Ciutat Vella	18.478	12.180	1.627	4.671	25,3	11,4
L'Eixample	23.324	8.050	1.287	3.987	17,1	8,8
Extramurs	23.367	18.296	771	4.300	18,4	8,8
Campanar	9.984	7.178	355	2.451	24,6	11,0
Zaidia	19.503	14.596	838	4.069	20,9	13,6
Pla del Real	11.375	8.211	677	2.487	21,9	11,0
Olivereta	19.413	15.851	494	3.068	15,8	10,9
Patraix	16.915	12.476	399	4.040	23,9	16,4
Jesús	18.060	13.253	647	4.160	23,0	11,6
Cuatre Carreres	24.613	18.700	1.502	4.411	17,9	15,3
Poblats Maritims	25.084	18.212	1.889	4.985	19,9	13,8
Camins al Grau	19.773	14.561	804	4.408	22,3	14,0
Algiros	14.200	10.071	539	3.590	25,3	15,9
Benimaclet	10.001	7.173	541	2.287	22,9	13,6
Rascanya	15.865	12.345	366	3.154	19,1	17,2
Benicalap	12.842	10.151	507	2.184	17,0	17,4
Poblats Nord	2.401	1.804	47	550	22,9	11,0
Poblats Oest	5.051	3.432	172	1.447	28,7	9,5
Poblats Sud	11.555	5.053	4.836	1.666	14,4	11,1

Quelle: Ayuntamiento de Valencia 1984a, Bd. 1

Tab. 28: Leerstehende Wohnungen 1981 in Valencia nach Bauperiode (%-Angaben)

Distrikt	vor 1940	1940-1960	1960-1970	1970-75	nach 1975	o.A.	gesamt
Ciutat Vella	63,3	6,4	5,8	3,5	12,2	8,8	100
L'Eixampla	52,0	17,8	7,3	2,4	18,5	2,0	100
Extramurs	37,3	24,6	16,5	4,0	16,5	1,0	100
Campanar	6,0	7,4	17,0	13,4	54,5	1,8	100
Zaidia	14,8	5,5	25,5	10,8	40,8	2,6	100
Pla del Real	5,4	6,7	30,5	10,9	45,5	1,1	100
Olivereta	3,0	15,2	37,9	16,9	25,7	1,3	100
Patraix	5,1	7,5	13,5	17,9	55,5	0,6	100
Jesús	7,8	5,5	16,4	18,3	47,0	1,0	100
Cuatre Carreres	14,6	7,3	21,3	12,7	39,0	5,1	100
Poblats Maritims	33,6	13,2	18,0	8,1	25,9	1,1	100
Camins al Grau	6,3	7,7	28,9	7,4	44,4	5,3	100
Algiros	1,7	1,8	9,5	22,7	61,4	2,9	100
Benimaclet	10,6	4,4	20,1	9,1	54,8	0,9	100
Rascanya	7,3	4,8	33,2	17,5	35,2	2,0	100
Benicalap	8,0	9,4	28,1	19,5	43,7	1,4	100
Poblats Nord	42,2	7,8	11,7	9,4	28,1	0,8	100
Poblats Oest	17,2	13,7	13,4	10,2	45,2	0,3	100
Poblats Sud	12,1	6,3	23,2	14,9	38,8	4,5	100
Gesamt	19,8	9,4	19,4	11,6	37,2	2,6	100

Quelle: Ayuntamiento de Valencia 1984a, Bd. 1

befragten Familien die Eigentumswohnung gegenüber der Mietwohnung (vgl. Ajuntament de València-La Ciutat 13/84, S. 6).

Aus den bisherigen Ausführungen wird deutlich, daß die Probleme des Wohnraumes letztlich nur auf der lokalen Ebene hätten gelöst werden können, da die zentralistische Wohnungspolitik immer nur einen gesamtstaatlichen Rahmen setzen konnte (vgl. GAJA 1984, S. 532). Dieses Spannungsfeld zwischen zentralstaatlichen Rahmenbedingungen und lokaler Wohnungspolitik prägte die Wohnungspolitik in Valencia und hieraus leitete sich auch eine Vielzahl von Zielkonflikten ab.

3.3 Die Promotoren

Die Entwicklungen auf dem valencianischen Wohnungsmarkt lassen sich aus dem Zusammenwirken der verschiedenen städtischen Akteure erklären. Dabei fällt den Promotoren eine besondere Rolle zu.

Einen differenzierten Einblick in die Wohnungsbauaktivitäten der Promotoren im Zeitraum 1960-1980 gibt Tabelle 28. Von der Gesamtheit der 2.197 im Zeitraum von 20 Jahren operierenden Promotoren stellen die Einzelpersonen mit 1.583 (72 %) den größten Anteil dar. Mit deutlichem Abstand in der Häufigkeit der Aktivitäten folgen die Gesellschaften (367: 17 %). Die Unterscheidung nach staatlich gefördertem und frei finanziertem Wohnungsbau zeigt, daß im geförderten Wohnungsbau sehr viel häufiger Bauprojekte durchgeführt wurden (1.590) als im frei finanzierten (919). Weiteren Aufschluß über Stärke und Funktion der einzelnen Promotorentypen bringt die Unterscheidung nach dem Umfang der jeweiligen Operation, d.h. der Anzahl der Wohnungen pro Bauvorhaben. Es ist zu erkennen, daß der Schwerpunkt der Aktivitäten der Promotorengruppen bei allen Projektgrößen im staatlich geförderten Wohnungsbau liegt - im frei finanzierten Wohnungsbau ist darüber hinaus kein Projekt mit über 1.000 Wohnungen vertreten. Die Auswertung der erhobenen Daten auf die Frage hin, ob Spezialisierungen auf frei finanzierte oder staatlich geförderte

Wohnungen vorliegen (dies ist aus Tab. 29 nicht direkt ablesbar) zeigt, wie aktiv die Promotoren im Zeitraum 1960-80 waren:

	nur staatlich geförderter Wohnungsbau	nur frei finanzierter Wohnungsbau	sowohl staatl. wie frei finanz. Wohnungsbau
Einzelpersonen	928	396	259
Gesellschaften	226	90	51

eig. Ber.

Damit wird eine deutliche Spezialisierung der Promotoren erkennbar: Nur der kleinere Teil der Einzelpersonen wie auch der Gesellschaften ist sowohl im staatlich geförderten als auch im frei finanzierten Wohnungsbau engagiert. Es überwiegen vielmehr die Aktivitäten in nur einem der beiden Bereiche (vgl. auch Ayuntamiento de Valencia 1984a, Bd. 1, S. 105).

Die weitere Auswertung der Bauaktivitäten der Promotoren ergibt, daß bzgl. des Umfangs der Bauprojekte die Einzelpromotoren in der Gruppe der kleinen Vorhaben (10-49 Wohnungen) das mit Abstand größte Kontingent stellen und zwar sowohl bei den staatlich geförderten als auch bei den frei finanzierten Wohnungen. Interessant ist allerdings, daß ihr Anteil auch in den folgenden Klassen dominant bleibt - bei den staatlich geförderten sogar bis zur vierten Klasse mit bis zu 500 Wohnungen pro Bauvorhaben. Dies gibt einen deutlichen Hinweis auf die Bedeutung von Einzelpersonen bzw. Familien im Wohnungsbaugeschehen Valencias. So stehen in den beiden größten Klassen insgesamt 16 Einzelpersonen (bzw. Familien) nur 14 Gesellschaften gegenüber. Unter diesen 16 Promotoren ragen wiederum 5 heraus, auf die Bauvorhaben von über 1.000 Wohnungen kommen und die allein rd. 60 % dieser Wohnvorhaben auf sich vereinigen. Diese sind:

	Wohnungs-bau insgesamt	darunter staatl. geförd.
M. u. B. Camañes Ruiz	2.437	1.658
B. Soler Crespo	2.014	1.633
H. Garcia Torralba	1.622	1.528
V. Albalat Morte	1.061	1.061
J. Barona Alcalá	1.030	1.030
	8.164	6.910

eig. Ber.

Nur wenige Einzelpromotoren haben hohe Wohnungsbauanteile haben, so daß die Promotorenstruktur insgesamt stark zersplittert ist. So lag im Zeitraum 1977-83 lag der Durchschnitt bei 9 Wohnungen pro Promotor und Jahr. Dennoch ist die Rolle von Einzelpersonen als Promotoren in Valencia im Vergleich zu anderen spanischen Großstädten überdurchschnittlich groß (vgl. ebd., Bd. 1, S. 100 u. Ajuntament de València-La Ciutat 13/84, S. 6).

In der Gruppe der Projekte mit 500-1000 Wohnungen wurden im Zeitraum von 1960 bis 1980 allein 6.814 Wohnungen von elf Einzelpromotoren erstellt, das sind 27 % aller Gesamtwohnungen dieser Gruppe. Im einzelnen waren dies:

	Wohnungs-bau insgesamt	darunter staatl. geförd.
J. Esteve Llop	529	409
J. u. V. Soler Crespo	703	199
F. Taberner Palau	542	182
R. Tamarit Olmos	624	500
J. Valero Yagüe	627	434
F. Vicente Cunat	942	371
V. Estrela Portero	565	236
J. Soldevilla Rodán	610	610
V. Sorribes Soler	592	592
V. Fernandez Sabater	577	577
J.L. Roca Izquierdo	503	503
	6.814	4.613

eig. Ber.

Tab. 29: Struktur der Promotoren im Wohnungsbau 1960-1980 in Valencia

		\multicolumn{7}{c}{Anzahl der Wohnungen pro Baugenehmigung*}
		10-49	50-99	100-249	250-499	500-999	1.000 u.m.	gesamt
staatl. geförderter Wohnungsbau	Einzelpersonen	727	242	172	36	5	5	1.187
	Kooperativen	47	30	27	7	3	-	114
	Gemeinnützige Unternehmen	6	2	4	-	-	-	12
	Gesellschaften	99	70	68	28	9	3	277
	Gesamt	879	344	271	71	17	8	1.590
frei finanzierter Wohnungsbau	Einzelpersonen	514	103	30	6	2	-	655
	Kooperativen	1	-	-	-	-	-	1
	Eigentümergemeinschaften [1]	95	21	1	1	-	-	118
	Gemeinnützige Unternehmen	3	-	-	-	1	-	4
	Gesellschaften	73	31	26	10	1	-	141
	Gesamt	686	155	57	17	4	-	919
insgesamt [2]	Einzelpersonen	1.013	292	206	56	11	5	1.583
	Kooperativen	48	30	27	7	3	-	115
	Eigentümergemeinschaften [1]	95	21	1	1	-	-	118
	Gemeinnützige Unternehmen	8	2	3	-	-	1	14
	Gesellschaften	141	91	77	44	11	3	367
	Gesamt	1.305	436	314	108	25	9	2.197

* sog. *expediente*; nur Baugenehmigungen mit 10 u.m. Wohnungen erfaßt
1) *comunidades de proprietarios* und *coproprietarios* nur bei frei finanzierten Wohnungen
2) Summen stimmen wegen Mehrfachnennungen nicht immer überein

eig. Ber. nach der Kartei der Delegación Provincial des Wohnungsministeriums

Insgesamt kann also ein beträchtliches Gewicht der Einzelpersonen als Promotoren festgestellt werden, denen damit deutlich größere Bedeutung zukommt, als ihnen SORRIBES (1978, S. 52) auch zugestehen will.
In einzelnen Fällen stehen die Namen von Einzelpersonen dabei auch stellvertretend für Gesellschaften. Als Beispiele hierfür seien genannt: M. Camañes Ruiz, engagiert u.a. in der Gesellschaft *Promotora Feria Muestrea* (1960-80: 252 Wohnungen), J. Barona Alcalá, Anteilseigner bei der COBARAL SA (899 Wohnungen), J. Soldevilla Rodán, Mitinhaber des Familienunternehmens *Construcciones Soldevilla SA* (965 Wohnungen).

Ein nicht geringer Anteil am Baugeschehen der 60er und 70er Jahre entfiel auf die Kooperativen. Ihre Zahl beträgt 115, und sie sind nahezu ausschließlich im staatlich geförderten Wohnungsbau tätig. Bezüglich der Größe der Projekte weisen sie bei einem Schwerpunkt auf den kleineren Vorhaben ein recht breit gestreutes Engagement auf. Den Kooperativen kommt damit eine nicht unbedeutende Stellung im valencianischen Wohnungsbau zu.

Die Gruppe der Eigentümergemeinschaften erreicht dieselbe Größenordnung wie die der Kooperativen. Sie ist allerdings nur im privat finanzierten Wohnungsbau tätig. Bei den Eigentümergemeinschaften handelt es sich jeweils um den Zusammenschluß mehrerer Einzelpersonen (*comunidades de propietarios*), die aber keine Gesellschaft im rechtlichen Sinne darstellen.
Am wichtigsten für Struktur und Funktionsweise des Wohnungsmarktes sind die Gesellschaften. Sie stellen die eigentliche Organisationsform des Immobilienkapitals dar, was insbesondere in den verschiedenen Kapitalverknüpfungen deutlich wird. Zunächst seien die Gesellschaften mit den größten Aktivitäten widergegeben:

	Wohnungsbau insgesamt	darunter staatl.geförd.
über 1000 Wohnungen		
Urbanística de Javea SA	1.948	1.603
Construcciones Serrano SA	1.375	1.215
PROVISA	1.005	1.005
	4.328	3.823
500 - 999 Wohnungen		
Construcciones Soldevilla SA	965	465
Promociones del Turia SA	940	798
COBARAL SA	899	899
Alegre SA	885	885
Construcc. del Gualadaviar SA	871	871
Otam SA	830	830
Urbanizaciones Roymes SA	609	553
Viviendas Protegidas Valencia SA	599	599
Ravima SA	532	532
Javipesa	525	445
Promociones de Levante SA	521	521
	8.176	7.398

eig. Ber.

Wenngleich die beiden größten sowie weitere Gesellschaften im frei finanzierten Wohnungsbau engagiert sind, so liegen doch ihre überwiegenden Aktivitäten im Bereich des staatlich geförderten Wohnungsbaus. Zu fragen ist damit nach den Unterschieden zwischen den Gesellschaften. Dazu werden die Promotorengesellschaften nach ihrer Gesellschafter- und Kapitalzusammensetzung betrachtet. Hierfür liegt die für Valencia richtungsweisende Arbeit von SORRIBES (1977 u. 1978) vor, in der er diese Verpflechtungen aufgedeckt und die Verbindungen transparent gemacht hat, insbesondere im Organisationsbereich des Immobilienkapitals.

SORRIBES wertete 197 Gesellschaften aus, die im Wohnungsbau aktiv waren und zwischen 1943 und 1977 gegründet wurden. An Hand derer stellt er die folgenden Promotorengruppen auf (s. ders. 1982, S. 52ff):

1. Baupromotoren (*constructores-promotores*): Herkunft des Kapitals aus der Bauindustrie selbst; zum Teil Promotion selbst errichteter Wohnungen; unterschieden nach

a) Einzelpersonen (einzelne Bauunternehmer)
b) Baugesellschaften

2. Promotorengesellschaften (*empresas-promotoras*), bei denen die Teilhaber nicht aus der Bauwirtschaft kommen; darunter
a) Familien
b) Patrimonialkapital

3. Promotorengesellschaften mit Industrie-/Finanzkapital

4. Monopolistische Promotorengesellschaften oder "Gruppen": diese sind ad hoc-Gründungen für punktuelle Operationen; überwiegend Finanzkapital beteiligt (s. Abb. 27)

Bei dem Vergleich zwischen den bei SORRIBES genannten Immobiliengruppen und den vom Autor ausgewerteten Gesellschaften findet sich eine Reihe von Immobiliengruppen wieder; so die PROVISA und Promociones del Turia (bei SORRIBES in der Gruppe Nr. 7 enthalten, vgl. ebd., S. 67f). Bei ersterer handelt es sich um eine Immobiliengruppe, in der das Patrimonialkapital überwiegt, mit Verbindungen zu Baupromotorengesellschaften. Die Teilhaber sind Bauunternehmer, Rechtsanwälte, Industrielle etc., so daß die Baukapazität relativ begrenzt ist. Desweiteren spielen die bei SORRIBES in Gruppe 11 enthaltene Construcciones del Guadalaviar (vgl. ebd., S. 70) eine wichtige Rolle. Die Gesellschaft widmet sich neben der Promotion staatlich geförderten Wohnungsbaus auch touristischen Aktivitäten. Als drittes Beispiel sei die PROLESA genannt, die in der Immobiliengruppe Nr. 4 enthalten ist (vgl. ebd., S. 63ff). SORRIBES nimmt eine Typisierung der Promotoren vor und deckt damit die Struktur der vielfältigen Verflechtungen auf. Dieses Verfahren erweist sich als besonders aufschlußreich bei den sog. ad hoc-Gesellschaften und bzgl. der punktuellen Bauvorhaben. Bei diesen läßt sich so erst der Komplexitätsgrad der Verflechtungen innerhalb des Bau- und Immobiliensektors und in der Beziehung zum Wirtschafts- und Finanzbereich erkennen.

Abb. 27: Verflechtungen bei einer Immobiliengruppe (a) und einer punktuellen Operation (b)

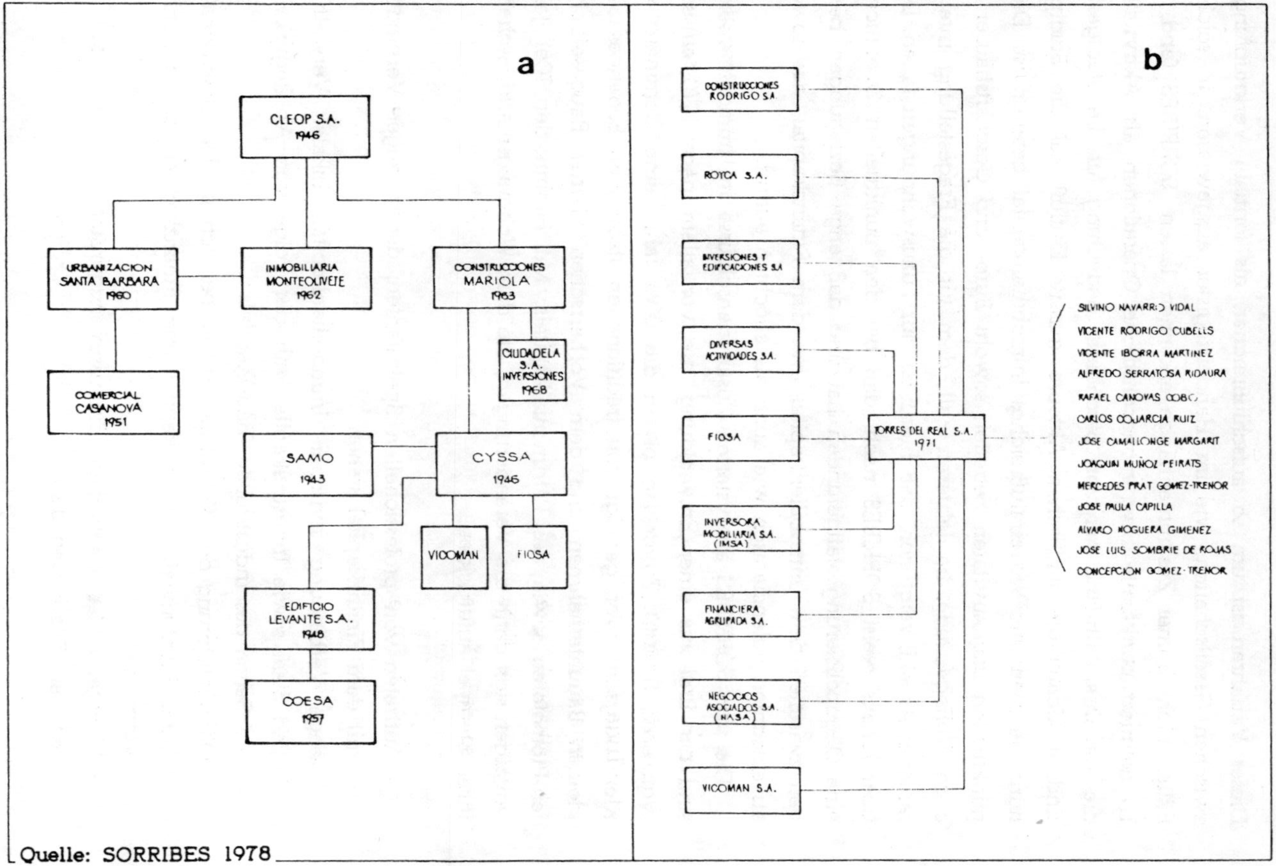

b

TORRES DEL REAL S.A. 1971
- CONSTRUCCIONES RODRIGO S.A.
- ROTICA S.A.
- INVERSIONES Y EDIFICACIONES S.A.
- DIVERSAS ACTIVIDADES S.A.
- FIOSA
- INVERSORA MOBILIARIA S.A. (IMSA)
- FINANCIERA KRUPADA S.A.
- NEGOCIOS ASOCIADOS S.A. (NASA)
- VICOMAN S.A.

- SILVINO NAVARRO VIDAL
- VICENTE RODRIGO CUBELLS
- VICENTE IBORRA MARTINEZ
- ALFREDO SERRATOSA KOAURA
- RAFAEL CANOVAS ODRIG.
- CARLOS GOJARCIA RUIZ
- JOSE OMALUCHIGE MARGARIT
- JOAQUIN MUÑOZ PERATS
- MERCEDES PRAT GOMEZ-TRENOR
- JOSE PAULA CAPILLA
- ALVARO NOGUERA GIMENEZ
- JOSE LUIS SOMBRERE DE ROJAS
- CONCEPCION GOMEZ-TRENOR

a

- CLEOP S.A. 1946
- URBANIZACION SANTA BARBARA 1960
  - COMERCIAL CASANOVA 1951
- INMOBILIARIA MONTEOLIVETE 1952
- CONSTRUCCIONES MARIOLA 1963
  - CIUDADELA S.A. INVERSIONES 1968
- CYSSA 1946
  - FIOSA
  - VICOMAN
- SAMO 1943
- EDIFICIO LEVANTE S.A. 1946
  - COESA 1957

Quelle: SORRIBES 1978

Dieses Verfahren ist um so aufschlußreicher, als formale Verknüpfungen zwischen Gesellschaften, wie im Handelsregister ausgewiesen, in solchen Fällen nicht immer Zusammenhänge erkennen lassen. SORRIBES (ebd., S. 71) definiert punktuelle bzw. monopolistische Operationen als Aktivitäten, die von ihrem Umfang her von besonderer Bedeutung für die Stadtgestalt sind, in denen die städtischen Akteure massiv Einfluß auf die Stadtplanung nehmen und wo einflußreiches Immobilienkapital beteiligt ist. Diese punkthaften Bauaktivitäten betreffen sowohl Büro- und Geschäftshäuser als auch Wohngebäude. Im letzteren Fall, dem für die Fragestellung interessanteren Aspekt, zeigt sich, daß hierunter nur Luxuswohnungen fallen. Darüber hinaus weist SORRIBES nach, daß bei den punktuellen Operationen eine Oligopolisierung stattgefunden hat und daß enge Beziehungen bestehen zwischen dem Immobilienkapital und dem Finanzkapital, das sowohl als autochton valencianisch wie auch als allochton auftritt.

Die von SORRIBES analysierten Zusammenschlüsse im Immobiliensektor sind das Ergebnis einer Entwicklung, die vor allem nach 1970 einsetzte (vgl. ebd., S. 80ff). Zuvor lag bis in die 60er Jahre eine Dominanz der Kleinbourgeoisie vor, geprägt von traditionellen städtischen Bodenbesitzern, kleinen Bauunternehmen und dem Vorherrschen kleiner Baugesellschaften-Promotoren sowie des Patrimonialkapitals. Mit Beginn der 70er Jahre vollzogen sich dann die Veränderungen, die dem Wohnungsmarktgeschehen ihren Stempel aufdrückten:

- Auftreten von professionellen Spekulanten, die in enger Verbindung mit dem Finanzkapital stehen
- enge Verbindung zwischen Immobilienkapital, lokaler Verwaltung und Staat sowie Industriekapital, mit der Folge von Abhängigkeiten auf Seiten des industriellen (Bau-)Kapitals
- Oligopolisierung des Wohnungsbaus, wobei sich in den Gesellschaften Immobilienkapital, Industriekapital und Finanzkapital (das dominiert) vereinigen
- Rückgang des staatlichen Einflusses zugunsten des Finanzkapitals (Banken, Sparkassen u.a.).

4. Der Stadtteil Els Orriols
4.1 Die Ortsentwicklung

Zur Konkretisierung der bisherigen für die Gesamtstadt festgestellten Entwicklungen soll im folgenden der Stadtteil Els Orriols herangezogen werden.

Nachdem sich einige Huertabewohner zwischen 1800 und 1927 im Bereich des späteren Els Orriols zwischen niedergelassen hatten, kam es zwischen 1875 und 1890 zur Bildung der Ansiedlung Els Orriols. Der Grund und Boden lag während dieser Zeit in den Händen einer valencianischen Adelsfamilie (vgl. FRUTOS/LOPEZ 1974, S. 34). 1882 wurde Els Orriols in die Stadt Valencia eingemeindet, nachdem ein für Valencia typischer Konflikt mit den Umlandgemeinden, die einen besseren Marktzugang forderten, vorausgegangen war: Ein Streik der Verkäufer führte zu der Bitte an den König, Els Orriols einzugemeinden, was dann auch prompt erfolgte (vgl. Ajuntament de València 1981, S. 38). Bis zur Desamortisation (Säkularisation) Ende des 19. Jahrhunderts prägten die Salesianer-Mönche des nördlich des Ortsrandes gelegenen Klosters San Miguel de los Reyes die Entwicklung der Ansiedlung. Unter deren Einwirken entstand u.a. die Kooperative Don Bosco und 1930 der Bau von 84 zweistöckigen Reihenhäusern für untere Einkommensschichten im gleichnamigen Viertel (vgl. PEÑIN 1978, S. 129).

Die Entwicklung von Els Orriols nahm in den ersten Jahrzehnten dieses Jahrhunderts einen gemächlichen Verlauf (vgl. Ajuntament de València 1981, S. 33f):

	1910	1920	1930
Gebäude	62	72	88
Einwohner	457	574	872

Eine zweite Phase der Ortsentwicklung kann zwischen 1928 und 1958 angesetzt werden, in deren Verlauf es zu verschiedenen Aktivitäten im Wohnungsbau und Straßenwesen kam. Nach 1958 erfolgte eine systematische Bebauung des Ortsbereichs mit Wohnungen aus dem staatlich geförderten Bauprogramm mit zunächst fünf, dann sechs Stockwerken. Ab Mitte

Abb. 28: Els Orriols (Valencia) 1983

Überest des alten Ortskerns mit Bebauung vom Anfang der 60er Jahre (Calle del Rincón de la Ermita

6-stöckige Blockbebauung vom Anfang der 60er Jahre (Calle Arquitecto Tolsá)

Bebauung vom Ende der 70er Jahre und Huerta-Gemüseland

(Fotos R. Klein)

der 70er Jahre folgten Wohnhochhäuser mit bis zu 14 Stockwerken (s. Abb. 28). 1981 hatte Els Orriols nach Zensusangaben 18.224 Einwohner.

Die Entwicklung von Els Orriols von einer kleinen Huertaansiedlung zu einem hochverdichteten Großstadtvorort spiegelt sich neben der Bevölkerungsentwicklung auch in der Bebauung wider. Diese erfolgte im Rahmen der Stadtentwicklungspläne von 1946 und 1966 und der Bebauungspläne (*Planes Parciales*). Für das Untersuchungsgebiet wurden im betrachteten Zeitraum vier Bebauungspläne aufgestellt: 1953, 1968, 1978 und 1981.

4.2 Die Bebauungsplanungen

Im Stadtentwicklungsplan von 1946 ist das Gebiet von Els Orriols als Mischgebiet für Wohnen und Industrie (*tolerancia industrial*) bzw. östlich der Straße San Vicente de Paul als Industrie- bzw. Gewerbegebiet (*zona industrial*) ausgewiesen (s. Abb. 22). Ein erster Bebauungsplan (*Plan Parcial de Alineaciones y Zonificación*; Planunterlagen nicht mehr vorhanden) rührt aus dem Jahr 1953, ohne allerdings jemals Rechtskraft zu erlangen.

Der Bebauungsplan von 1968 war zunächst eine Wiederaufnahme des Planes von 1953 durch die zuständige Planungsbehörde, die *Corporación Gran Valencia*, und hatte das Ziel der Aktualisierung und Anpassung an die nach der Überschwemmung von 1957 erfolgten Neuplanungen. Dabei war es ein vorrangiges Ziel, die Planung an die neuen Erfordernisse des Verkehrs anzupassen. Im neuen Bebauungsplan war nunmehr eine mehrspurige Umgehungsstraße für Valencia enthalten, die Els Orriols im Norden umgrenzen sollte, sowie Flächen für ein sich daran anlehnendes Einkaufs- und Dienstleistungszentrum. Dieser Bebauungsplan war 1962 vorläufig genehmigt worden (*aprobación provisional*) und wurde öffentlich ausgelegt. Nach verschiedenen Änderungseingaben von privater Seite wurde der Plan modifiziert und erneut ausgelegt. Bei dieser Gelegenheit erfolgte auch eine Anpassung der Trassenführung der Umgehungsstraße (Verlegung nach Süden) an die des Stadtentwicklungsplans von 1966. Das Bauleitverfahren wurde allerdings nicht weitergeführt. Vielmehr wurde nach der Eingabe eines Grundstückanliegers Ende 1967 ein neues Verfahren eröffnet. Diese Eingabe gibt Aufschluß über die Art und Weise der Durchführung der Bebauungsplanungen und soll deshalb kurz beleuchtet werden (Quelle: Akten der Stadtverwaltung).

Die Eingabe kam von einem Grundbesitzer, der in zwei Straßen (Arquitecto Rodríguez, Nr. 6/8 und Reig Genovés, Nr. 27) Planungen für 95 Wohnungen vorgelegt hatte, aber darin die Flächen einer vorgesehenen Grünzone und einer Grundschule berührte. Gegen die Nichtgenehmigung seines Bauvorhabnes legte der Bauherr Widerspruch ein mit der Begründung, "um nicht so viel Fläche zu verlieren und nicht so stark benachteiligt zu sein" (Begründungsschreiben). Die von ihm vorgeschlagene Neuplanung wurde daraufhin vom Architekten der Stadtverwaltung mit leichten Veränderungen durchgeführt und auch von der Bauverwaltung akzeptiert, und zwar mit der Begründung, daß der Bauherr ja lediglich um eine ähnliche Bebauungsdichte ersuche wie sie auf den umliegenden Parzellen bereits vorliege. Die nachfolgende Änderung des Flächennutzungsplans hatte aber zur Folge, daß sich die Bebauungsdichte des Blockbereichs weiter erhöhte und die ursprünglich vorgesehene Grünfläche verloren ging.

Ende 1968 wurde der Bebauungsplan von Els Orriols genehmigt (*aprobación definitiva*). Ausgeschlossen blieb allerdings ein Gebiet im NE, wo ein Einkauszentrum und eine Grundschule vorgesehen waren, ohne allerdings im Stadtentwicklungsplan ausgewiesen zu sein. Diese Flächen wurden Anfang 1969 in Flächen für sportliche Einrichtungen - vorgesehen war ein Fußballstadion - umgewidmet. Diese Ergänzung des Bebauungsplanes und Änderung der Flächennutzungsplanung wurde aber vom Wohnungsbauministerium als Genehmigungsbehörde Mitte 1970 zurückgewiesen.

Der 1968 genehmigte *Plan Parcial* Nr. 23, der das Gebiet von Els Orriols und den westlich anschließenden Stadtteil Torrefiel umfaßt, weist im einzelnen folgende Kennwerte aus: Die überplante Fläche beträgt 192 ha und das Bauvolumen wird mit rd. 27.000 Wohnungen angegeben (bei angenommenen 100 qm pro Wohnung). Daraus folgt eine Einwohnerzahl von

109.000 (bei 4 Einwohnern pro Wohnung) und eine Dichte von 565 Einw./ha. An Grün- und Freiflächen wurden 167.000 qm und an KFZ-Stellflächen 110.000 qm vorgesehen, wobei ein Richtwert für einfache Wohnviertel von 1 KFZ pro Wohnung angelegt wurde. Die Bebauungshöhen hatten sich zunächst an der Straßenbreite zu orientieren:

Straßenbreite	Gebäudehöhe	Stockwerke
9 bis < 12 m	15,50 m	5
12 bis < 16 m	18,00 m	6
16 bis < 20 m	21,00 m	7
20 u.m. m	23,50 m	8

Damit wurde eine maximale Bauhöhe von 23,5 m festgelegt. Der Bebauungsplan weist für Teilbereiche von Els Orriols darüber hinaus offene Bebauung (*edificación abierta*) mit einer volumetrischen Bebauungsdichte von maximal 3,5 bzw. 5 m $^3/m^2$ aus. Damit allerdings wird es möglich, Höhen bis zu 40,50 m (14 Stockwerke) auszuweisen, womit eine extreme Verdichtung und Engräumigkeit vorprogrammiert wird. Dies ergibt sich auch daraus, daß zwar 27.000 Wohnungen mit durchschnittlich 100 qm vorgesehen waren. Werden aber die realistischeren Werte von 80 qm Wohnungsgröße und 5 statt 4 Personen angenommen (wie im Stadtentwicklungsplan von 1966), dann hätten sich 170.000 Einwohner und damit eine Verdichtung von 880 Einw./ha ergeben.

Der dritte Bebauungsplan für Els Orriols datiert aus dem Jahre 1978. Er betrifft nur den nordöstlichen Planungsbereich, der beim Plan von 1968 ausgeklammert blieb. Gleichzeitig erfolgte eine Änderung des Flächennutzungsplans in diesem Bereich. Dies hatte einzig den Zweck, das zwischenzeitlich (1971), ohne gültigen Bebauungsplan fertiggestellte Fußballstadion nachträglich planungsrechtlich zu legalisieren.

Gemäß Bebauungsplan von 1968 sollte Els Orriols insgesamt bis auf rd. 39.000 Einwohner und eine Dichte von 563 Einw./ha anwachsen. 1979 hatte es bereits 21.000 Einwohner und eine Dichte von 472 Einw./ha. Mit der Kommunalwahl 1979 und der Übernahme der Stadtverwaltung durch die Sozialisten wurden sogleich eine Reihe von Maßnahmen begonnen, um weitere Verdichtungen zu verhindern und die unbefriedigende städtebauliche Situation zu verbessern (s. Kap. II-2.4). Noch im selben Jahr wurde ein Dringlichkeitsprogramm eingeleitet, das über Sonderpläne (*Planes Especiales de Reforma Interior*) umgesetzt werden sollte. Ziele waren die Verbesserung der Lebensqualität, die Entlastung der verdichteten Bodennutzung, die Einrichtung fehlender sozialer Infrastruktureinrichtungen und eine stärkere Planungsbeteiligung der Bevölkerung. Um diese Maßnahmen abzusichern, wurde 1980 eine Veränderungerungssperre verhängt und die Baulizenzen suspendiert. 1981 erfolgte die entsprechende Änderung des Flächennutzungsplans im Bereich des Bebauungsplans Nr. 23 für Els Orriols.

Der revidierte Bebauungsplan erlangte 1983 Rechtskraft. Damit waren die Weichen für eine Entdichtung gestellt, was sich auch in den neuen Planungswerten für den Wohnungsbau ausdrückte: Die Planung von 1968 sah für Els Orriols noch 10.328 Wohnungen bei einer Dichte von 161 Wohnungen/ha vor. 1979 waren 4.950 Wohnungen vorhanden, was einer Dichte von 149 Wohnungen/ha entsprach. Die nunmehr korrigierten Zahlen des Sonderplans von 1981 lauteten auf 7.168 Wohnungen und 112 Wohnungen/ha (s. Tab. 30). Ähnliche Reduzierungen wurden bei anderen Nutzungsarten und Dichtewerten vorgenommen. Die gewonnenen Flächen sollten der Ausstattung des Viertels zugute kommen: Schulen, Kindergärten, soziale Einrichtungen, Sportflächen, Märkte und Grünzonen.

Die für den Stadtteil Els Orriols aufgezeigte problematische Entwicklung ließ sich in dieser Deutlichkeit auch an dem Stadtteil Torrefiel zeigen, der westlich an Els Orriols anschließt und zusammen mit diesem den Distrikt Rascanya bildet. Els Orriols kann darüber hinaus stellvertretend für die anderen peripheren Stadtviertel Valencias stehen. Diese Distrikte zählten 1979 zusammen eine Bevölkerung von rd. 560.000 Einwohnern - geplant waren nach den bis dahin gültigen Bebauungsplänen 1,2 Mio. Einwohner. Bei Ausführung dieser Planungen hätten sich die bereits bestehenden Ausstattungsdefizite bei Grünflächen verdoppelt und bei Schulen versechsfacht (vgl. Ayuntamiento de Valencia 1983a, S. 110).

Tab. 30: Revidierte Bebauungplanung 1983 in Els Orriols/Valencia

	Zustand 1983	Planungsziel nach gültigem Bebauungsplan (Plan Parcial 23)	Planungsziel nach revidiertem Beb.plan (PERI)	Veränderung PERI - Plan Parcial (%)
Bruttobaufläche (m²)	751.709	1.482.694	1.123.441	- 24
baul. Nutzung (m³/m²)	6,25	6,35	4,79	- 25
Anzahl d. Wohnungen	4.950	10.328	7.168	- 31
Wohnungsdichte (Wg/ha)	149	161	112	- 31
Einwohner	21.006	38.732	26.880	- 31
Grünzonen (m²)	1.787	2.116	54.613	+ 2581
(Vor-)Schuleinricht.(m²)	111 Einh.	3.000	101.406	+ 3380
Märkte (m²)	-	3.250	5.680	+ 75

Quelle: Ayuntamiento de Valencia 1983a

4.3 Das engere Untersuchungsgebiet

Die Bebauung von Els Orriols erfolgte auf der Grundlage großflächiger Bebauungspläne, die jeweils den ganzen Stadtteil umfaßten. Diese datieren aus den Jahren 1953, 1968, 1978 und 1981 (s. Kap. 4.2).

Innerhalb Els Orriols wurde noch einmal ein engeres Untersuchungsgebiet abgegrenzt, in dem Daten bis auf Gebäudeebene ausgewertet werden sollen. Es liegt im NE des Stadtteils. Dabei handelt es sich überwiegend um eine mittelhohe Blockbebauung von 5 Obergeschossen aus den frühen 60er Jahren, an die sich östlich anschließend Bebauung aus den 70er Jahre mit bis zu 9 Obergeschossen fortsetzt (s. Abb. 29 u. 30). Ebenfalls mit einbezogen wurde die südlich daran anschließende Bebauung aus den 70er Jahren mit 5-13 Obergeschossen.

Bei den untersuchten Wohngebäuden handelt es sich um zusammen 2.542 Wohneinheiten, die in 88 Genehmigungsverfahren realisiert wurden, d.h. im Durchschnitt 29 Wohnungen pro Promotion. Unterschieden nach den Dekaden fielen 37 Einzelpromotionen in die 60er Jahre, 46 in die 70er und 5 Promotionen in die 80er Jahre. Bei der Größe der Wohnungsbau-

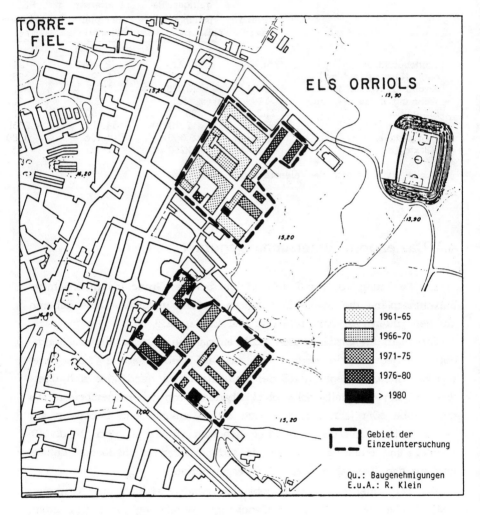

Abb. 29: Bauperiode der Wohngebäude im Untersuchungsgebiet Els Orriols (Valencia)

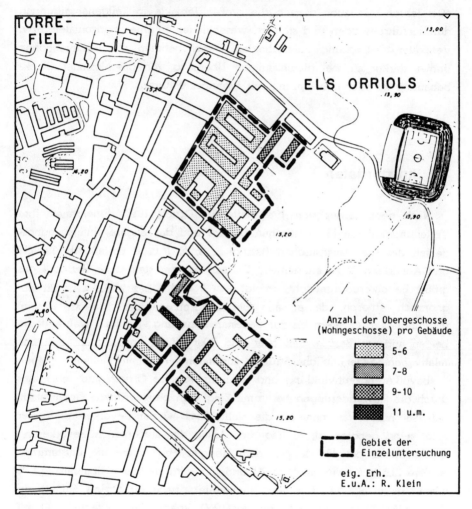

Abb. 30: Gebäudehöhen im Untersuchungsgebiet Els Orriols (Valencia)

projekte zeigen sich für die Dekaden kaum Unterschiede. Das Mittel lag für die 60er Jahre bei 27,6 Wohnungen pro Promotion und für die 70er und 80er Jahre bei 29,8 Wohnungen. Daraus wird erkennbar, daß in den 60er Jahren wie auch danach die großen Projekte in Teilgenehmigungen durchgeführt wurden und sich im wesentlichen in ihrer horizontalen bzw. vertikalen Erstreckung unterscheiden. Dabei nehmen die Gebäudehöhen immer stärker zu, bei gleichzeitigem Übergang von geschlossener Blockbebauung zu offener Bebauung mit Wohnhochhäusern.

4.4 Strukturdaten

Nach dem Zensus von 1981 hatte Els Orriols 18.271 Einwohner. Ihre Verteilung auf die 13 statistischen Bezirke und das engere Untersuchungsgebiet, das die statististischen Bezirke 3, 4, 6, 7 u. 8 umfaßt, ist Tabelle und Abbildung 31 zu entnehmen. Danach hat der statistische Bezirk 4 das größte Bevölkerungsgewicht, gefolgt von 5 und 6. Bezirk Nr. 4 ist physiognomisch amorph, da er alle Bebauungsphasen des Viertels - vom ursprünglichen Ortskern bis zur neuesten Bebauung - umfaßt, während die beiden anderen Bezirke den 60er und 70er Jahren entstammen und eine relativ homogene bauliche Struktur aufweisen.

Bevölkerungsentwicklung und -struktur von Els Orriols sind sehr stark durch die Zuwanderungen bestimmt. Zeigt sich bereits für die Gesamtstadt, daß 1981 nur etwas mehr als die Hälfte (54,1 %) der Bevölkerung in der Stadt selbst geboren ist, so liegt der Anteil der autochtonen Bevölkerung in Els Orriols bei 48,7 %. Aus dem übrigen *País Valenciano* entstammen weitere 13,6 % (Gesamtstadt: 16 %) und aus dem restlichen Spanien 36,4 % (Gesamtstadt: 28,2 %). Von den Zuwanderern nach Els Orriols entfällt ein Drittel (34,1 %) auf die Zeit von vor 1960, knapp die Hälfte (42,3 %) auf die 60er Jahre und fast ein Viertel auf die 70er Jahre (23,6 %). Die 60er Jahre stellen damit die demographische Hauptwachstumsperiode des Viertels dar (vgl. Ajuntament de València 1983b, Tab. 2.2).

Abb. 31: Statistische Bezirke des Stadtteils Els Orriols/Valencia

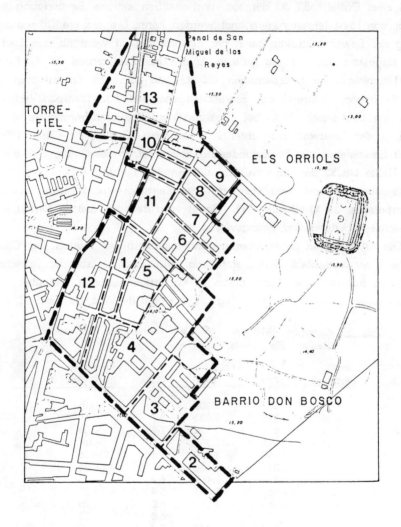

Die Altersgliederung der Bevölkerung (vgl. ebd.) zeigt, daß in Els Orriols ebenso wie in nahezu allen peripheren Stadtteilen eine typische Verteilung vorliegt, die als "jugendliche" Bevölkerungsstruktur charakterisiert werden kann. Für Els Orriols und das engere Untersuchungsgebiet bedeutet dies, daß ein Viertel der Bevölkerung (25,9 %) unter 15 Jahre alt ist und zwei Drittel (65,7 %) der sog. wirtschaftlich aktiven Bevölkerung im Alter von 15-64 Jahren zugerechnet werden kann. Die weitere Differenzierung der Bewohnerstruktur nach der Erwerbstätigkeit weist für den Stadtteil insgesamt aus, daß die größten Anteile bei Fabrikarbeit (37 %), Handel/Hotelwesen/Reparaturbetrieben (24 %) und sonstigen Dienstleistungen (18 %) liegen, während die Erwerbstätigenanteile bei Transport/Verkehr 10%, im Baubereich 5 %, bei Finanzen/Versicherungen/Immobilien 4 % und in der Landwirtschaft unter 1 % betragen (Quelle: INE-Censo 1981). Wird desweiteren die Berufsgliederung betrachtet, so zeigt sich, daß etwa die Hälfte (48 %) der wirtschaftlich aktiven Bevölkerung Arbeiter im Produktionsbereich sind, weit vor dem Dienstleistungs- (14 %) und Verwaltungspersonal (13 %) (Quelle: ebd.). Damit wird deutlich, daß Els Orriols ein typisches Arbeitereinwanderungsviertel ist.

Die Arbeitsstätten liegen überwiegend außerhalb des Viertels. Der Charakter einer Schlafstadt (*barrio dormitorio*) wird deutlich aus der Tatsache, daß sich nur 14 % der Arbeitsplätze in Els Orriols befinden und über ein Drittel sogar außerhalb der Stadt (vgl. Ajuntament de València 1984b, S. 73).

Tab. 31: Einwohner 1970 und 1981 nach statistischen Bezirken im Stadtteil Els Orriols/Valencia

Stat. Bezirk	Einwohner 1970	1981	(%)	Einw.entw. 1970-1981
1	1.217	1.409	7,7	+ 16
2	1.247	1.035	5,7	- 17
3	879	1.324	7,2	+ 51
4	1.220	2.308	12,6	+ 89
5	2.149	1.599	8,8	- 26
6	1.317	1.658	9,1	+ 26
7	1.579	1.497	8,2	- 5
8	1.486	1.087	5,9	- 27
9	1.465	1.099	6,0	- 25
10	1.703	1.238	6,8	- 27
11	1.423	1.347	7,4	- 5
12	1.207	1.396	7,6	+ 16
13	1.184	1.274	7,0	+ 8
gesamt	18.076	18.271	100	+ 1

Quelle: Ajuntament de València 1983 b

4.5 Bodenpreise und Infrastrukturausstattung

Die Untersuchung der Bodenpreise (s. Abb. 32) zeigt, daß innerhalb des Stadtteils Els Orriols eine relativ große Homogenität herrscht. Die höchsten Werte allerdings liegen seit 1950 bei den stadtteilbegrenzenden Hauptverkehrsstraßen vor, und zwar für die *Avenida de la Constitución* im W und vor allem für die *Avenida del Primado Reig* (rd. 50.000 Peseten/qm). In Abhängigkeit von der Bebauung hatte der südliche und westliche Teil des Viertels ab 1960 und das engere Untersuchungsgebiet ab 1970 Werte von 1-5.000 Peseten/qm aufzuweisen. Damit zeigt sich die sukzessive Inwertsetzung des gesamten Stadtteils für die Bauaktivitäten.

Die Ausstattung des Stadtteils Els Orriols sowie des engeren Untersuchungsgebietes mit Versorgungseinrichtungen zeigt sich u.a. an Hand des Geschäftsbesatzes. Wird die Entwicklung der Läden und Geschäfte im Zeitraum 1974-1984 betrachtet (Quelle: eig. Erheb.), so werden wesentliche Gewichtsverlagerungen deutlich. Der Gesamtbestand an Apotheken beträgt 8 (1974: 5) und an Drogerien 7 (1974: 21). Die Lebensmittelläden reduzierten sich innerhalb der 10 Jahre von 35 auf 30. Vereinzelt ergaben sich deutliche Verschiebungen, die u.a. auf die Errichtung zweier Supermärkte im südlich angrenzenden Stadtviertel, zurückgehen. Mehr als verdoppelt haben sich Gaststätten und Ausschanklokale von 21 auf 46. Bemerkenswert ist die hohe Zahl von 20 KFZ-Reparaturwerkstätten, vor allem im Bereich der *Avenida de la Constitución*. Insgesamt erscheint der Geschäftsbesatz, insbesondere für den täglichen und periodischen Bedarf, befriedigend entwickelt (vgl. FRUTOS/LOPEZ 1974, S. 79).

Die weitere Ausstattung des Viertels mit sozialen Infrastruktureinrichtungen ist sehr defizitär, sowohl nach Anzahl wie auch nach Art. Die daraus erwachsenden häufigsten Konfliktpunkte betreffen Schulen, Grünzonen und Verkehr. Für die schulpflichtigen Kinder stehen nur 4 Kindergärten und 2 öffentliche Grund-/Hauptschulen und 3 private Schulen zur Verfügung. So ist es nicht verwunderlich, daß nahezu die Hälfte der Schüler außerhalb des Viertels bzw. Distrikts zur Schule gehen muß (vgl. Ajuntament de València 1983b, S. 73).

Abb. 32: Bodenpreisentwicklung 1950-1981 im Stadtteil Els Orriols/Valencia

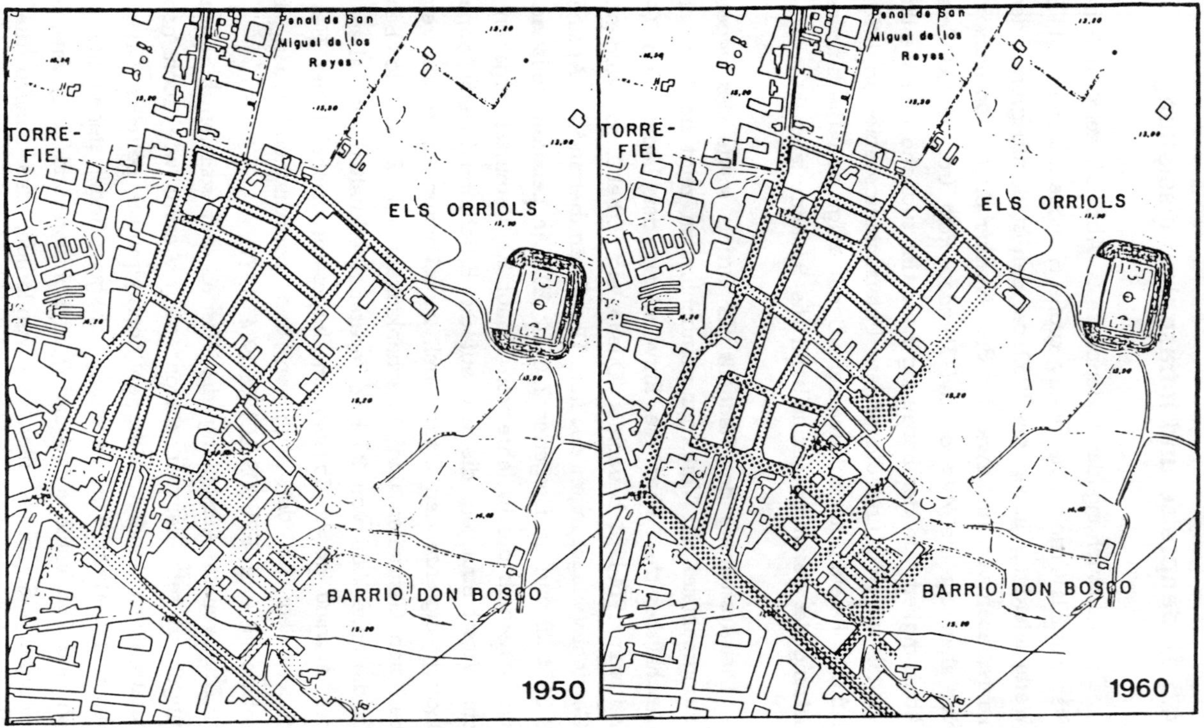

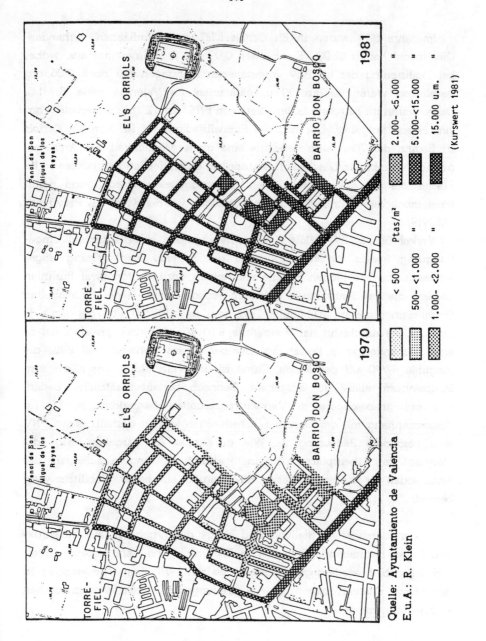

Im Jahre 1979 waren in Els Orriols 1.787 qm Grünflächen vorhanden. Dies macht bei rd. 21.000 Einwohnern 0,09 qm pro Einwohner aus, wobei bei Realisierung der bis 1979 vorgesehenen Planungen nur noch 0,05 qm verblieben wären (s. Tab. 30 u. Ajuntament de València 1983a, S. 114). Dabei waren im Bau- und Bodengesetz von 1975 (Art. 12, 1b) mindestens 5 qm pro Person festgelegt. Der Bau des Fußballstadions im NE von Els Orriols zu Beginn der 70er Jahre vereitelte eine große Möglichkeit zur Aufbesserung der Grünbilanz. Das Stadion beansprucht einschließlich Parkplätzen 15 ha Fläche, die auf Acker- und Gartenland ausgewiesen wurden und damit einer möglichen Grünflächenfunktion entzogen wurden (vgl. Las Provincias 19.5.1979).

Verkehrlich ist Els Orriols durch seine Lage am innerstädtischen Umgehungsring (*ronda tránsitos - Avenida del Primado Reig*) günstig angeschlossen. Im Öffentlichen Personennahverkehr wird es von zwei Buslinien bedient, die das Stadtzentrum anfahren: von der Linie 16, der traditionellen Erschließungslinie im 10-Minuten-Takt, und seit 1979/80 von der Linie 11 bzw. 69. Sie durchfährt das Viertel alle 8-10 Minuten und gewährleistet so eine flächendeckende Bedienung. Darüber hinaus verkehrt (seit 1983) die Ringlinie 89/90 auf der *Ronda*. Damit ist die Verbindung vor allem zum Stadtzentrum relativ gut ausgebaut. Dennoch besteht zusätzlicher Bedarf, was sich insbesondere in Verkehrsspitzenzeiten bemerkbar macht. Im Zusammenhang mit der Lage der Arbeitsstätten kommt deshalb dem ÖPNV eine besondere Bedeutung zu. Wie in Kapitel 4.3 dargelegt, liegt die Mehrzahl der Arbeitsplätze nicht im Stadtzentrum, sondern außerhalb der Stadt, sodaß für die erwerbstätige Bevölkerung ein hoher Mobilitätszwang besteht.

In der folgenden Aufstellung sind einige der typischen, aus Infrastrukturdefiziten resultierende Probleme in Els Orriols und dem engeren Untersuchungsgebiet wiedergegeben, soweit sie seit 1975 einen Niederschlag in der Presse erfahren haben (Quelle: Zeitungsarchiv der valencianischen Architektenkammer):

- Umwidmung des Platzes Ramón Contreras, der von der Stadtverwaltung als Parkplatz vorgesehen ist, in einen verkehrsberuhigten Bereich (Levante vom 13.10.1979)
- Installation von Ampeln auf der Umgehungsstraße Primado Reig (Las Provincias vom 9.11.1977; Levante vom 23.2.1978)
- Verrohrung eines offenen Abwasserkanals im SE von Els Orriols, der verschiedentlich zu Überschwemmungen und Morast führte (Las Provincias, versch. Ausgaben im Juli 1976 u. vom 1.6.1977)
- unzureichende Kindergartenversorgung, da nur einer der vorhandenen öffentlich ist und die privaten zu teuer sind (Las Provincias vom 24.9.1975)
- schlecht organisierte Müllabfuhr, was zu Hygieneproblemen führt (ebd.)
- fehlende Telefonzellen (ebd.)
- fehlender Markt (ebd.)
- fehlende Zebrastreifen und Ampeln an der *Carretera de Barcelona* (jetzige *Constitución*) sowie fehlende Grünflächen (Las Provincias vom 3.8.1975).
- Konflikt um die Trinkwasserversorgung bei der Bebauung des Viertels in den 60er Jahren: Der Bauunternehmer und Promotor Barona bzw. dessen Unternehmen COBARAL SA hatten zunächst keinen Anschluß der Häuser an das öffentliche Wassernetz, sondern die Versorgung durch einen ihnen gehörenden Brunnen vorgesehen. Dies war hygienisch problematisch. Erst 1974 erfolgte der Anschluß an das öffentliche Wassernetz (vgl. FRUTOS/LOPEZ 1974, S. 154).

Insgesamt lassen sich ungünstige Bedingungen und erhebliche Defizite in der Infrastrukturausstattung und im Wohnungsbereich feststellen. Eine Befragung (Stichprobe 7 % der Bevölkerung) von FRUTOS (ebd., S. 66) ergab, daß rd. 31 % der Befragten Wohnungsprobleme hatten, bei 23 % "keine Probleme" und 45 % "ohne Angaben". Dabei ist die Wohnungssituation in Els Orriols durch einen hohen Eigentumsanteil geprägt (vgl. ebd., S. 65: 73 %; Valencia 1981: 57 %). Dies ist allerdings weniger Folge der Einkommensverteilung, als anderer Faktoren, insbesondere des Wohnungsmarktes.

Im folgenden sollen die Beziehungen zwischen Infrastruktur und Wohnsituation und zwischen Wohnraumerbauer und Wohnraumnutzer anhand der Aktivitäten einzelner städtischer Akteure weiter verdeutlicht werden.

4.6 Die städtischen Akteure

Im näher bezeichneten Untersuchungsgebiet in Els Orriols waren im Untersuchungszeitraum 31 verschiedene Baupromotoren aktiv. Unterschieden nach einzelnen Promotorentypen verteilten sich die Aktivitäten auf 6 Gesellschaften, 4 Eigentümergemeinschaften, eine Kooperative und 24 Einzelpersonen, wobei vereinzelt Mehrfachaktivitäten erfolgten. Die größten Unternehmungen mit über 100 Wohneinheiten entfielen auf:

1. J. u. A. Barona Alcala und COBARAL   806 Wohnungen
2. B. Soler Crespo   238   "
3. L. u. B. Fabuel Rodrigo   187   "
4. V. Carrasco Bort   136   "
5. URJASA   126   "

Damit wird - wie bereits für die Gesamtstadt festgestellt - die große Rolle der Einzelpromotoren deutlich. Sie sind in Els Orriols die größten Promotoren und stellen von den zehn bedeutendsten allein sieben. Insofern kann die Promotorenstruktur als Abbild des valencianischen Gesamtbildes gelten. Die größte Bedeutung kommt für Els Orriols dem Promotor Barona bzw. dessen Firma COBARAL zu, weshalb das Viertel bisweilen auch "Barrio Barona" genannt wird.

Bezüglich der Grund- und Bodenbesitzer vor bzw. nach der Zeit der Bebauung liegen keine weiteren Informationen vor. Die Rolle der Stadtverwaltung für das Untersuchungsgebiet wurde bereits an Hand der Planungen im Rahmen der Flächennutzungs- und Bebauungspläne verdeutlicht. Die untersuchten Blocks lagen zusammen mit dem gesamten Stadtteil jeweils im Geltungsbereich des *Plan Parcial* Nr. 23.

Den Bewohnerorganisationen, insbesondere den Bürgerinitiativen (*Asociaciónes de vecinos*), kommt für die Entwicklung des untersuchten Gebietes eine besondere Bedeutung zu. Vorläufer der *Asociación de vecinos* von Els Orriols war die *Asociación de cabezas de familias* "Exposición", die 1964 gegründet worden war. Diese war Teil des franquistischen *Movimiento* und stellte die unterste Organisationsebene dar. Bis 1971 waren kaum Aktivitäten zu verzeichnen, und erst ab 1972 erfolgte ein starker Aktivitätsanstieg durch Arbeitsgruppen zur Schul-, Kultur- und Wohnungssituation (vgl. FRUTOS/LOPEZ 1974, S. 109). Daraus erwachsende Forderungen zur Verbesserung im Viertel resultierten zunächst aus infrastrukturellen Anliegen, bei eher indifferentem politischem Hintergrund. Die Einordnung der Forderungen in den allgemeinpolitischen Zusammenhang und die lokalen politischen Verhältnisse, d.h. die Politisierung der Basisorganisationen, erfolgte erst im Laufe der ersten Hälfte der 70er Jahre, entsprechend dem sich abzeichnenden Niedergang des Franquismus. Daraus erwuchs eine regionale und landesweite Koordinierung der Aktivitäten, ohne daß allerdings eine politische Bewegung mit Parteicharakter entstand (vgl. SORRIBES 1977, S. 954).

Auch nach der einsetzenden Demokratisierung von 1975 bestand die Notwendigkeit der Aktivitäten der *Asociaciones* weiter. Dies vor allem, weil die Kommunalwahlen erst 1979 erfolgten und die Forderungen nach deutlicher Verbesserung der Viertelsinfrastruktur sowie Mitsprachemöglichkeiten nicht eingelöst wurden. Als beispielhaft für die fortgestzten Schwierigkeiten mag die Tatsache stehen, daß auch 1977 noch keine gesetzliche Anerkennung der Bürgerbewegungen erfolgt war. Analyse und Resümee der Aktivitäten und Forderungen der Bürgerbewegungen wurden 1977 in einem Manifest der koordinierten *Asociaciones de vecinos del País Valenciano* festgehalten. Darin wird als eine der Ursachen der Fehlentwicklungen an erster Stelle die Bodenspekulation des Immobilienkapitals genannt, deren Folgen von der Verwaltung nicht unterbunden wurden. Der Bauleitplanung käme nachträgliche legalisierende Funktion von Spekulationsobjekten zu und die Verwaltung könne so der Zerstörung von Freiflächen bzw. Huerta-Land kein Einhalt gebieten.

An die nach dem Bürgerkrieg erste demokratische Kommunalwahl von 1979 und die daraus folgende sozialistische Stadtverwaltung knüpften die Basisorganisationen besondere Erwartungen, wenngleich die Wahl selbst noch keine Garantie für grundlegende Neuerungen darstellte. Besondere Bedeutung wurde vielmehr der Einrichtung demokratischer Verwaltungsstrukturen, etwa stadtteilbezogener Entscheidungs- und Kontrollgremien (*Juntas de districtos*), beigemessen (vgl. Levante vom 29.3.1979).

Nach der Kommunalwahl von 1979 nahm die neue sozialistische Verwaltung ihre Arbeit auf. Erstes Projekt war die Verwaltungsneugliederung der Stadt. Die seit 1940 bestehenden zehn Distrikte wichen einer Aufteilung in 19 Distrikte und 87 Barrios. Dabei wurde neben der Homogenisierung der Stadtteile als Ziele benannt (vgl. Ajuntament de València 1981, S. 41f):

* Erhöhung der kommunalen Verwaltungseffizienz durch Vereinheitlichung der unterschiedlichen Verwaltungseinteilungen
* Verbesserung der Stadtplanung durch einheitliche Grundlagen
* Anerkennung der Viertel als unterste Vertretungsebene des Bürgerwillens.

Die Schaffung dezentraler politischer Strukturen bedeutete die Einrichtung von Stadtteilräten. Dennoch zieht die *Asociación de vecinos de Orriols* einige Jahre nach Einrichtung dieser *Juntas de districtos* eine eher kritische Bilanz, da die Probleme des Viertels insgesamt nur ungenügend behandelt worden seien (vgl. Asociación de vecinos de Orriols 1984). Dies kann besipielsweise auf den Bebauungsplan von 1981 bezogen werden, der verschiedene, von der *Asociación de vecinos* sowie der *Asociación de padres de alumnos de San Miguel* - einer schulischen Elterninitiative - mit der Stadtverwaltung ausgehandelte Punkte, nicht enthält (vgl. Asociación de vecinos de Orriols 1981).

Abschließend sei eine kleine Chronik von Aktivitäten zusammengestellt, an denen die Bürgerinitiativen im Untersuchungsbereich beteiligt waren:

1976

Die *Asociación de vecinos* beantragt ein Versammlungslokal (Levante 23.6.). Die *Asociación* bringt den Fall des Abwasserkanals (*Acequia de Rascanya*), der eine starke Belästigung für das Viertel darstellt, vor Stadtverwaltung und Wassergericht, wo jeweils Abhilfe versprochen wird (Las Provincias 16. u. 18.7.). Im selben Monat noch suchen Bürger des Stadtteils unter Führung der *Asociación* den Bürgermeister auf, um eine Lösung zu forcieren (Las Provincias 25.7.).

1977

Das Vereinslokal wird eingerichtet (Las Provincias 5.3.). Bzgl. des Abwasserkanals gibt es weitere Proteste und Eingaben (Las Provincias 1.6.). Es erfolgt wiederholt Einspruch und eine Mobilisierung gegen einen geplanten Wohnblock in der Calle Arquitecto Rodríguez, da er für die Straße zu hoch ausfällt und dem Bebauungsplan zuwiderläuft (Levante 15.9.). Die Bauarbeiten werden zeitweise eingestellt (Las Provincias 10.11.), die Fertigstellung erfolgt dennoch. Für die das Viertel begrenzende Hauptverkehrsstraße Primado Reig werden Ampelanlagen und Überwegsicherungen gefordert (Las Provincias 9.11.).

1978

Zu Jahresbeginn werden Verkehrsblockaden durchgeführt, um die Einrichtung von Ampelanlagen zu erreichen (Levante 23.2.). Im Verlaufe eines Volksfestes wird die Forderung wiederholt, die *Plaza Ramón Contreras* zu einer Grünfläche umzugestalten (Las Provincias 21.9.).

1979

Zum vierten Mal jährt sich das Volksfest, in dessen Verlauf Grünzonen v.a. für die *Plaza Ramón Conteras* gefordert werden. Die geplante Bebauung mit Garagen wurde mittels Unterschriftenaktion verhindert. Es wurde erreicht, daß in der *Calle San Juan Bosco* eine Bücherei eingerichtet wird. Es wurde ein Dringlichkeitsplan ausgearbeitet u.a. zu den Punkten Revision des Bebauungsplans, Schulneubauten und Begrünung der *Plaza Ramón Contreras* (Asociación de vecinos de Orriols 1979). Vom Rathaus kommt die Zusicherung, daß die geforderten Nutzungsänderungen im *Plan Parcial* vorgenommen würden (Levante 13.10.).

1980
Das Ziel der Revision des bisherigen *Plan Parcial* ist erreicht; es erfolgt die Aufhebung der bisherigen Baugenehmigungen (ebd., No. 9).

1981
In Zusammenarbeit von *Asociación de vecinos* und Elterninitiative wird mit der Stadtverwaltung ein revidierter *Plan Parcial* ausgearbeitet. Zur öffentlichen Auslegung hat die Verwaltung jedoch Änderungen vorgenommen - die zwei örtlichen Initiativen protestieren dagegen sowie für die Beibehaltung von geplanten Schulen, für Verkehrsberuhigungsmaßnahmen und die Umgestaltung der Plaza (Asociación de vecinos de Orriols 1981).

1983
Im Februar wird die neue Bebauungsplanung (*Plan de Reforma Interior* - PERI) für den bisherigen *Plan Parcial* von der Stadt verabschiedet. Danach sollen innerhalb von acht Jahren Infrastruktureinrichtungen und Freiflächen in Übereinstimmung mit den Forderungen der Initiativen realisiert werden. Im Oktober wird der PERI allerdings von der autonomen Regierung für ungültig erklärt. Scharfe Reaktionen von Bewohnern und Initiativen führen zu einer Einigung entsprechend den bisherigen Inhalten, was auch von der Stadtverwaltung anerkannt wird ("La presión de los vecinos ha sido decisiva para el logro de una situación concertada", s. Ajuntament de València 1983: La Ciutat, 3/1983).

1984
Im Februar des Jahres erfolgt die Verabschiedung des *Plan Parcial* durch die valencianische Regierung (Flugblatt Asociación de vecinos 2/84).

Die Bedeutung der Bürgerinitiative ergibt sich, wie oben gezeigt, zunächst aus erreichten Einzelerfolgen. Die Rolle als Akteur im Prozeß der Stadtentwicklung ergibt sich aber deutlicher noch aus ihrer Institutionalisierung, d.h. der Anerkennung der Mitwirkung durch die Stadtverwaltung. Darauf baut auch der größte Erfolg der *Asociación* auf, nämlich die Revision des *Plan Parcial* (obwohl auch hier abzuwarten bleibt, wie die endgültige Ausführung des Plans aussehen wird).

In der zusammenfassenden Betrachtung der Bedeutung der einzelnen Akteure der Stadtentwicklung, insbesondere der aus gegenläufigen Interessen erwachsenen Konflikte, zeigt sich, daß offener Konfliktaustrag offenbar nur erfolgt, wenn Bürgerinitiativen als Protagonisten beteiligt waren. Im Hinblick auf die in diesem Zusammenhang besondere Rolle der Bürgerbewegungen können verschiedene Stufen des Konfliktaustrags unterschieden werden. In den 60er und bis Anfang der 70er Jahre erfolgte eine direkte Austragung zwischen Bevölkerung bzw. *Asociación de vecinos* und Konfliktverursacher, seien es Bauträger oder Stadtverwaltung. Dem entsprachen anfängliche direkte Aktivitäten, wie Proteste etc. Mit der Demokratisierung der Verwaltung, insbesondere nach der Kommunalwahl von 1979, wurde zunehmend die Verwaltung zum Adressaten, um die Konflikte zwischen den verschiedenen, in der Stadt aktiven Akteuren, zu vermitteln und beizulegen.

5. Zusammenfassung

Die Entwicklung der Stadt Valencia ist eng mit ihrer Stellung als regionalem und überregionalem Zentrum verbunden. Valencia war und ist deshalb das Ziel von Migranten, sowohl aus dem näheren Umland, als auch aus den angrenzenden Provinzen und anderen Landesteilen, vor allem Andalusien. Die Attraktivität der Stadt ist bestimmt durch ihr diversifiziertes Angebot an industriellen und agroindustriellen Arbeitsplätzen sowie durch den Hafen. Die Bevölkerungsdynamik, die sich während des gesamten Jahrhunderts als starke Zuwanderung manifestierte - verstärkt in den 30er-40er und den 60er-70er Jahren -, war Auslöser verschiedener stadtstruktureller Prozesse. Der Innenbereich der Stadt - einschließlich der *Ensanche*-Erweiterungen - erfuhr eine Einwohnerabnahme und Degradierung, während Innenstadtrand und Außenbereich nach den Eingemeindungen von dörflichen Kernen kräftige Bevölkerungszunahmen und eine städtebauliche Expansion verzeichneten. Hierunter fiel auch der Ort Els Orriols, der als typischer Vertreter der Wachstumsprozesse ab den 60er Jahren näher untersucht wurde.

Die Stadtentwicklung Valencias war, insbesondere in den Perioden mit starker Einwohnerzunahme, davon bestimmt, ein ausreichendes Wohnraumangebot zu schaffen und dies mit der Stadtentwicklungsplanung abzustimmen. Die stadtplanerischen Aspekte standen dabei von Anfang an unter der Notwendigkeit, die weitere Expansion der Stadt in die fruchtbare Huerta hinein zu vermeiden. Im ersten Stadtentwicklungsplan, dem *Plan General* von 1946, wurde zwar hierauf hingewiesen, doch war der weitere Huertaverbrauch aufgrund des einkernigen, radiozentrischen Entwicklungsmodells vorprogrammiert. Das Modell orientierte sich darüber hinaus am funktionentrennenden Funktionalismus sowie an der herrschenden autarkistisch-falangistischen Staatsauffassung und gipfelte in der organizistischen Interpretation des Stadtgrundrisses.

Durch die Einrichtung einer eigenen Planungsabteilung sowie der Einführung der Bebauungspläne wurde bereits 1946 ein stadtplanerisches Instrumentarium geschaffen, das Teile des späteren Baugesetzes von 1956 vorwegnahm. Die Turia-Überschwemmung von 1957 zog die Notwendigkeit eines neu zu bauenden Umleitungsbettes nach sich. Gleichzeitig sollte eine Neuordnung des Verkehrs erfolgen, unter wesentlicher Einbeziehung des alten Turiabettes. Charakteristisch für die Planungen von 1958, die in die Aktualisierung des *Plan General* von 1966 weitgehend übernommen wurden, war die Dominanz der ingenieurtechnischen Perspektive und die beherrschende Rolle der Verkehrsfunktion. Mit den Plänen waren zwar Teile eines effektiven Steuerungsinstrumentariums geschaffen, doch führte die Planungspraxis der Einzelfall- und Ausnahmegenehmigungen sowie die zu großflächige Ausweisung der Wohnbauflächen dazu, daß weder die Huertaüberbauung gestoppt noch weitere Wohnverdichtungen verhindert wurden. Grundlagen neuer Leitbilder von Stadtentwicklung wurden erst nach der Kommunalwahl von 1979 gelegt, als im Zuge der Demokratisierung die Stärkung der kommunalen Planungsaufgabe, die Deckung des Infrastrukturdefizits und Planungsbeteiligung Priorität erhielten. Der Dezentralisierung folgend wurde gleichzeitig die zentralistische Planungsbehörde des Großraums Valencia aufgelöst. Um die neuen Planungen noch vor einer Revision des Gesamtentwicklungsplans umsetzen zu können, wurden Sonderpläne entwickelt und für die Peripherie eigene Entwicklungsprogramme aufgestellt.

Während für den Bereich der Stadtplanung durchaus eigene Initiativen und Entwicklungen festzustellen sind, war der Bereich des Wohnungsbaus von Eingriffen und Vorgaben der zentralen Behörden bestimmt. Symptomatisch dafür waren Planung und Bau von vier Wohnsiedlungen aus dem Nationalen Wohnungsprogramms von 1955. Alle vier Maßnahmen wurden ohne gültigen Bebauungsplan begonnen und nachträglich legalisiert. Solche zentralstaatlichen Eingriffe sind Zeichen der unkoordinierten Wohnungs- und Städtebaupolitik, die wegen der sich zuwiderlaufenden Fachplanungen (Wohnungsbau, Städtebau, Entwicklung, Verkehr) zu Diskontinuitäten in der kommunalen Stadtentwicklung führten. Ebenso wirkten sich die direkten Eingriffe einzelner Zentralbehörden in die kommunale Stadtentwicklung aus. Die Konsequenz dieses kontraproduktiven staatlichen Handelns war, daß gerade der Staat der Wegbereiter für private Boden- und Wohnungsspekulation war. Die Auswirkungen eines solches spekulativen Wohnungsbaus wurden u.a. im Zensus deutlich: 1970 standen rd. 12 %

der Wohnungen leer, 1981 waren es rd. 21 % - überwiegend aus dem Neubaubestand.

Das besondere Untersuchungsinteresse gilt den in den Stadtentwicklungsprozeß intervenierenden Gruppen, den städtischen Akteuren, und hier insbesondere den Baupromotoren. Als die zentralen Promotorengruppen wurden Einzelpersonen/Familien und Gesellschaften ermittelt. Die Gesellschaften stellten die Organisationsform von Familien- und Patrimonialkapital sowie Industrie- und Finanzkapital dar. Ebenfalls von Bedeutung waren Kooperativen und Eigentümergemeinschaften. Insgesamt zeigte sich ein hoher Organisations- und Verflechtungsgrad der Promotoren sowie starke Oligopolisierungs- und Monopolisierungstendenzen, erkennbar in der bedeutenden Anzahl von sog. ad hoc-Gesellschaften, die nur ein Projekt realisieren. Die solchermaßen ausgebildete Promotorenstruktur bildete sich erst im Laufe der 60er Jahre heraus und löste die bis dahin dominierenden Gruppen der städtischen Kleinbourgeoisie, der traditionellen Bodenbesitzer und kleinen Bauunternehmen ab.

Die im Rahmen der Gesamtstadt abgelaufenen Stadtentwicklungsprozesse und die Promotorenstrukturen wurden an Hand eines peripheren Stadtteils - Els Orriols - konkretisiert. Els Orriols entwickelte sich von einem ländlichen Ort mit einigen Hundert Einwohnern zu einem Vorort mit rd. 20.000 Einwohnern. Er ist ein demographisch und sozialstrukturell typischer Immigrantenstadtteil, mit einem "jugendlichen" Bevölkerungsaufbau und einem Überwiegen von Arbeiterhaushalten. Der Ort war seit dem *Plan General* von 1946 in die Stadterweiterungsplanungen einbezogen. Bis 1981 wurden vier Bebauungspläne aufgestellt. Die Stadtentwicklungsplanungen von 1958 bzw. 1966 mit der Dominanz der Verkehrsfunktion und fehlenden Infrastruktureinrichtungen hinterließen in Els Orriols ebenso ihre Spuren wie die Nichteinhaltung und Übertretung von Planungsnormen. So fielen in Einzelfällen vorgesehene Infrastrukturstandorte einer rigorosen Wohnbebauung zum Opfer. Ebenfalls den Planungsvorgaben sowie den Anforderungen des Stadtteils zuwider erfolgten Bau und nachträgliche Legalisierung eines Fußballstadions - zu Lasten von Versorgungs- und Schulflächen.

Die Monofunktionalität der "Schlafstadt" Els Orriols zeigt sich darin, daß die Arbeitsstätten außerhalb des Stadtteils und auch außerhalb der Stadt liegen. Die Minderausstattung des Stadtteils findet sich vor allem im Bereich der sozialen Infrastruktur und bei den Grünflächen. Die Aktivitäten der Promotoren zeigten, daß hier ebenso wie für die Gesamtstadt die Einzelpromotoren die wichtigste Rolle spielen, allerdings treten diese teilweise stellvertretend für Gesellschaften auf. Besonderes Gewicht kommt im Stadtteil den Wohnungsnutzern und ihren Organisationen zu, die sich seit Anfang der 70er Jahren für die Verbesserung des Stadtteils engagieren. Sie konnten in verschiedenen Initiativen die städtebaulichen Negativentwicklungen korrigieren und stellen ein gewisses Korrektiv zu den anderen Akteuren der Stadtentwicklung dar.

IV. FALLSTUDIE BURGOS
1. Die Stadtentwicklung bis zum Bürgerkrieg
1.1 Demographische und soziostrukturelle Entwicklung

Eine für die Stadt Burgos bis in den Untersuchungszeitraum hineinreichende Entwicklung ist die zwischen 1799 und 1893 fallende Säkularisation (*desamortisación*), in deren Folge die großen Besitzungen von Kirche und Adel aufgelöst wurden (vgl. CRESPO REDONDO 1982). Hatten am Ende des Alten Regimes (1773) Kirche und Adel noch 86% der Gebäude und Grundstücke der Stadt in ihrem Besitz (vgl. ebd., S. 304), so fielen bis nach der Desamortisation 80 % der betroffenen Gebäude der Bürgerklasse (Händler, Ärzte etc.) zu. Dies schlug sich in einer breiteren Besitzstreuung nieder: Gab es 1773 noch 274 Gebäudeeigentümer, so waren es 1893 bereits 830 (vgl. ebd., S. 310). Die Desamortisation brachte also der Bougeoisie die Dominanz über den städtischen Grund und Boden (vgl. SALADINA 1978, S. 125). Mit dem Erwerb von Gärten und Äckern schuf sie sich zudem Optionen für spätere städtische Expansionen. Damit entstand erstmals - und in Verbindung mit aufkommendem Immobilienmaklertum - Bodenspekulation im heutigen Sinn. Die Makler vermittelten fortan den Aufkauf von Immobilien durch Industrielle oder Händler, auch aus anderen Städten (vgl. SALADINA 1979, S. 27).

Die Desamortisation fiel zusammen mit dem Beginn des ländlichen Exodus. Hatte Burgos 1821 noch 11.628 Einwohner, so lag die Zahl bei steigender Tendenz 1857 bereits bei 26.086 (vgl. ebd., S. 299). Die aufkommende Industrialisierung des 19. Jahrhunderts (1860 Anschluß an die Eisenbahn) brachte eine Reihe industrieller Aktivitäten in die Stadt, wie eine Gasfabrik, Tonwaren-, Papier-, Schuh- und Lebensmittelfabriken, was sich auf die demographische Entwicklung und soziale Struktur belebend auswirkte. Es entstand das industrielle Proletariat als lohnabhängiges (Hilfs-) Arbeitertum, das zahlenmäßig die bis dahin dominierende Handwerkerschaft ablöste (vgl. GONZALEZ 1958, S. 203ff). Einfluß und Präsens des Klerus dagegen blieben beträchtlich, ebenso wie die Bedeutung des Militärs, das hier in großen Kontingenten kaserniert wurde. Militär und Klerus gaben so auch nach der Säkularisation der Stadt ihr noch heute gültiges

Gepräge. Sie stellen zwei wichtige Säulen der Stadt und der städtischen Gesellschaft dar.

Die für die gegenwärtige Situation von Burgos bedeutsame Entwicklung kann in ihrer demographischen Komponente mit den zur Verfügung stehenden Zensusdaten verdeutlicht werden (s. Tab. 32). Die Einwohnerentwicklung widerspiegelt die mit der industriellen Entwicklung zunehmende Bedeutung der Stadt. Burgos verzeichnete vor allem ab den 40er Jahren hohe Bevölkerungszuwächse von jährlich durchschnittlich 1,1 % bis 4,6 %, während der Anteil an der Provinzbevölkerung auf 43 % im Jahre 1981 anstieg.

Tab. 32: Einwohnerentwicklung von Burgos 1860-1981

	Einwohner	Zunahme in %	Einw. der Provinz	Einw.anteila.d. Provinz in %
1860	25.721	17	337.132	8
1900	30.167	3	338.828	9
1910	31.489	3	346.934	9
1920	32.301	24	336.472	10
1930	40.061	51	355.299	11
1940	60.425	23	378.580	16
1950	74.063	11	397.048	19
1960	82.177	46	380.791	22
1970	119.915	30	358.075	33
1981	156.449		363.474	43

Quelle: INE-Anuario Estadístico, versch. Jgge

1.2 Stadtplanung und Stadtphysiognomie

Aufgrund des gestiegenen Wohnraumbedarfs in der zweiten Hälfte des 19. Jahrhunderts setzten umfangreiche bauliche Aktivitäten ein. Es erfolgte die Ablösung der 1-2stöckigen Häuser durch 3-4stöckige, wobei erstmals stadtplanerische Vorgaben in Form von Fluchtlinienfestlegungen erfolgten. Diese waren in den *Ordenanzas Municipales* von 1885 enthalten (vgl. SALADINA 1979, S. 256f u. SERNA 1978, S. 4f). Darin wurde die weitere

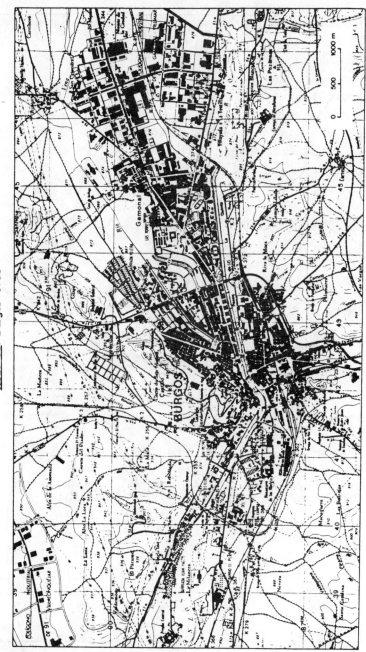

Abb. 33: Burgos 1983

Abb. 34: Stadtgrundriß von Burgos aus dem ersten Viertel des 20. Jahrhunderts

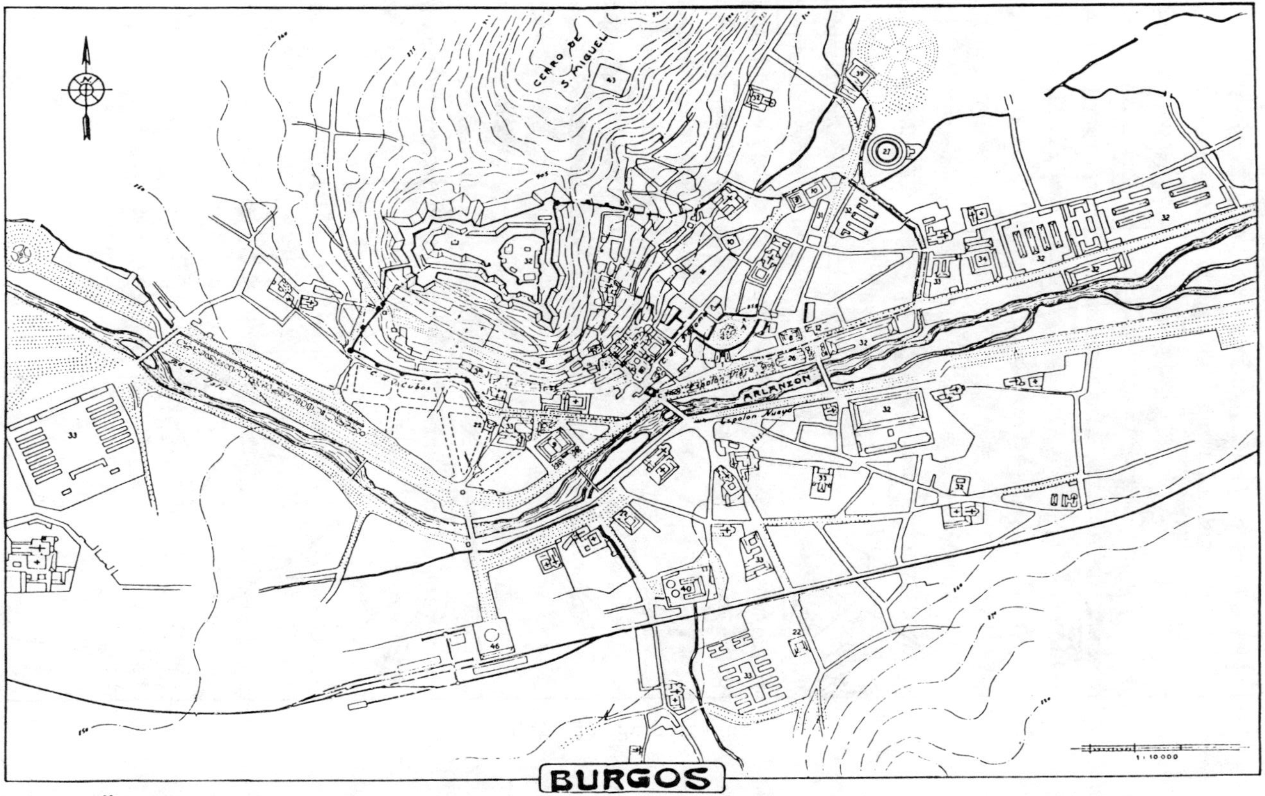

Quelle: JÜRGENS 1926

Ausdehnung der Stadt auf das linke Ufer des Arlanzón vorgesehen und die Weichen für die zukünftige Stadtentwicklung außerhalb des ummauerten Bereichs gestellt. Da in der Folgezeit keine Stadtentwicklungspläne aufgestellt wurden, blieben die *Ordenanzas* von 1885 bis nach dem Bürgerkrieg das einzige verbindliche Planungsinstrument. Unter ihrer Gültigkeit wurden u.a. die Gartenstädte "La Castellana" und "La Isla" in den 20er Jahren errichtet. Die Stadtstruktur von Burgos steht bis ins erste Viertel des 20. Jahrhunderts noch ganz im Zeichen der mittelalterlichen, ummauerten Stadt (s. Abb. 34).

Im 20. Jahrhundert setzte sich das Stadtwachstum aufgrund anhaltender Zuwanderungen weiter fort. In der Zeit der Diktatur Primo de Riveras 1923-30 erfolgten zusätzliche Wachstumsimpulse: der Bau der Eisenbahnstrecke Santander-Mittelmeer (ab 1927), die Ansiedlung einer Kunstseidefabrik (1930) - der ersten modernen Industrie - sowie weiterer Textilfabriken. Die bis zum Bürgerkrieg zugenommene Bedeutung der Stadt setzte sich auch danach fort, nunmehr verstärkt durch politische Förderung. Die Stadt wurde mit Kriegsbeginn das Quartier Francos, und sie wurde nach dem Krieg für ihre Loyalität belohnt. So wurde die Militärische Ingenieurakademie 1939 hierhin verlegt sowie das Eisenbahnneubauprojekt Madrid-Burgos begonnen. Franco hatte am Ende des Krieges 1939 der Stadt das Versprechen eines "blühenden industriellen Lebens" gegeben (Diario de Burgos vom 18.10.1939, zit. nach GONZALEZ 1958, S. 212), was rückblickend auch eingelöst wurde: Burgos entwickelte sich nach seinem historischen Niedergang im Spätmittelalter nunmehr von einer Provinzstadt zu einer bedeutenden Industriestadt.

Die Entwicklung und Ausdehnung von Burgos bis zum Bürgerkrieg war geprägt durch die Ausdehnung der Stadt auf das südliche Flußufer, nach Westen, Norden und vor allem nach Nordosten hin. Diese letzte, jüngste Entwicklungsrichtung deutet sich bereits in dem Plan von JÜRGENS 1926 an (s. Abb. 34). Die Entwicklung der Stadt nach den einzelnen Stadtteilen verlief bis in die 50er Jahre wie folgt (s. Abb. 35):

Entwicklung bis zum 19. Jahrhundert:
1 - historische Stadt, im Bereich um Kathedrale und östlich gelegener Kirche San Lesmes
2 - Erweiterungsgebiet, westlich zwischen historischer Stadt und Burgberg
3 - Vorstadt (arrabal) südlich des Arlanzón ("extra muros")
4 - San Pedro de la Fuente, westlich gelegener, eigenständiger Ort
5 - San Pedro y San Felices, südlich gelegene Ansiedlung
6 - weitere dörflich-ländliche Kerne

Entwicklung im 20. Jahrhundert bis Mitte der 50er Jahre:
7 - Gartenstädte La Isla und La Castellana
8 - Stadterweiterung Vadillos
9 - Stadterweiterung San Lesmes
10 - Siedlungen Zatorre und "Katholischer Arbeiterverein"
11 - Siedlungen Máximo Nebreda und Calderón de la Barca
12 - Wohngebiet El Crucero de San Julián
13 - Wohngebiet Los Pisones
14 - Militärviertel und Kasernen
15 - Eisenbahnersiedlungen
16 - Siedlung Juan Yagüe
17 - Siedlung Manuel Illera
18 - Viertel La Plata

2. Die Stadtentwicklung nach dem Bürgerkrieg

Wenngleich die Stadtentwicklung der 60er und 70er Jahre im Mittelpunkt der Untersuchung steht, so trägt doch die Periode nach dem Bürgerkrieg wesentlich zum Verständnis bei, insbesondere als hier 1945 zum ersten Male eine Gesamtplanung für die Stadt erstellt wurde.

Die Stadtentwicklung nach dem Bürgerkrieg kann in Anlehnung an die Stadtentwicklungspläne in vier Phasen untergliedert werden:

1. Phase ab 1945, mit dem Plan von PAZ MAROTO, der den ersten *Plan General* für Burgos darstellt
2. Phase ab 1964, als Burgos mit der Einrichtung eines nationalen Industrieansiedlungsprojekts (*Polo de Promoción Industrial*) eine starke Dynamisierung erfährt

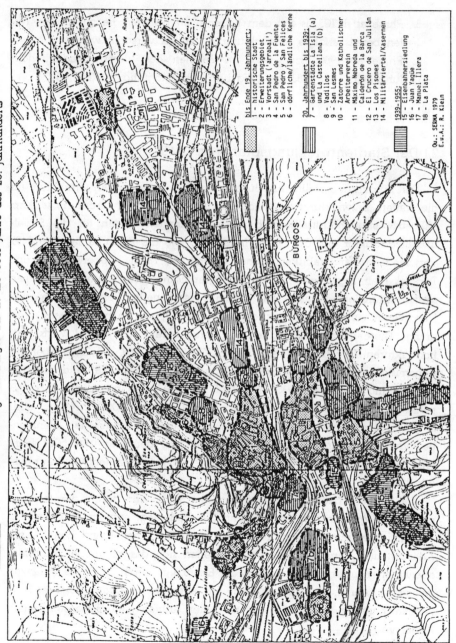

Abb. 35: Die Stadtentwicklung von Burgos bis in die 50er Jahre des 20. Jahrhunderts

3. Phase ab 1970, als mit dem neuen *Plan General* die zu großen Teilen bereits erfolgte Entwicklung zu lenken versucht wird
4. Phase ab 1980 bzw. 1983, im Zeichen des vierten Stadtentwicklungsplans, der 1983 vorläufig und 1985 endgültig in Kraft tritt

2.1 Der Stadtentwicklungsplan von 1945

Der Bürgerkrieg stellte für Burgos einen entscheidenden Einschnitt für die weitere Entwicklung der Stadt dar. Unter politischer Förderung (s. Kap. 1.2) setzte eine Industrialisierung mit tiefgreifenden Folgen für die Sozial- und Stadtstruktur ein. Die neuen Industrien, wie die Zellophanfabrik (1949), verschiedene Papierfabriken, ferner chemische, Mehl-, Lebensmittel- und Textilfabriken zogen ein rasches demographisches Wachstum sowie einen sozialstrukturellen Wandel nach sich. Traditionelle Berufsgruppen wie Handwerker und Händler wurden von den neuen Arbeiterklassen verdrängt. Diese machten Ende der 50er Jahre bereits rd. 1/3 der wirtschaftlich aktiven Bevölkerung aus (vgl. GONZALEZ 1958, S. 229). Ebenfalls dynamisierte sich die bauliche Ausdehnung der Stadt. Während sich die Bevölkerung zwischen 1930 und 1950 nahezu verdoppelte (s. Tab. 32), nahm der Gebäudebestand 1936-1950 von 1.931 auf 3.000 zu (vgl. ebd., S. 220). Dies waren die demographischen und ökonomischen Rahmenbedingungen, unter denen die Stadtentwicklung der 40er und 50er Jahre erfolgte und die den Rahmen abgaben für den Stadtentwicklungsplan von 1945.

Die weitere bauliche Ausdehnung der Stadt war durch die topographischen Gegebenheiten vorbestimmt: Die Stadt liegt eng am Burgberg an - vergleichbar einem Zirkel, mit der Altstadt im Scheitel und den Flüssen Arlanzón und Vena als Schenkel, an denen sich das städtische Wachstum orientieren würde. Ferner zerteilte die Eisenbahn die südlich des Arlanzón gelegenen Viertel, und die sich ostwärts entlang der *Calle Vitoria* erstreckenden Kasernen schoben einer sich hier anbietenden Expansion einen Riegel vor.

Der *Plan General* von 1945, nach dem Architekten PAZ MAROTO benannt, war einer der ersten zehn Stadtentwicklungspläne Spaniens nach dem Bürgerkrieg. Für Burgos war es der erste überhaupt, und mit ihm wurde die bis dahin praktizierte Anwendung der *Ordenanzas Municipales* von 1885 abgelöst. Ziel und Aufgabe des Planes lagen darin, die zukünftige Wachstumsrichtung und -flächen der Stadt bei vorgegebenen Bebauungsarten (vor allem Sozialwohnungen) zu definieren, eine Lösung für den immer stärkeren Durchgangsverkehr durch die Stadt zu finden, Industriezonen auszuweisen und Perspektiven für das historische Zentrum zu entwerfen (vgl. PAZ MAROTO 1955, S. 267f). Dementsprechend umfaßte der Plan einen den Stadtkern betreffenden Teil (*Reforma Interior*) und einen Teil für die weiteren Neubaugebiete, die *Ensanches*. Insgesamt wurde eine Einwohnerentwicklung auf 110.000 im Jahre 1990 projektiert, woran sich dann auch die Stadtdistriktaufteilung orientierte.

Bezüglich der städtischen Erweiterungsgebiete wurde die Hauptentwicklungsrichtung mit dem Ziel der Lenkung des Wachstums entlang der Flüsse Arlanzón und Vena festgelegt (s. Abb. 36). Dazu wurden parallel der Flüsse die Hauptlinien der bestehenden Straßen verlängert bis zum *Glorieta de Logroño*-Kreisel, wo Militärakademie und Kasernen Riegel und Begrenzung bildeten. Der größte Teil dieses Bereichs wurde als Wohnnutzung festgelegt, der Abschnitt um die *Glorieta Terminal* als Wohnmischgebiet. Südlich des Arlanzón, im Anschluß an die bestehende Bebauung, war zwischen Fluß und Eisenbahn Einzelhausbebauung als Gartenstadt vorgesehen, während südlich der Eisenbahn Wohngebiet und Wohnmischgebiet geplant war. Westlich des historischen Stadtkerns, hinter dem Burgberg, wurden weitere großflächige Wohngebiete durch Fluchtlinienplanung ausgewiesen. Hier sollten auch die größten Gewerbeflächen lokalisiert werden.

Die kritische Betrachtung des Plan PAZ MAROTO zeigt eine Reihe von Schwachstellen auf. Zunächst einmal bedeutete die Fluchtlinienplanung einen Verzicht auf eine funktional begründete Flächen- und Zonenplanung. Daraus folgend legte die summarische Ausweisung der Wohnungsbaufläche nur den Grundstein für eine unsystematische Aufsiedlung und für die

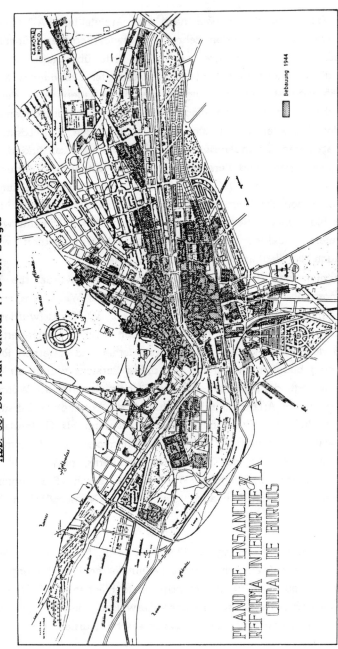

Abb. 36: Der Plan General 1945 von Burgos

spekulative Freihaltung von Bebauungsflächen. Dies insbesondere, als die Flächenausweisungen von der Bevölkerungsprognose von 120.000 Einwohnern ausgingen.

Ein großes Manko bestand darin, daß dem *Plan General* keine Ausführungsbestimmungen (*Ordenanzas*) zur Umsetzung folgten. Dies hatte zur Folge, daß Bauprojekte ohne einheitliche Bebauungskriterien realisiert werden konnten, so daß eine zielgerichtete Stadtentwicklung verunmöglicht wurde (vgl. CARMEN MONJE 1980, S. 7). Diese anarchische Entwicklung konnte aufgrund fehlender Kontrollmechanismen des Bodenmarktes und fehlender städtebaulicher Disziplin auch nicht weiter gebremst werden (vgl. SERNA 1979, S. 607f). Erst 1957 traten die *Ordenanzas* zum Plan von 1945 in Kraft. Allerdings waren sie aufgrund ihrer inhaltlichen Festsetzungen eher dazu geeignet, die bereits erfolgten Planungen und Realisierungen zu rechtfertigen (vgl. ebd.).

Nicht gelöst wurde im *Plan General* von 1945 das Problem des Durchgangsverkehrs nach Valladolid, der auf der Nationalstraße N-I weiterhin durch das Zentrum führte. Ebensowenig konnte die trennende Wirkung der Eisenbahnstrecke beseitigt werden. Positiv am Plan von 1945 ist, daß die Bedeutung der Frei- und Grünflächen erkannt wurde. Zwar waren keine Grünbereiche in den neugeplanten großen *Ensanches* nördlich des Arlanzón vorgesehen, doch wurden die natürlichen Grünzonen entlang des Flusses als bedeutendes Grünflächenpotential festgeschrieben.

Die im Zuge des industriellen Aufschwungs schnell wachsende Bevölkerung zog einen stetig steigenden Wohnraumbedarf nach sich. Mit dem *Plan General* von 1945 waren zwar reichlich Wohnbauflächen ausgewiesen worden, die Wohnungsproblematik spitzte sich allerdings schichtspezifisch, und zwar zu Lasten der unteren Schichten, zu. Dies unter anderem, weil durch das Gesetz zur Festsetzung der Mieten von 1939 nur geringe Anreize von privater Seite bestanden, günstigen Mietraum zu schaffen. Bis Anfang der 50er Jahre wurden verschiedene Wohnungsbauvorhaben realisiert. Die größten davon waren die Viertel *Barriada General Yagüe* (im W am Arlanzón gelegen), *Barriada Illera* (NE) und *Barriada militar* (W).

In den 50er und 60er Jahren war die Entwicklungsrichtung der Stadt entsprechend der Hauptwachstumsrichtung nach E hin orientiert. Der

Central Business District verlagerte sich zunehmend in Richtung der östlichen Hauptausfallstraße *Calle Vitoria*. Nach NE hin füllte sich das *Ensanche Barrio de la Plata* langsam auf.

Neue Akzente wurden ab Ende der 50er Jahre mit der Einbeziehung des östlichen, jenseits der Militäreinrichtungen gelegenen Stadtteils Gamonal gesetzt. Die Entwicklung der Stadt in diese Richtung war zwar durch das Terrain, die Verkehrslinien und die Aussagen des *Plan General* von 1945 zu erwarten. Dennoch lag Gamonal bereits außerhalb des Gültigkeitsbereichs des Planes.

Zwischen 1958 und 1965 wurde in Gamonal die *Barriada Inmaculada* von der franquistischen *Organización Sindical del Hogar* errichtet, ein Komplex von 37 Gebäuden mit 2 und 5 Stockwerken. Das Gelände war von der Stadt an den Bauträger *Patronato Francisco Franco* mit der Auflage abgetreten worden, über die Hälfte der Wohnungen verfügen zu können. Darin sollten Bewohner veralteter und verslumter Stadtwohnungen untergebracht werden (vgl. Estudio Socio-urbanístico 1976, S. 7). Die Bauweise der 2stöckigen Einfamilienreihenhäuser mit Hinterhof entsprach der ländlich ausgerichteten, franquistischen Ideologie. Die 5stöckigen Gebäude standen enger gruppiert, sodaß insgesamt eine deutlich stärkere verdichtete Bebauung vorliegt als bei der *Barriada General Yagüe* und der *Barriada Illera* mit ihren aufgelockerten Bebauungen und Hausgärten.

Trotz der umfangreichen Baumaßnahmen wurde für Gamonal keine Plangrundlage in Ergänzung des *Plan General* erstellt. Die Ursache, warum in erheblichem Umfang außerhalb des gültigen Plangebiets gebaut wurde, liegt in erster Linie darin begründet, daß es sich hier um billiges agrarisches Bauland handelte, das im Gegensatz zu dem vom Stadtentwicklungsplan überplanten Gebiet nicht durch spekulationsbedingtes Anziehen der Bodenpreise geprägt war. Zudem bot sich die Versorgung des Viertels durch den vorhandenen Ortskern an.

Die städtebauliche Bedeutung der *Barriada Inmaculada* besteht darin, daß diese Baugruppe außerhalb des gültigen Planungsbereichs errichtet wurde und daß gerade einer (halb-)staatlichen Organisation die Rolle eines Schrittmachers zur Unterhöhlung der städtebaulichen Disziplin zufiel.

2.2 Die Stadtentwicklung nach 1964 im Zeichen des industriellen Entwicklungspols

Die Wirtschaftspolitik der industriellen Entwicklungspole mit der Einrichtung staatlich geförderter und steuerbegünstigter Gewerbegebiete wurde im Zuge der liberalistischen Politik des *Dessarrolismo* zentraler Bestandteil der Landes- und Regionalentwicklung der 60er Jahre (vgl. RICHARDSON 1976; s. Kap. II-1.2). Im Januar 1964 erhielt Burgos als eine von zwölf Städten die Zuteilung eines solchen Entwicklungspols. Dies ließ in Verbindung mit den bereits in Burgos eingesetzten industriellen Aktivitäten sowie der sich in Fertigstellung begriffenen Eisenbahndirektverbindung nach Madrid erhebliche wirtschaftliche Impulse für die Stadt erwarten. Hinzu kam die Größenordnung des *Polo*-Projekts: Vorgesehen waren 400 ha für ein Gebiet in Villalonquéjar (westlich der Stadt) und 245 ha in Gamonal (vgl. Banco de Vizcaya 1965, S. 92). Für die erste Phase des Pols wurde ein Bedarf von 9.000 neuen Wohnungen geschätzt und eine Bevölkerungszunahme von 40.000 Personen erwartet (vgl. ebd., S. 104 u. 106).

Während das Gebiet in Villalonquéjar von Madrid aus entworfen wurde, lag die Planung von Gamonal in Händen der Stadt. Da es sich bei den *Polo*-Flächen um reine Gewerbegebiete handelte, war Wohnbebauung zunächst nicht vorgesehen. Um allerdings eine größere Nähe zwischen zwischen Wohn- und Arbeitsstätten herzustellen, projektierte die Stadt im Bereich von Gamonal auf 115 ha Fläche Wohnbebauung, die unter der Planung und Leitung des Wohnungsbauministeriums (Abteilung *Gerencia de Urbanismo*) aufgesiedelt werden sollte. Neben der günstigen Verkehrslage an der Nationalstraße Nr. 1 bot sich Gamonal aufgrund der geringen Bodenpreise an.

Da für die neuen Gewerbe- und Wohngebiet keine Planungen existierten, erstellte die Stadtverwaltung 1964 einen sog. vorläufigen Plan, die *Ordenación Provisional del Territorio del Polo* (s. Abb. 37). Die Planung enthielt verschiedene Normen, die bis zur Fertigstellung der 1964 begonnenen Revision des *Plan General* die Urbanisierung und Aufsiedlung lenken sollten (vgl. Ministerio de la vivienda o.J. u. VALVERDE ORTEGA

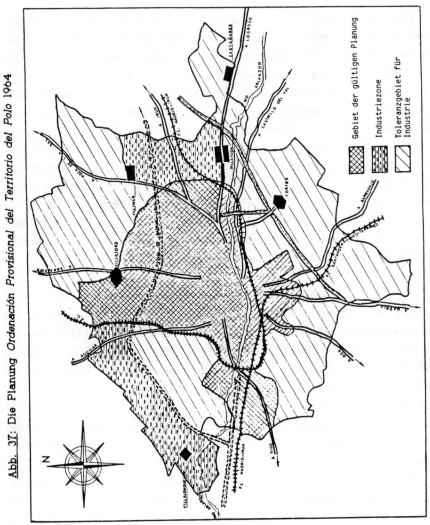

Abb. 37: Die Planung Ordenación Provisional del Territorio del Polo 1964

Quelle: VALVERDE ORTEGA 1979

1979). Im Plan sind ausgewiesen: 1. das vom *Plan General* überplante Gebiet; 2. die beiden neuen Gewerbegebiete des Pols; 3. das restliche Stadtgebiet als Mischgebiet mit Industrie. Da die Festsetzungen des vorläufigen Plans nur sehr rudimentär und die Aussagen eher skizzenhaft waren, lag damit bis zum neuen *Plan General* von 1969 für die wichtigste Wachstumsphase der Stadt keine gesamtstädtische Entwicklungsplanung vor. Immerhin fallen in den Zeitraum 1964-69 die Ansiedlung von 159 Unternehmen und die Schaffung von über 11.000 neuen Arbeitsplätzen (vgl. SERNA 1979, Kap. 6, S. 8). Damit wurde auch kein planerisches Instrumentarium gegen die durch die Pol-Ausweisung entstandene starke spekulative Sogwelle entwickelt (vgl. Plan General de Burgos 1970, Introd. S. 1). Die Bau- und Bodenspekulation erfuhr im Gegenteil durch die desolate Pol-Planung weiteren Auftrieb, nachdem durch die *Barriada Inmaculada*-Errichtung der Spekulation mit gewinnträchtiger Umwandlung von Agrar- in Bauland bereits staatlicherseits Tür und Tor geöffnet worden war.

Die Pol-Planung manifestiert darüber hinaus die Trennung und das Ungleichgewicht zwischen ökonomischer Planung und konkreter Bau- und Infrastrukturplanung vor Ort. Während nämlich die Zentralregierung den *Polo* unter übergeordneten Gesichtspunkten zuteilte, fehlte es der Lokalbehörde, abgesehen von eigenverursachten Fehlentwicklungen, auch objektiv an den Möglichkeiten, den zusätzlichen Infrastrukturbedarf bereitzustellen.

Das staatliche Wohnungsbauprogramm von 1971-75 hatte das Ziel, die Bauaktivitäten landesweit zu steuern. Es beinhaltete u.a. die provinzweise Zuteilung von Baugenehmigungen für staatlich geförderten Wohnungsbau - worunter die privat finanzierten Wohnungen nicht fielen. Nach der Ausweisung von Burgos als Industriepol mußten die Wohnungsbauzahlen hier deutlich noch oben korrigiert werden, und zwar von 5.000 auf 13.000 Wohneinheiten (vgl. Banco de Vizcaya 1965, S. 108). Nach dem Projekt der *Barriada Inmaculada* erfolgte im Bereich des Pols in Gamonal das erste große, privat finanzierte Bauvorhaben der *Barriada Juan XXIII*. Es handelt sich dabei um eine Gruppe von Blocks an der N-I mit bis zu 13 Stockwerken und zusammen 1144 Wohnungen, realisiert zwischen 1962 und 1967. Während die *Barriada Inmaculada* noch unmittelbar an den Dorfkern von Gamonal anschließt, orientiert sich die *Barriada Juan XXIII* an der

Verkehrsleitlinie Nationalstraße N-I und deutet die vom alten Ortskern zunehmend unabhängige Entwicklung an.

Mit dem Ausbau des Industriepols entwickelte sich Gamonal zu einem rasch wachsenden Vorort und zu einem immer bedeutenderen Subzentrum. Gamonal tritt von seiner Wohn- und Versorgungsfunktion her schließlich in eine direkte Konkurrenz zum alten Stadtzentrum. Es droht eine Zweiteilung der Stadt, die sich auch sozial manifestiert. Die Zuwanderer, die größtenteils der Arbeiterklasse angehören, bleiben überwiegend in Gamonal, "vor den Toren der Stadt" (GONZALEZ 1970, S. 179).

2.3 Der Stadtentwicklungsplan von 1969

Die Notwendigkeit zur Revision des Stadtentwicklungsplans von 1945, die in den *Plan General* von 1966 mündete, leitete sich aus der raschen Entwicklung der Stadt, insbesondere nach der Einrichtung des Industriepols im Jahre 1964, ab. Die hieraus resultierenden Veränderungen betrafen die Wirtschafts-, Wohnungs- und Verkehrsstrukturen. Die Dynamik des Prozesses zeigt sich darin, daß die im Plan von 1945 für 1990 prognostizierte Bevölkerungszahl von 110.000 Einwohnern bereits 1970 überschritten war. Die im Rahmen des neuen Stadtentwicklungsplans zu lösenden Aufgaben lauteten:

- Bereitstellung von Wohnraum entsprechend der Bevölkerungsentwicklung,
- Einbeziehung der Stadtbereiche, die nicht im Plan von 1945 enthalten waren (Gamonal); Korrektur der bis dahin anarchischen Stadtentwicklung und Definition einer neuorientierten Stadtentwicklungsplanung durch Schaffung urbanistischer Kriterien und einer institutionalisierten Planungsstruktur,
- Schaffung einer Infrastruktur, vor allem im Verkehrssektor, die der angestrebten Entwicklung gerecht werden soll.

Aus der Orientierung an Topographie und Klima sowie den weiteren naturräumlichen Gegebenheiten wurde für den neuen Plan ein "gerichteten Stadtwachstums" (*crecimiento direccional*) abgeleitet. Dies bedeutete die Schaffung eines von der Altstadt unabhängigen neuen Kerns, auf den sich das weitere städtische Wachstum orientieren sollte. Damit wurde das dem bisherige Entwicklungsschema des *Plan General* von 1945 mit der Gliederung: Zentrum - *Ensanche* ersetzt (vgl. Ayuntamiento de Burgos 1980, Bd. 2, S. 27f).

Weitere explizite Planungsziele sollten die Berücksichtigung der sozialen Integration, die Reduzierung der sich abzeichnenden funktionalen Trennung und die Verringerung der sozialen Kosten sein. Dies waren allerdings zunächst nur Aussagen rein deklarativen Charakters, denen dann auch in der Planungspraxis kaum mehr Bedeutung zukam (vgl. ebd., S. 29). Die Lokalisierung von Industrie und Wohngebieten schließlich sollte gemäß den topographischen und klimatischen Verhältnissen erfolgen.

Die Bevölkerungsprognose des *Plan General* von 1969 ging von den folgenden Projektionen aus (vgl. Plan General 1969, Bd. II):

1975	144.000	Einwohner
1985	178-202.000	"
2000	223-285.000	"

Damit wurde von einem anhaltenden Bevölkerungswachstum ausgegangen.. Die niedrigeren Werte stellen dabei eine lineare Trendverlängerung von 1960 auf 1970 - die bis dahin stärkste Zunahme - dar, und die höheren Prognosewerte gehen von noch größeren Zunahmen aus. Beide Prognosevarianten lagen jedoch deutlich zu hoch.

Die Festsetzung der Flächennutzungen sollte mit dem Ziel erfolgen, die zukünftigen Bauflächen zu definieren. Um dabei eine aus der Verknappung der Bauflächen resultierende Bodenspekulation zu verhindern, sollte ein genügend großes Angebot an Wohnbauflächen vorgehalten werden. Diese "antispekulative" Argumentation zog sich fortan wie ein roter Faden durch die Stadtentwicklungsplanung und bestimmte die Handlungsmuster der Stadtverwaltung, wobei diese Handlungsrichtschnur ja bereits im *Plan*

General von 1945 impliziert war. Aus dem Plan von 1945 und der Entwicklung von Gamonal hätte sich insofern die Schlußfolgerung für die Flächennutzungsplanung ergeben müssen, daß die Spekulation in erster Linie aus dem Bodenpreisgefälle zwischen ausgewiesenen Bauflächen (*suelo urbano* bzw. *suelo urbanizable*) und agrarischem Boden resultiert, unabhängig vom Umfang der ausgewiesenen Bauflächen.

Funktional und strukturell wurde das Stadtgebiet nach einem organizistischen Prinzip durchgegliedert. Die Stadt sollte einem Organismus entsprechen, der sich aus immer kleineren Einheiten zusammensetzt - bis hinunter zur einzelnen Zelle, der Wohneinheit. Die Abfolge dieser hierarchischen Gliederung war: Gesamtstadt - Sektor (*sector*) - Distrikt (*distrito*) - Viertel (*barrio*) - Nachbarschaftseinheit (*unidad vecinal*) - Wohneinheit (*unidad residencial*). Die Größe der jeweiligen Einheit wurde dabei durch die Einwohnerzahl definiert, woran sich auch die Infrastruktureinrichtungen ausrichten sollten (vgl. ebd., Bd. 3, S. 30):

Wohneinheit	800 - 1.200	Einwohner
Nachbarschaftseinheit	3.600 - 5.000	"
Viertel	10.000-20.000	"
Distrikt	50.000-100.000	"
Gesamtstadt	100.000 u.m.	"

Als Folge dieser Gliederung wurde die Stadt in 3 Bereiche und 5 Distrikte unterteilt (s. Abb. 38):

- Bereich Villalonquéjar im W,
- Bereich Zentrum, bestehend aus den Distrikten Stadtzentrum und südlich des Arlanzón,
- Bereich Gamonal-Villimar im E, bestehend aus den Distrikten Gamonal und Villimar.

Den jeweiligen Gliederungsebenen wurden je nach Größe bestimmte Infrastruktureinrichtungen zugeordnet, was sowohl ökonomische Einrichtungen, Bildungs- als auch Freizeiteinrichtungen betraf. Ferner wurden die Einheiten durch ein dichtes Straßennetz eingefaßt. Bei den ökonomischen

Abb. 38: Hierarchische Gliederung von Burgos nach dem *Plan General* 1969

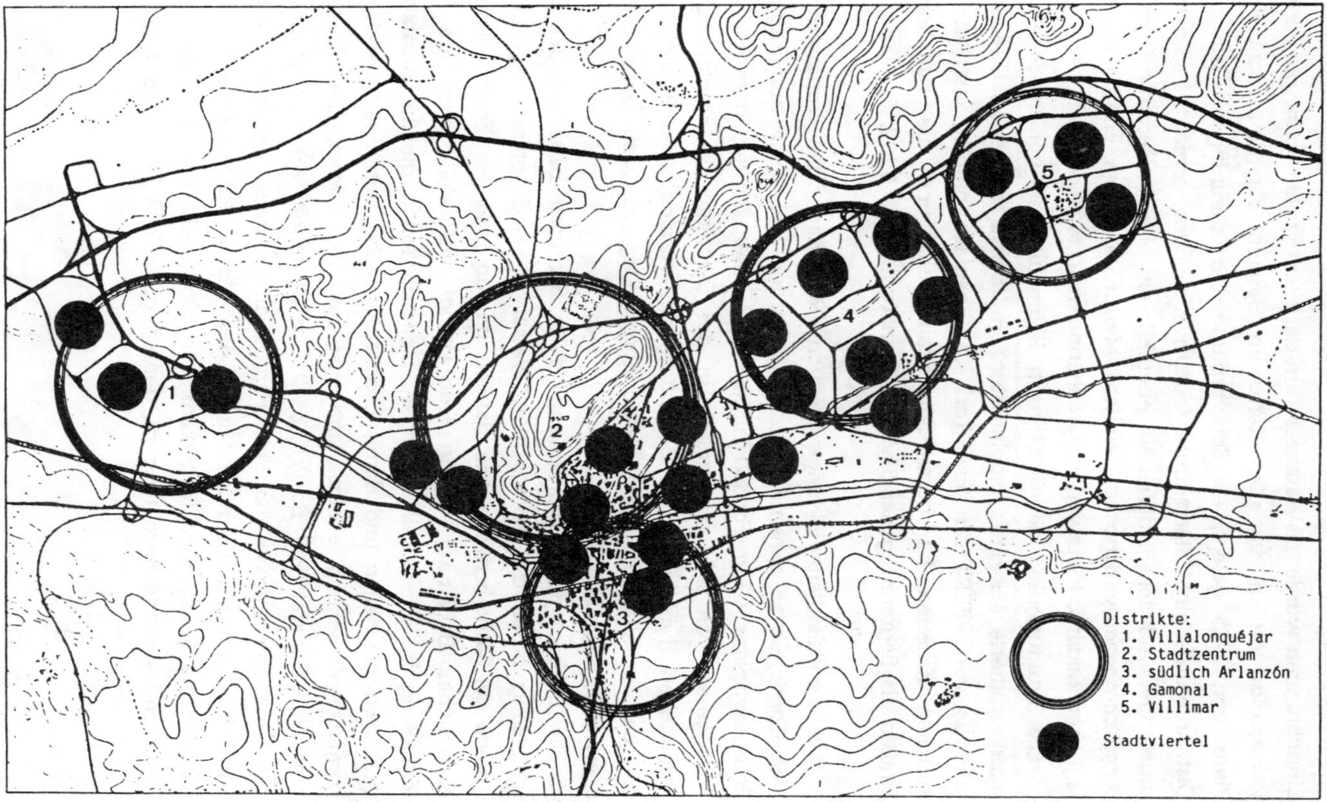
1
2
3
4
5
Distrikte:
1. Villalonquéjar
2. Stadtzentrum
3. südlich Arlanzón
4. Gamonal
5. Villimar
Stadtviertel

Einrichtungen wurde das Hauptzentrum der Stadt *(centro principal comercial y negocios)* östlich des alten Kerns im Bereich der Neubaugebiete des Plans von 1945 gelegt, im Schwerpunkt der zukünftigen Stadt. Jedem Distrikt wurde ein Unterzentrum *(centro secundario comercial y negocios)* zugeordnet und den Stadtvierteln ebenfalls ein eigenes Zentrum *(centro de barrio comercial y negocios)*. Weitere Merkmale waren Einrichtungen des täglichen Bedarfs, Handwerker, Großhandelsmärkte und Hotels.

Die Strukturierung der Stadt nach Raumeinheiten verschiedenen Maßstabs resultierte aus einer problematischen Übertragung eines Gliederungsschemas von PERRY für New York (1). Ebenfalls problematisch sind die formalen Kriterien für Infrastrukturlokalisierung und die Funktion der Straßen als Begrenzung der Stadteinheiten (vgl. ebd., Bd. 2, S. 29).

Mit dem Stadtentwicklungsplan von 1969, nach den Verfassern auch *Plan Garcia Lanza* genannt, wurde zum ersten Mal die Planungsfigur des Bebauungsplans *(Plan Parcial)* eingeführt. Dieser ist mit dem Bau- und Bodengesetz von 1956 verbindlich in der Stadtentwicklungsplanung vorgeschrieben. Ihm kommt die Bedeutung der verbindlichen Bauleitplanung, d.h. der Erschließungs- und Bebauungsplanung, zu (vgl. Legislación del Suelo 1981, Art. 43).

Die Bebauungssplanung soll aus zwei Schritten bestehen: der Ersterschließung durch die Anlage von Wasserver- und -entsorgung und der Anlage der Verkehrswege und danach der ergänzenden Erschließung und eigentlichen Bebauung. Ist ein *Plan Parcial* aufgestellt, wird die Ersterschließung in jedem Fall vollzogen. Dadurch sollen gleiche Ausstattungsqualitäten geschaffen und damit Bodenspekulation verhindert werden. Die Kompletterschließung erfolgt dann erst mit der tatsächlichen Bebauung (vgl. Plan General 1969, Bd. VII, S. 2). Das Baugesetz weist damit den von der Kommune aufgestellten Plan Parcial als zentrales Instrument zur Planungssteuerung aus. Dennoch kommt den *Planes Parciales* für Burgos im Rahmen des Stadtentwicklungsplans von 1969 mehr eine formale als eine inhaltlich-steuernde Bedeutung zu, denn (vgl. SERNA 1979, Kap. 6, S. 47):

- Die Bebauungspläne wurden nicht unverzüglich eingeführt.
- Die Neubautätigkeit vollzog sich zu großen Teilen in Gebieten, die bereits ohne Plan Parcial erschlossen waren.
- Die Baulizenzvergabe erfolgte weiterhin nach dem System der Ausnahmegenehmigungen (*actuación sobre solar excepcional*), was ein bürokratisch einfaches Verfahren ist und dem Bauträger größere Freiheiten bietet als ein Bebauungsplan.
- Wurde nach Planes Parciales verfahren - was insbesondere ab der zweiten Hälfte der 70er Jahre der Fall war-, dann fielen diese oft so kleinteilig aus, daß sie zur Desaggregierung der Stadtplanung führten.

Folge dieser Praxis war, daß die steuernden Möglichkeiten der *Planes Parciales* wirkungslos blieben. Hinzu kam, daß die kommunale Stadtplanung durch die widersprüchlichen Sektorialpolitiken der übergeordneten staatlichen Aktivitäten torpediert wurde. Dies war der Fall bei den in Gamonal gelegenen Wohnsiedlungen Las Torres (durch die *Organización Sindical del Hogar*) und Carrero Blanco (durch das Wohnungsbauministerium). Diese beiden Großvorhaben, ebenso wie die *Barriada Inmaculada*, wurden außerhalb des Planungsbereichs des *Plan General* und ohne gültigen Bebauungsplan erstellt. Bei dem Projekt Las Torres, im nordwestlichen Gamonal gelegen, handelt es sich um fünf Wohntürme mit je 12 Stockwerken. Die 250 Wohnungen von 80 qm wurden 1967-77 fertiggestellt. Obwohl sie damit unter den Stadtentwicklungsplan von 1969 fielen, wurden für sie keine verbindlichen Bauleitpläne aufgestellt. Dies traf auch für die Siedlung Carrero Blanco zu. Hier wurde der erste Bauabschnitt 1973-77 mit 706 Wohnungen durchgeführt. Die Baufläche lag nicht nur außerhalb der Erweiterungsflächen des *Plan General* 1945, sondern es wurde auch gegen den Plan von 1969 verstoßen, nach dem hier Sondereinrichtungen (Schulen u.a.) vorgesehen waren.

Die Wirkungslosigkeit der vorbereitenden Bauleitplanung im allgemeinen und der verbindlichen Bebauungsplanung im besonderen kommt auch im Verhältnis zwischen Erschließung und Bebauung zum Ausdruck. In Gamonal erfolgte in einer Vielzahl von Fällen eine Bebauung trotz fehlender Erschließung (vor allem Straßen). Aber auch umgekehrt wurden überdimensionierte Erschließungen vorgenommen, ohne daß die Bebauung nachfolgte (Bsp. 6-spurige Straße im Bereich Carrero Blanco). Mit der fehlenden Abstimmung zwischen Planung und Bebauung wurde auch die zeitliche Umsetzung des Stadtentwicklungsplans, festgelegt im *Plan de Etapas*, obsolet.

1970 erfolgte im Zuge des Stadtentwicklungsplans die Einrichtung einer eigenen kommunalen Planungsabteilung, des *Servicio de urbanismo*, wo alle Bebauungspläne zentral aufgestellt werden sollten. Ebenfalls wurde damit begonnen, einen städtischen Grundstückspool einzurichten (vgl. SERNA 1979, Kap. 6, S. 46).

In den Ausführungsbestimmungen des Stadtentwicklungsplans wurden die Dichtewerte für die Wohnbebauung festgelegt. Dabei sind vier Wohngebietstypen unterschieden (s. Abb. 39):

1. Wohngebiet mit hoher Dichte: bis 400 Einw./ha und 4 m^3/m^2
2. Wohngebiet mit hoher bis mittlerer Dichte: bis 300 Einw./ha und 3 m^3/m^2
3. Wohngebiet mit mittlerer bis niedriger Dichte: bis 200 Einw./ha und 2 m^3/m^2
4. Wohngebiet mit niedriger Dichte: bis 100 Einw./ha und 1 m^3/m^2.

Für die Bebauung nach Ausnahmeregelungen (*solares excepcionales*) wurden die o.g. Einwohnerdichten für die Wohngebietstypen zwar beibehalten, nach dem Bauvolumen waren aber deutlich größere Bauverdichtungen mit Werten von 12, 9, 6 bzw. 3 m^3/m^2 möglich (vgl. Plan General 1969, Bd. V). Unter Zugrundelegung der vorhandenen und der projektierten Planungsflächen und unter Anwendung der festgelegten Dichtewerte ergaben sich für die einzelnen Sektoren (vgl. ebd.):

Sektoren	Fläche (ha)	Einw.	Einw./ha	Wohnungen
Gamonal/Villimar	1641,0	152.910	93,2	47.775
Zentrum	884,4	108.870	120,8	33.097
Villalonquéjar	1079,4	51.910	48,1	16.222
Gesamtstadt	3604,8	311.690	86,5	97.094

Abb. 39: Flächennutzung und städtische Struktur von Burgos nach dem Stadtentwicklungsplan von 1969

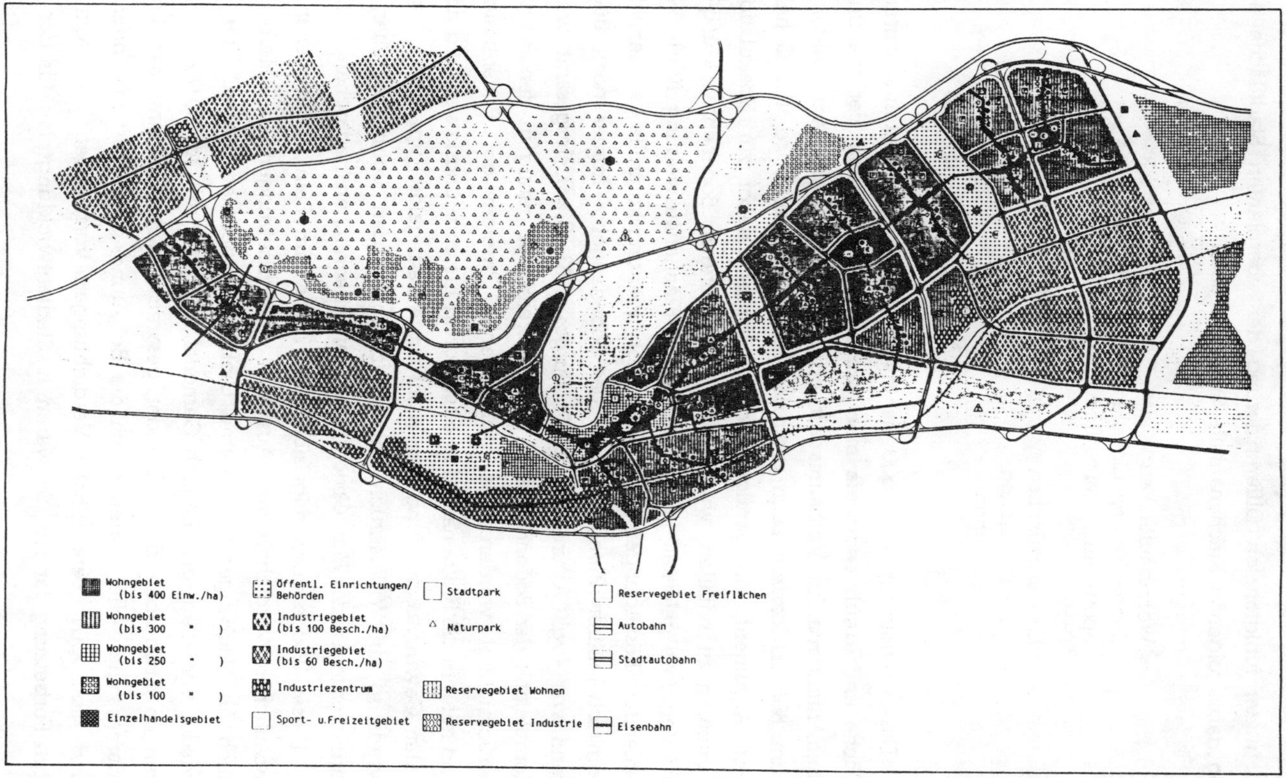

In der funktionalen Differenzierung der überplanten Stadtfläche entfielen dabei folgende Flächenanteile auf (vgl. ebd.)

Wohnbauflächen	28 %
Sonderflächen (Schulen etc.)	5 %
Sport- und Freizeitflächen	3 %
Parks	8 %
Gewerbeflächen	20 %
Verkehrsflächen	34 %
Wasserflächen	2 %
Gesamt	100 % (= 3604,8 ha)

Die Ausweisung von 3600 ha städtischer Nutzfläche (ohne agrarische Fläche und Wald) bedeutete eine exzessive Ausdehnung der Planungsflächen, nicht nur im Verhältnis zur bisherigen bebauten Stadt (Sektor Zentrum: 884 ha) sondern auch bzgl. der Gesamtstadtfläche (rd. 11.000 ha). Mit dem Argument, ein genügend großes Bodenangebot zur Spekulationsbekämpfung zu schaffen, wurde einer ungeordneten Bodenentwicklung massiv Vorschub geleistet. Ja die großzügige Flächenausweisung führte wegen fehlender Festlegungen und fehlender Planungskontrolle schließlich zu dem scheinbaren Paradoxon, daß das Bodenangebot immer noch ungenügend war (vgl. Ayuntamiento de Burgos 1983, S. 4). Insgesamt war die Komplexität der Bodendynamik nicht ausreichend genug in den Planungen berücksichtigt worden. Das grundlegende Problem der Bodenbesitzfrage und mit ihm die Frage nach den öffentlichen Erschließungskosten und der privaten Gewinnabschöpfung war nicht im Ansatz gelöst (vgl. ebd.). Deutlich wurde so ein Widerspruch gezeugt zwischen den voluntaristischen Zielformulierungen des *Plan General* und der tatsächlichen städtischen Dynamik.

Dieser Widerspruch zeigt sich offen in den im Plan vorgesehenen städtebaulichen Verdichtungen. Aus den Planfestsetzungen ist ablesbar, daß auch für Neubaugebiete extreme Dichten vorgesehen waren. Dies betraf wieder vor allem den Bereich Gamonal, wo sich mit rd. 50.000 Wohnungen im Endausbau die Hälfte der gesamtstädtischen Wohnungen konzentrieren sollten. Hier waren durch die Bebauungen der *Barriada Inmaculada* und *Juan XXIII* bereits hohe Verdichtungen vorgegeben, die dann auch ihre Fortsetzung fanden. So waren lt. Stadtentwicklungsplan für den Planbereich G-8 (Dreieck zwischen den Straßen Vitoria/N-I, Logroño und *Avenida de Eladio Perlado*) 7500 Einwohner mit 300 Einw./ha ausgewiesen, 1981 aber waren schon 13.000 Einwohner und 520 Einw./ha Realität! Die regulativen Aussagen des *Plan General* verlieren vor solchen vorprogrammierten Entwicklungen ihre Glaubwürdigkeit. De facto bewirkte der Plan, daß die vorhandene hochverdichtete Bebauung außerhalb der Planungsfläche nachträglich legalisiert wurde und daß diese als Schrittmacher für die weitere Bebauung diente und damit höchste Erträge für Wohnungsbauinvestitionen versprach.

Nicht nur hohe Verdichtungen waren durch den Stadtentwicklungsplan vorprogrammiert, sondern auch die räumliche und soziale Segregation Gamonals von Burgos. Ausstattung, Infrastruktur und die Nähe zum Gewerbegebiet machen deutlich, daß Gamonal für die Zuwanderer, also in erster Linie (ungelernte) Arbeiter, geplant war. Diesen konnten offenbar der hochverdichtete Wohnungsbau und die Infrastrukturmängel zugemutet werden. Der sozialen Isolierung von der historischen Stadt entsprach auch eine städtebauliche Abtrennung. Gamonal sollte erst später (1980-85) baulich an die Stadt herangeführt werden. Bis dahin hätten die zwischen der Stadt und Gamonal gelegenen Planungsflächen wie ein Riegel gewirkt.

Aus der tabellarischen Übersicht der verschiedenen Flächenanteile (s.o.) wird deutlich, daß für den Verkehr die größten Flächen vorgesehen waren (34 %). Dies resultiert aus der Tatsache, daß der Straßenverkehrsführung eine zentrale, da gliedernde Funktion zufallen sollte. So sind die Stadtviertel von mehrspurigen Durchgangsstraßen umgrenzt (s. Abb. 39). Bestimmende Elemente des Straßennetzes sind weiterhin die komplette Umschließung der Stadt durch Schnellstraßen sowie die Autobahnführung nördlich der Stadt (Irún-Valladolid). Insgesamt drängt sich durch die Ein- und Abschnürung der Stadt der Eindruck einer "Paketstruktur" auf (Ayuntamiento de Burgos 1980, Bd. 2, S. 31). Die exzessive Verkehrsführung hätte bei ihrer kompletten Realisierung zusätzlich zu dem enormen Flächenverbrauch erhebliche ökologische Eingriffe bedeutet. So sollte die südliche Umgehung zu wesentlichen Teilen durch den flußbegleitenden Stadtwald geschlagen werden.

Im Zuge der Stadtentwicklung in den 70er Jahren beginnt im Bereich des nordöstlich an die Altstadt anschließenden sog. Distrikts Nord ein langsames Auffüllen mit Wohnbebauung in Blockbauweise sowie mit verschiedenen zentralen Einrichtungen und Dienstleistungen. Dies vollzieht sich vornehmlich um die dem kanalisierten Bachlauf *Rio Vena* folgende *Avenida de los Reyes Católicos*. Im Distrikt südlich des Arlanzón stagniert die Bebauung, sodaß keine Stärkung dieses Wohnstandorts eintritt. Im Bereich des Sektors Villalonquéjar im W der Stadt wird mit der Errichtung des *Polígono Industrial* begonnen, ohne daß allerdings die vorgesehenen Wohnungsbauaktivitäten folgen. Demgegenüber nimmt im Sektor Gamonal-Villimar der Distrikt Gamonal eine rasche Entwicklung. Es kommt zur Verdichtung und zur Ausweitung des Bebauungsgebietes nach S, zur *Carretera de Logroño*. Gamonal entwickelt sich zu einem eigenständigen Subzentrum. Im Bereich des nordöstlich von Gamonal gelegenen Villimar zeichnet sich die weitere Expansionsrichtung der Stadt ab, sowohl bezüglich Wohnen als auch Gewerbe. Hier entsteht die Siedlung San Cristóbal, die der *Barriada Inmaculada* in Gamonal vergleichbar ist.

Insgesamt ist das Stadtwachstum geprägt von einer immer stärkeren Peripherisierung von Gewerbe- und Wohnungsbau. Ob dabei Kristallisationspunkte wie Villimar genügend Substanz als zukünftiger Wachstumskern, vergleichbar Gamonal, haben, erscheint heute allerdings fraglich.

Im Jahre 1975 wird die Abteilung für Stadtentwicklung eingerichtet und ein Stadtentwicklungsprogramm bis 1980 erstellt. Ziel dieses Programms ist die Anpassung des Stadtentwicklungsplans an das neue Bau- und Bodengesetz von 1976, die Umsetzung des *Plan General* durch Bebauungspläne und die Redaktion eines Innenstadtplans. Das Programm orientiert sich an einem zwischen 1975-85 zu erwartenden Wachstum von 59.000 Einwohnern und einem Bedarf von 15.000 Wohnungen (vgl. Ayuntamiento de Burgos 1980, Bd. 2, S. 63). Um zu vermeiden, daß Wohnbebauung nicht über Ausnahmeregelungen (*solar excepcional*) erfolgt, sollen die Neubauten innerhalb von 13 festgelegten Bereichen (*Polígonos residenciales*) durch Bebauungspläne lokalisiert werden. Mit der Festlegung des Wohnungsbaus auf diese 13 Ansiedlungsschwerpunkte verläßt das Entwicklungsprogramm allerdings die Vorgaben des *Plan General* von 1969.

Doch selbst die neuen Zielvorgaben des Stadtentwicklungsprogramms wurden nicht durchgesetzt. Denn nur 68 % der genehmigten Wohnungsbauvorhaben wurden in *Polígonos* ausgeführt und der Rest über Sonderregelungen und nach Ausnahmewerten realisiert. Ferner wurden nur drei der 13 vorgesehenen *Polígonos* belegt (G-9, *Sector Sur Reyes Católicos*, Bereich der ehemaligen Kasernen an der Straße Vitoria). Darüber hinaus setzte sich schließlich doch die Praxis fort, Einzelbaumaßnahmen ohne gültigen Bebauungsplan zu genehmigen, so geschehen im Bereich Gamonal G-8 (Dreieck N-I, *Carretera de Logroño, Avenida Eladio Perlado*).

Zwischen Mitte der 70er Jahre und 1980 wurden insgesamt 32 Bebauungspläne und Bausonderpläne (*Planes Especiales*) für 42.000 Wohnungen erstellt. Damit erfolgten erstmals bedeutende Bauaktivitäten unter der Gültigkeit von Bebauungsplänen - 20 Jahre, nachdem das Baugesetz von 1956 diese planerische Möglichkeit und städtebauliche Notwendigkeit geschaffen hatte.

2.4 Der Stadtentwicklungsplan von 1985

Bereits zu Anfang der 80er Jahre zeichnete sich die Notwendigkeit ab, für Burgos einen neuen Stadtentwicklungsplan zu erstellen. Die Inhalte des *Plan General* von 1969 hatten, zusammen mit der raschen Entwicklung im Zuge der Standortwahl der Stadt als industriellem Entwicklungspol, ab der zweiten Hälfte der 60er Jahre zu einer Reihe von Fehlentwicklungen städtebaulicher, funktionaler und sozialer Art geführt. Das dem Plan García Lanza von 1969 zugrundeliegende Konzept der "gerichteten Entwicklung" zwischen historischer Stadt und neuen Subzentren, entwickelt aus der Absicht, das radiozentrische Wachstum der Stadt aufzugeben, hatte das traditionelle Entwicklungschema der Stadt aufgelöst. Folge war das Wachstum des zweiten Kerns Gamonal, mit umfangreichen Wohnungsbauflächen zwischen alter und neuer Stadt.

Diese exzessive Siedlungsflächenausweisung hatte zur Folge, daß dort eine vorzeitige und ungeregelte Urbanisierung mit erheblichen Infrastrukturproblemen vor sich gegangen war. Im Gebiet zwischen altem Stadtkern und dem neuen Subzentrum Gamonal entstand so ein städtebauliches Patchworkmuster entstand ("ciudad con flecos"). Das formale Konzept der hierarchischen Stadtgliederung (Sektor-Distrikt-Viertel...) verursachte in Kombination mit der Umschließung durch Straßen eine Zerschneidung der Stadt und bedeutete insbesondere für die unterste Ebene, die Wohneinheiten, eine Einzwängung zu "defizitären Paketen" (vgl. Ayuntamiento de Burgos 1983, Bd. 1, S. 3).

Der neu zu erstellende Stadtentwicklungsplan entwarf aus der bisherigen Entwicklung folgerichtig die Konzeption einer integrierten, mehrkernigen Stadt, die vornehmlich durch die Definition der Flächennutzungen gesteuert werden sollte. Die Reduzierung der städtischen Ungleichgewichte - städtebaulicher, funktioneller und sozialer Art - wurde damit zum zentralen Thema des neuen *Plan General* (vgl. ebd., S. 108ff). Diese Planungsziele sollten realisiert werden durch eine abgestimmte Infrastruktur- und Grünplanungspolitik, eine verstärkte Planung für die sozial schwächeren Bevölkerungsschichten, größere Planungstransparenz durch Bürgerbeteiligungen sowie restriktive bauliche Festsetzungen (maximale Bauhöhe:

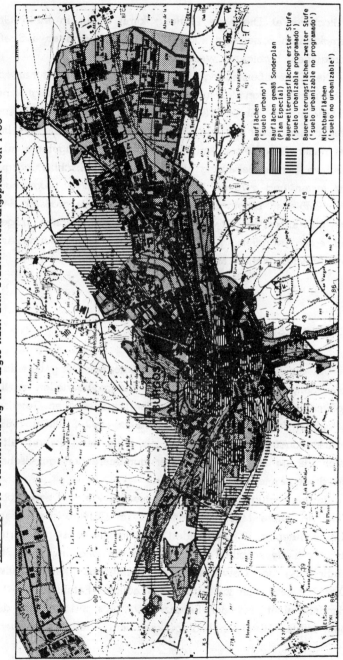

Abb. 40: Die Flächennutzung in Burgos nach dem Stadtentwicklungsplan von 1985

6 Stockwerke). Die neue Planung kann damit in ihren Grundsätzen als demokratisch, sozial und auch ökologisch (so sind etwa Straßenrückbauten vorgesehen) bezeichnet werden.

Die Gegenüberstellung der Flächennutzung zwischen dem Stadtentwicklungsplan von 1969 und demjenigen von 1985 zeigt erhebliche Unterschiede auf (s. Abb. 40). Der neue Plan ist in der Flächenausweisung sehr viel konservativer als sein Vorgänger. In Übernahme der Begrifflichkeiten des neuen Baugesetzes von 1976 weist er als Baugebiete nur die Bereiche aus, wo bereits Bebauung vorliegt. Weitere Erschließungsgebiete sind in der ersten und zweiten Stufe (*suelo urbanizable programado* bzw. *suelo urbanizable no programado*) im N der Stadt als größerer Bereich vorgesehen und ansonsten nur als kleinere Ergänzungsflächen. Insgesamt wird somit eine Arrondierung und Verdichtung der Bebauung, insbesondere in den Außenbereichen, angestrebt.

2.5 Die städtischen Akteure

Um die Bedeutung der an der Stadtentwicklung beteiligten städtischen Interessengruppen bzw. Akteure in Burgos beurteilen zu können, ist es notwendig, zunächst die Struktur der burgalesischen Gesellschaft näher zu betrachten (vgl. Ayuntamiento de Burgos 1980, S. 18ff u. 1983, S. 54ff). Dies ist insbesondere im Hinblick auf die Rolle der Lokalverwaltung aufschlußreich, da sie als ein Abbild der dominierenden gesellschaftlichen Kräfte der Stadt bezeichnet werden kann.

Burgos verfügt über eine zahlenmäßig kleine Oberschicht von rd. 200 Familien. Diese Machtelite hat sich im Gefolge der Desamortisation der Kirchengüter im 19. Jahrhundert etabliert. Sie weist nur geringe horizontale und vertikale Mobilität auf und gab der ökonomischen Struktur bis zur Einrichtung des Gewerbepols ein traditionell merkantilistisches Gepräge. Die Elite setzt sich zusammen aus adligen Familien, aus Mitgliedern der Handelsschicht und der Finanzschicht, aus Industriellen, der Kirche und dem Militär. Historisch bedingt kam dem Adel zusammen mit der Kirche lange die für die Stadt allein entscheidende Rolle zu. Die Handelsschicht stellt die traditionell bedeutsamste Kapitalfraktion der Stadt dar, während Industriekapital in größerem Umfang erst nach dem Bürgerkrieg und vor allem mit der Einrichtung des Gewerbepols ab 1964 nach Burgos kam. Die burgalesische Finanzschicht dagegen investierte vorwiegend in rentable Projekte außerhalb der Provinz. Die Macht der Kirche und Klöster wurde zwar nach dem 19. Jahrhundert zurückgedrängt, doch verfügen sie noch über bedeutenden Besitz im Stadtzentrum. Zudem übt der Klerus eine starke Finanz- und Organisationskontrolle vermittels der ihr zugehörigen sog. Katholischen Sparkasse (*Caja de Ahorros del Círculo Católico*) aus. Dem Militär schließlich kommt seit dem 19. Jht und insbesondere seit dem Bürgerkrieg ein prägender Einfluß zu. Burgos ist Sitz der 6. Militärregion (*Capitanía*).

Insgesamt ist die Elite, vor allem in der Francozeit, stark nach Madrid als Zentralmacht ausgerichtet. Finanziell ist der Einfluß der alten und neuen Familien-Eliten eng mit ihrem Einfluß über die örtlichen Institutionen, wie Städtische Sparkasse (*Caja de Ahorros Municipal*) und die Katholische Sparkasse verknüpft. Die Bedeutung der Sparkassen reicht von eigenen Kultur- und Sozialeinrichtungen bis zur Abwicklung der Wohnungsbaufinanzierung. Die Verflechtung zwischen wirtschaftlicher Elite und politischer Macht ist eine Konsequenz solcher Konstellation, wenngleich nicht immer so extrem wie in dem Fall, als eine Familie im Stadtrat allein 16 Abgeordnete stellte (vgl. Ayuntamiento de Burgos 1980, Bd. 2, S. 55).

Mit der Einrichtung des Gewerbepols kam Bewegung in das soziale Gefüge der Stadt, wenngleich letztlich die Machtgewichte nicht verschoben wurden. Es kam eine neue Verwaltungselite im Zuge der Fabrikniederlassungen hinzu, die rasch integriert wurde. Die gleichzeitig stärker werdende Mittelschicht verfügte allerdings über keine eigenen Organisationsstrukturen, und ihr finanzieller Einfluß wurde über die Sparkassen kanalisiert. Ein Industrieproletariat schließlich war bis zum Gewerbepol kaum vorhanden.

Die massive Zuwanderung vor allem bäuerlicher Herkunft konzentrierte sich in Gamonal, so daß einer sozialen Desintegration eine distanzielle entsprach. Zwar wurden mit den Immigranten auch das rurale Wertesystem tradiert, doch entstanden gerade in Gamonal aufgrund der schlechten Wohnverhältnisse die ersten sozialen, städtischen Bewegungen in Burgos.

Von den städtischen Akteuren profitierten Promotoren uind Makler am meisten von der Einrichtung des Gewerbepols und dem anschließenden Bauboom. Diese beiden Gruppen gewannen durch den Bau- und Wohnungssektor erheblich an Gewicht.

Die Bedeutung der verschiedenen städtischen Akteure für die Stadtentwicklung soll anhand der Einrichtung des Gewerbepols, in dessen Folge auch Wohnungen erstellt wurden, beispielhaft analysiert werden. Der Pol entstand im Zusammenspiel von Zentralmacht und der Machtelite in Burgos. Dabei spielten allerdings weniger personelle oder finanzielle Beziehungen eine entscheidende Rolle, als vielmehr die politische Opportunität des Franco-Regimes.

Die Einrichtung des Pols erfolgte im Rahmen des ersten Entwicklungsplanes unter Leitung des Ministeriums für Entwicklungsplanung. Der Pol war Teil der neuen Wirtschaftsstrategie des "Desarrollismus" und widerspiegelt in seiner Installierung und Planung auch dieses zentralstaatliche Interesse. So wurde das im W liegende, 400 ha große Gewerbegebiet Villalonquéjar von Madrid aus direkt geplant, während der Teil Gamonal mit 350 ha in kommunale Planung überging. In Erwartung von 40.000 Einwohnern Zuwachs griff das Städtebauministerium vermittels der *Dirección General de Urbanismo* ein und wies 115 ha Wohnbauflächen für 2.649 Wohnungen im Bereich G-1 aus (vgl. Banco de Vizcaya 1965, S. 106). Dieser *Polígono* wurde allerdings nur langsam in Nutzung genommen und war erst 1979 aufgesiedelt. Dies ist ein deutlicher Hinweis darauf, daß die zentral festgesetzte Zentralplanung über die lokale Situation dominierte.

Der Stadtverwaltung fiel es zunächst zu, für die übergeordneten staatlichen Entscheidungen die Gebietsvoraussetzungen zu schaffen. Andererseits mußten die unkoordinierten zentralstaatlichen Eingriffe in ihren weiteren Auswirkungen "abgefedert" werden. Dies wiederum erfolgte nicht durch das Aufstellen von Bebauungsplänen, sondern durch vorläufige bzw. ungenaue

Planungen (z.B. der Fluchtlinienplan für die Erschließung Gamonals). Dies bedeutete für die privaten städtischen Akteure entsprechend große Spielräume.

Die staatlichen und kommunalen Akteure ermöglichten große Handlungsspielräume für die privaten städtischen Akteure, d.h. die Bauunternehmer, Makler und Bauträger. Insbesondere die Ausweisung des Pols für Burgos und die sich abzeichnende Wachstumsrichtung nach Gamonal bedeuteten eine Interessenverknüpfung von Kommune und Privatinvestoren. Letztere konnten mit der Spekulation auf billigem Grund und Boden so fortfahren wie bei der Mitte der 60er Jahre erstellten Baugruppe Juan XXIII. Der dabei ausgenutzte Bodenpreismechanismus, beruhend auf dem großen Preisgefälle zwischen ausgewiesenen städtischen Bebauungsflächen und nicht ausgewiesenem ländlichem Boden wurde auch von staatlichen Stellen praktiziert - er war ja von ihnen in Gamonal zum ersten Mal vorexerziert worden. Diese Praxis setzte sich in der Siedlung Carrero Blanco fort, wobei eine Interessenkongruenz zwischen privater Spekulation und staatlicher de facto-Spekulation entstand: Der *Polígono Carrero Blanco*, im Planungsbereich G-1 zwischen Burgos und Gamonal gelegen, wurde in alleiniger Zuständigkeit vom Wohnungsbauministeriums ab Anfang der 70er Jahre geplant und ausgeführt, ohne daß er im übrigen in irgendeiner kommunalen Planung vorbereitet worden wäre. Diese abgekoppelte und nur langsam vor sich gehende Erschließung des Geländes, das noch außerhalb des vom *Plan General* von 1945 ausgewiesenen Bereichs lag, scheint zunächst den Interessen anderer Bauinvestoren und der Stadt entgegenzulaufen. Tatsächlich jedoch handelte es sich bei dieser Verzögerung um das allgemein praktizierte spekulative Prinzip der Reservehaltung von Flächen mit niedrigem Bodenpreis zur späteren Bebauung bei gestiegenen Preisen, bedingt durch die Entwicklung auf dem Wohnungsmarkt oder durch eine nunmehr größere zentrale Lage (wie bei G-1 der Fall).

Eine Schlüsselrolle bei der Flächenerschließung des Gewerbepols sowie beim späteren Massenwohnungsbau spielten die Sparkassen. Denn die Akquirierung der für Gewerbe und Wohnungsbau notwendigen Pol-Flächen wäre ohne die beiden großen Sparkassen nicht möglich gewesen (vgl. Banco de Vizcaya 1965, S. 92).

3. Wohnungsbau
3.1 Die Entwicklung des Wohnungsbestandes

Die Entwicklung des Wohnungsbestandes ist zwar durch den Zensus gut dokumentiert, doch gibt es in Einzelfällen auch Differenzen zum tatsächlichen Bestand. So ergab die im Rahmen des *Plan General* 1983 vorgenommene Inventarisierung für 1960 und 1970 Abweichungen von 1.200 bzw. 2.400 (vgl. INE-Censos u. Ayuntamiento de Burgos 1980). Den Zensusangaben zufolge vervierfachten sich die Wohnungen in Burgos, und zwar von rd. 13.000 im Jahre 1950 auf rd. 52.000 im Jahr 1981. Im selben Zeitraum erhöhte sich die Anzahl der Wohngebäude von 2.290 auf 6.481, d.h. um den Faktor 2,8 (s. Tab. 33). Die Differenzierung nach den Bauperioden (s. Tab. 34) zeigt, daß 2/3 aller Wohngebäude und sogar rd. 86 % aller Wohnungen aus der Nachkriegszeit stammen. Vor allem die 60er und auch noch die 70er Jahre weisen dabei die höchsten Anteile am Wohnungsbestand auf, eine Tendenz, die sich bei den Wohngebäuden aufgrund der gestiegenen Gebäudegrößen nicht direkt ablesen läßt.

Tab. 33: Entwicklung von Bevölkerung, Wohnungen und Wohngebäude 1950-1981 in Burgos

	Einwohner	Wohungen[1]	Wohngebäude	Einw.pro Wohnung	Wohng.pro Wohngeb.
1950	74.063	11.710	2.290	6,3	5,1
1960	82.177	19.985	o.A.	4,1	o.A.
1970	119.915	28.618	6.275	4,2	4,6
1981	156.449	40.962	6.481	3,8	6,3

1) belegte Familienwohnungen (*viviendas familiares ocupadas*), die Hauptwohnung sind
Quelle: INE-Censos und Anuario Estadístico 1981

Tab. 34: Bauperiode der Wohnungen und Wohngebäude in Burgos

	Wohnungen		Wohngebäude	
	Anzahl	%	Anzahl	%
vor 1900	2.546	5,2	910	14,0
1900-40	4.088	8,4	1.208	18,6
1941-50	4.084	8,3	1.406	21,7
1951-60	8.216	16,8	1.360	21,0
1961-70	19.145	39,0	959	14,8
1971-80	10.924	22,3	638	9,9
gesamt	49.003	100	6.481	100

Quelle: INE-Censo de edificios 1980 u. Ayuntamiento de Burgos 1980, Bd. 2

Die Zunahme der Wohngebäudegröße läßt sich besonders seit den 60er Jahren feststellen (vgl. Ayuntamiento de Burgos 1980, Bd. 5, S. 110):

Wohnungen pro Gebäude:

vor 1900:	2,7	1951-60:	4,2
1901-20:	3,7	1961-70:	6,7
1921-40:	2,9	1971-75:	19,2
1941-50:	2,7	1976-80:	13,2

Die Bedeutung der Wohnungsbauentwicklung für Stadtbild und Physiognomie von Burgos ist desweiteren aus der Entwicklung der Gebäudehöhen ablesbar (s. Tab. 35). Die Wohngebäude aus den 60er und 70er Jahren haben die deutlich größten Anteile an Gebäuden mit 10 u.m. Stockwerken (59,7 % bzw. 36,7 %), und fast alle Wohngebäude über 10 Stockwerke sind nach 1960 errichtet worden sind.

Tab. 35: Bauperiode und Höhe der Wohngebäude 1980 in Burgos

	Gesamt		Stockwerke		
	abs.	(%)	1-4 (%)	5-9 (%)	10 u.m. (%)
vor 1900	910	14,0	13,4	18,8	-
1900-1940	1.208	18,6	25,1	9,4	-
1941-1950	1.406	21,7	29,2	10,5	1,1
1951-1960	1.360	21,0	24,5	18,0	2,5
1961-1970	959	14,8	4,4	26,2	59,7
1971-1980	638	9,8	3,4	17,1	36,7
gesamt	6.481	100	100	100	100

Quelle: INE-Censo de edificios 1980

Interessant dazu ist der Vergleich der Situation von 1950 (vgl. INE-Censo de edificios y de viviendas 1950):

	Gebäude mit ... Stockwerken								
	1	2	3	4	5	6	7	8 u.m.	gesamt
Burgos gesamt	583	702	467	351	476	290	58	17	2.944
davon Gamonal	99	115	43	2	-	-	-	-	259

Die Entwicklung des Wohnungsbaus läßt sich in seinem Verlauf an den Wohnungsbaukonzessionen und -fertigstellungen ablesen (s. Tab. 36 u. Abb. 39). Die Entwicklung des Wohnungsbaus nahm nach der Ausweisung von Burgos zum nationalen Industriepol in der zweiten Hälfte der 60er Jahre

Tab. 36: Entwicklung von Wohnungs- und Wohngebäudebau 1961-1980 in Burgos (Fertigstellungen)

	Wohn-gebäude	Wohnungen[1] gesamt	davon frei finanz (%)
1961	37		
1962	68		
1963	53	o.A.	
1964	23		
1965	81		
1966	71	3.778	43,8
1967	80	4.149	57,0
1968	135	8.325	26,6
1969	162	7.655	37,2
1970	227	575	11,7
1971	45	174	56,3
1972	60	-	-
1973	56	631	11,1
1974	39	725	23,7
1975	65	438	6,6
1976	54	688	25,4
1977	87	1.489	46,9
1978	54	780	44,9
1979	52	2.245	45,8
1980	126	2.104	o.A.

1) Baugenehmigungen
Quelle: INE-Censo de edificios 1970 u. 1980 u. Ayuntamiento
Burgos 1980, Bd. 5

einen enormen Aufschwung, ablesbar zunächst an der Zahl der erteilten Baugenehmigungen (s. Abb. 41). Darin sind allerdings die von staatlichen Behörden, dem Wohnungsbauministerium oder der *Organización Sindical del Hogar* direkt geplanten und gebauten Siedlungen nicht enthalten. Der sprunghafte Anstieg der Baugenehmigungen riß 1970 abrupt ab, wofür mehrere Gründe vorliegen: In der zweiten Hälfte der 60er Jahre stand der neue Stadtentwicklungsplan an, der vor allem wegen der neu einzuführenden Bebauungspläne (*Planes Parciales*) eine schwierigere Genehmigungspraxis erwarten ließ. Dementsprechend erfolgte bis zum Jahr der Verabschiedung 1969 ein Antrags- und Genehmigungsschub. Desweiteren

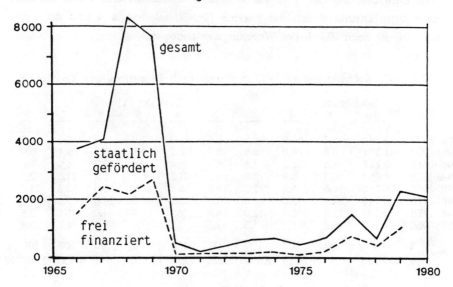

Abb. 41: Entwicklung des Wohnungsneubaus (Baugenehmigungen) 1966-1980 in Burgos

Quelle: Ayuntamiento de Burgos 1980
E.u.A.: R. Klein

ließ die schnelle Wohnungsbauentwicklung bereits ein Überangebot an Wohnungen erwarten, was der Zensus von 1970 dann auch eindrucksvoll bestätigte (rd. 10.000 leerstehende Wohnungen, also rd. 1/4 des Gesamtbestandes). Zwischen genehmigten und tatsächlich gebauten Wohnungen läßt sich für den dargestellten Zeitraum eine zeitliche Verzögerung von durchschnittlich 3 Jahren feststellen, bei den frei finanzierten Wohnungen von 2 Jahren, bei den staatlich geförderten von etwa 4 Jahren. Zu beachten ist dabei, daß ein bestimmtes Genehmigungspolster existierte, sodaß nicht alle Genehmigungen auch tatsächlich ausgeführt wurden.

Nach den Entstehungsperioden und Stadtdistrikten differenziert, ergibt sich für Burgos ein Gesamtbild der Wohnungsbaudynamik, das noch einmal den zeitlichen Ablauf im Wohnungsbau widergibt (s. Tab. 37). Die besondere Stellung der Distrikte 8 und 9 (Gamonal) tritt dabei deutlich hervor. Im Distrikt 9 fällt der Periode 1961-70 allein 61,4 % und der Periode 1971-80 noch 22,7 % des Wohnungsbestandes zu.

Tab. 37: Wohnungsbestand 1980 in Burgos nach Bauperiode und Stadtdistrikt

	Gesamtstadt abs.	%	Distrikt (%) 1	2	3	4	5	6	7	8	9
bis 1900	2.546	5,2	60,5	25,5	7,5	12,3	2,0	5,1	0,2	1,7	0,2
1901-1920	1.851	3,8	24,0	16,5	5,9	7,1	0,7	8,3	5,4	0,9	0,1
1921-1940	2.237	4,6	5,1	3,6	8,5	6,4	2,8	13,7	6,9	7,6	0,6
1941-1950	4.084	8,3	0,9	2,0	14,3	11,2	6,7	17,2	21,8	13,1	1,4
1951-1960	8.216	16,8	5,3	12,3	19,5	8,5	16,2	14,5	33,3	23,7	13,6
1961-1970	19.145	39,0	3,5	24,8	18,6	35,3	40,8	24,6	17,6	38,7	61,4
1971-1975	6.741	13,8	0,4	12,0	14,4	16,1	18,9	11,0	10,1	3,5	13,9
1976-1980	4.183	8,5	0,3	3,3	11,2	3,1	11,9	5,6	4,7	10,8	8,8
gesamt %	-	100	100	100	100	100	100	100	100	100	100
abs.	49.003	-	1.224	2.609	3.686	2.255	13.755	4.437	4.435	3.097	13.505

Anmerkung: Distrikt 1: Altstadt; Distrikt 9: Gamonal
Quelle: Ayuntamiento de Burgos 1980, Bd. 5

3.2 Die Struktur der Wohnungsversorgung

Die Entwicklung des Wohnungsmarktes in Burgos zeigt in ihrem zeitlichen Ablauf deutliche Verschiebungen zur gesamtspanischen Situation: Dem Maximum 1967-69 folgte Anfang der 70er Jahre eine merkliche Reduzierung und nach 1975 eine erneute Zunahme. In Spanien dagegen erfolgt 1972-74 ein ausgeprägter Bauboom, der nach 1975 mit der Baukrise wieder abnahm. Die spezifischen Entwicklungslinien für Burgos leiten sich aus einem reduzierten Wohnungsbedarf ab, der sich begründet aus: 1. Abnahme infolge geringerer Zuwanderungen; 2. Abnahme der Wohnungsnachfrage derjenigen, die eine bessere Wohnung suchen, wegen geringerer finanzieller Möglichkeiten. Zwar erhöhte sich die Wohnungsnachfrage als Tendenz zur Investition in Immobilien (vgl. den Anteil leerstehender Wohnungen), doch erfolgte 3. auch ein Rückgang der Nachfrage wegen fehlender Finanzierungsspielräume (Burgos verzeichnete im nationalen Vergleich eine deutlich überhöhte Kreditverteuerung) und wegen überdurchschnittlich gestiegener Baukosten (vgl. Ayuntamiento de Burgos 1983, Bd. 1, S. 75 u. 80).

Die Neubauentwicklung wird als Indikator für die Struktur des Wohnungsmarkts ergänzt von dem leerstehenden Wohnraumbestand. Im Zensus von 1970 waren vom Gesamtwohnungsbestand von 40.452 (davon 28.618 als Hauptwohnungen) 10.103 als leerstehend erfaßt, was einer Quote von 25 % entspricht (vgl. INE-Censo de las viviendas 1970). 1980 wurden von den 49.003 Wohnungen noch 3.773 (= 7,7 %) als leerstehend ermittelt (vgl. Plan General de Burgos 1983, Bd. 1, S. 71). Die weitere Untergliederung des Leerbestandes 1980 zeigt, daß es sich in erster Linie um Wohnungen aus den Bauperioden von 1950-61 und nach 1975 handelt. Im einzelnen ergibt sich (Quelle: Ayuntamiento de Burgos 1980, Bd. 5):

33,8 %	leerstehend bei den Wohnungen von vor 1940	
17,5 %	"	zwischen 1941 und 1960
15,5 %	"	zwischen 1961 und 1970
9,8 %	"	zwischen 1971 und 1975
23,4 %	"	zwischen 1976 und 1980

Dafür gibt es drei mögliche Erklärungen: Erstens wurden Wohnungen unabhängig von der Marktnachfrage als Investitionsgut errichtet. Zweitens wurden die fertiggestellten Wohnungen aus Spekulationsgründen vom Verkauf am Markt zurückgehalten. Drittens schließlich ist zu bedenken, daß zum Erhebungszeitpunkt gerade erst fertiggestellten Wohnungen noch nicht bezogen waren. Unterschieden nach den Stadtdistrikten zeigt sich allerdings, daß im Distrikt 9 (Gamonal) die Leerqote mit 5,0 % unter, in Distrikt 8 aber mit 10,3 % über dem Stadtdurchschnitt lagen, bei einem Höchstwert von 23,1 % im Altstadtdistrikt 1 (vgl. ebd., Tab. 6).

Eigene Merkmale weist in Burgos nicht nur die Wohnungsbauentwicklung auf, sondern auch die Veränderung in der Wohnungsbesitzstruktur (s. Tab. 38). In Burgos zeigt sich im Vergleich zu den anderen spanischen Großstädten eine schnellere Umkehrung von Eigentums- und Mietanteil. Während allerdings die Mietwohnungen bei einem Bestand von rd. 12.000 konstant blieben, verzeichneten die Eigentumswohnungen ein rasches Wachstum, 1960: 4.277, 1980: 31.800 (vgl. ebd., S. 113). Im Rahmen des Wohnungsmarktgeschehens, wo Eigentums- und Mietwohnungen jeweils einen eigenen Wohnungsteilmarkt bilden, kommt den Mietwohnungen damit zunehmend eine ergänzende Funktion zu.

Tab. 38: Änderung der Wohnungsbesitzstruktur 1960-1980 in Burgos (in %)

	Eigentum	Miete	sonst.	gesamt
1960	23,6	68,4	8,0	100
1970	52,6	42,5	4,9	100
1980	70,3	26,9	2,8	100

Quelle: Ayuntamiento de Burgos 1980, Bd. 5

3.3 Die Promotoren

Der Wohnungsbau stellt ein städtisches System dar, in dem die verschiedenen städtischen Akteure intervenieren. Während die öffentlichen Akteure - Staat und Kommunalverwaltung - rechtliche und Planungsgrundlagen bereitstellen, fallen die eigentlichen Wohnungsbauaktivitäten den Promotoren zu. Ausnahmen hiervon sind allerdings in bestimmtem Umfang die von staatlichen Institutionen wie dem Wohnungsbauministerium in Eigenregie erstellten Siedlungen. Die Struktur der Promotoren im Wohnungsbau zwischen 1960 und 1980 weist für Burgos nicht weniger als 293 Promotoren mit jeweils 10 u.m. Wohnungen pro Genehmigung auf (s. Tab. 39). Die größte Gruppe stellen dabei die als Promotoren auftretenden Einzelpersonen mit 214, gefolgt von 61 Unternehmen und 18 Kooperativen.

Bemerkenswert hoch ist der Anteil der Baugenehmigungen durch Einzelpersonen, selbst bei mittleren und großen Projekten. Dies liegt in dem großen Gewicht einzelner Familien begründet, die auch ohne Vermittlung einer Kapitalgesellschaft direkt in den Wohnungsbaumarkt eingreifen. Zwar treten bei der Beantragung von Baugenehmigungen Einzelpersonen stellvertretend für Gesellschaften auf, doch wurden diese Fälle bei der vorgenommenen Auswertung der entsprechenden Gesellschaft zugeordnet.

Die Kooperativen nehmen zahlenmäßig nur eine untergeordnete Bedeutung ein, dennoch stellen sie einen wichtigen Faktor für den Wohnungsbau dar. Wichtiger allerdings sind bzgl. der Anzahl der Bauvorhaben und vor allem bzgl. der dabei realisierten Wohnungen 61 Unternehmen und Gesellschaften. Von ihnen kommen 46 aus dem Wohnungsbausektor, 4 aus anderen Wirtschaftsbereichen und 11 sind nichtkommerzielle Gesellschaften, wie Stadt, Spanische Eisenbahnen (Quelle: Handelsregister). Zahlenmäßig ebenso gering vertreten wie die Kooperativen, aber aufgrund der Bauvolumen von bedeutendem Gewicht, sind die sog. gemeinnützigen Unternehmen, worunter auch die Sparkassen und ihre angegliederten Baugesellschaften zählen.

Bei der Differenzierung der Promotoren nach der Finanzierungsart zeigt sich, daß mit 199 Promotoren ein größerer Teil bei den staatlich geförderten Projekten engagiert war, als bei den frei finanzierten Vorhaben (155

Tab. 39: Struktur der Promotoren im Wohnungsbau 1960-1980 in Burgos

		Anzahl der Wohnungen pro Baugenehmigung*						
		10-49	50-99	100-249	250-499	500-999	1.000 u.m.	gesamt
staatl. geförderter Wohnungsbau	Einzelpersonen	68	31	34	5	-	-	138
	Kooperativen	6	5	3	1	-	-	15
	Gemeinnützige Unternehmen	3	1	1	-	3	2	10
	Wohnungsbaugesellschaften	7	11	12	3	-	1	34
	and. Unternehmen	1	1	-	-	-	-	2
	Gesamt	85	49	50	9	3	3	199
frei finanzierter Wohnungsbau	Einzelpersonen	73	26	19	4	-	1	123
	Kooperativen	1	1	2	-	-	-	4
	Gemeinnützige Unternehmen	-	1	-	-	-	-	1
	Wohnungsbaugesellschaften	11	6	5	-	2	1	25
	and. Unternehmen	2	-	-	-	-	-	2
	Gesamt	87	34	26	4	2	2	155
insgesamt[1]	Einzelpersonen	108	44	48	12	1	1	214
	Kooperativen	7	6	4	1	-	-	18
	Gemeinnützige Unternehmen	3	1	2	-	3	2	11
	Wohnungsbaugesellschaften	12	14	9	7	2	2	46
	and. Unternehmen	3	1	-	-	-	-	4
	Gesamt	133	66	63	20	6	5	293

* sog. *Expediente*; nur Baugenehmigungen mit 10 u.m. Wohnungen erfaßt
1) Summen stimmen wegen Mehrfachnennungen nicht immer überein
eig. Ber. nach Archiv des Instituto Nacional de Viviendas Burgos

Promotoren). Schwerpunkte und Spezialisierungen der verschiedenen Promotoren zeigen sich darin, daß bei den Bauprojekten mit über 500 Wohnungen im staatlich geförderten Wohnungsbau die "gemeinnützigen Gesellschaften" allein fünf der sechs Projekte durchführten, während im frei finanzierten Wohnungsbau drei der vier Projekte auf freie Wohnungsbaugesellschaften entfielen.

Wie bereits erwähnt, fällt einigen wenigen Familien eine bedeutende, ja dominierende Rolle auf dem städtischen Wohnungsmarkt zu. Im Wohnungsbaugeschehen 1960-80 konnte die Bedeutung von fünf solcher Familien anhand ihrer Wohnungsbauaktivitäten näher ausgewertet werden. Es handelt sich dabei um (eig. Ber. nach Archiv des Instituto Nacional de Viviendas Burgos):

	Wohnungen insgesamt	darunter staatl. geförd.
Arranz Acinas [1]	3.534	2.161
González Alonso	783	496
Serrano González	441	-
Adrian Angulo	423	253
Barcina Fernández	326	234

1) einschl. dreier im Besitz befindlicher Gesellschaften

Der Familie Arranz Acinas kommt dem Bauumfang nach die bedeutendste Rolle zu. Ihre Wohnungsbauaktivitäten erfolgten durch sieben Brüder und durch drei Aktiengesellschaften, deren Gesellschafter wiederum sechs der Brüder sind. Die 3.534 gebauten Wohnungen verteilten sich auf 50 Baugenehmigungen (*expedientes*) und der durchschnittliche Umfang der Baumaßnahmen - die alle zwischen 20 und 200 Wohnungen lagen - betrug 71 Wohnungen. Die dargelegten Bauaktivitäten erstreckten sich zwischen 1965 und 1979, wobei ab 1974 alle Bauprojekte nur noch über die Aktiengesellschaften abgewickelt wurden.

Die Familie González Alonso wurde in ihren Aktivitäten, die alle zwischen 1963 und 1977 lagen, durch zwei Brüder vertreten. Durchschnittlich kamen hier 39 Wohnungen auf eine Genehmigungsmaßnahme. Die Familie

Serrano González, repräsentiert durch drei Brüder, war zwischen 1967 und 1976 aktiv. Im Durchschnitt umfaßten die Maßnahmen 49 Wohnungen. Durch zwei Brüder war die Familie Adrian Angulo vertreten, die 1957-69 Wohnungen errichten ließ. Ihre Vorhaben umfaßten im Durchschnitt 40 Wohnungen. Die Familie Barcina Fernández schließlich, vertreten durch zwei Brüder, war 1965 und 1966 aktiv. Die Maßnahmen umfaßten durchschnittlich 65 Wohnungen pro Baugenehmigung.

Bei der großen Bedeutung einzelner Familien ist es nicht verwunderlich, daß eine Familie - Arranz Acinas - die Liste der größten Promotoren im Wohnungsbau zwischen 1960 und 1980 anführt, noch vor den Sparkassen (s. Tab. 40). Diese allerdings sind nur mit ihren direkten Vorhaben vertreten. Würden im übrigen die Vorhaben von vor 1960 einbezogen, käme etwa die Städtische Sparkasse deutlich über ein Volumen von 1.000 Wohnungen.

Tab. 40: Die größten Promotoren im Wohnungsbau von Burgos 1960-80

über 1.000 Wohnungen	Wohnungsbau insgesamt	darunter staatl.geförd.
Gebr. Arranz Acinas mit Aktienges.	3.269	1.896
Kath. Sparkasse mit Baugesellsch.	1.833	1.710
Edificios Sociales SA (Barcelona)	1.304	1.144
IMBUSA	1.299	21
Obra Sindical del Hogar/Wohn.minist.	1.366	1.366
	9.071	6.137
500-999 Wohnungen		
Patronato Francisco Franco	998	998
Städt. Sparkasse mit Baugesellsch.	972	879
Gebr. González Alonso	783	496
URBECASA	720	144
VATPSA	619	-
Stadt Burgos	500	500
	4.592	3.017

eig. Ber. nach Archiv des Instituto Nacional de Vivienda Burgos

Von grundlegender Bedeutung für das Verständnis des Wohnungsbaugeschehens ist die Frage nach der Struktur der Promotorengruppen, also nach deren Zusammensetzung und Verflechtungen. Dabei interessierten insbesondere Aufbau, finanzielle Ausstattung, Umfang und Zeitraum der Aktivitäten, sowie Verflechtungen und Monopolisierung finanzieller und personeller Art. Dadurch können Antworten erwartet werden auf die Fragen, ob die Entscheidungszentren in Burgos liegen oder außerhalb und welche (lokalen) gesellschaftlichen bzw. ökonomischen Machtgruppen letztlich die Wohnungsbauaktivitäten bestimmen.

Für die Erfassung der Struktur der Promotoren kann das analytische Schema von SORRIBES (1978, S. 52ff) herangezogen werden. Er gliedert die Promotoren in vier Gruppen:

1. Bauunternehmen (*constructora-promotora*)
   (Bauunternehmen, die ihre Wohnungen selbst vermarkten)
   a) Einzelunternehmer
   b) Gesellschaften
2. Sonstige Unternehmen (*empresa-promotora*)
   (kommen nicht aus dem Wohnungsbau)
   a) Großbourgeoisie (die wichtigsten Familien mit industriell-finanziellem Kapital)
   b) Industrie- und Finanzkapital (Gesellschafter der Unternehmen sind selbst Gesellschaften)
3. Vermögenskapital (*capital patrimonial*)
   (Industrielle, Rechtsanwälte, Ingenieure, Händler etc.)
   Einzelpersonen
4. Monopolisten (*promotoras monopolistas*)
   (Oligopolisierung und Monopolisierung durch Verbindung von Immobilienkapital mit Finanz-/Industriekapital)
   a) Immobiliengruppen
   b) ad-hoc-Gruppen (bestehen nur für ein Vorhaben)

Unter Anwendung dieses Schemas wurden nun die im Wohnungsbau zwischen 1960 und 1980 tätigen Promotoren im Handelsregister ermittelt; dort sind allerdings nur die eingetragenen Gesellschaften erfaßt (s. Tab. 41). Von den 51 am Wohnungsbau beteiligten Gesellschaften konnten so 33 er-

Tab. 41: Struktur der 1960-80 im Wohnungsbau von Burgos tätigen Gesellschaften

Name	Aktivität*	Kapital (Mio.Ptas)	Jahr der Gründg.	Auflösg.	Gesellschafter Anz.	Herkunft	Promotoren-gruppe 1
1. Construcciones Aragón Izquierdo SL	WB,IH	36	1978	-	3	BU	1b
2. Inmobiliario Rio Vena SA	WB,IH	70	1975	-	10	8 BU,1 Madr.	(2 a/3)4a
3. Casas de Burgos SA - BUCASA	WB	15	1979	-	5	4 VI,1 Madr.	3
4. Edificac. Sociales Burgos SA - ESBUSA	WB,IH	60	1977	-	6	BU	(1b/2a)4a
5. Arranz Acinas Constructora Social SA	WB,IH	26.7	1971	-	6	BU	(1b/2a)4a
6. Construcciones Arranz Acinas SA	WB,IH	57	1971	-	6	BU	(1b/2a)4a
7. Inmobiliaria Burgos SA - IMBUSA	WB,IH	5.625	1947	-	13	BU	3
8. Inmobiliaria Burgalesa SA	WB	1.2	1946	-	3	BU	2a
9. Urbanizadora Castellana SA	WB	96	1966	-	12	11 VI,1 BU	3
10. Unión Inmobiliaria SA	WB	10	1962	-	5	BU	3
11. Viviendas Castilla SA	WB	2	1966	-	3	Madr.	3
12. ALGESA SA	WB	2.5	1965	-	5	3 BU,1 SS,1 Madr.	3
13. Inmobiliaria Fuentecillas SA	WB	4	1968	1980	4	BU	4a(4b)
14. Hijo de Florencio Martinez SA	Baumater.	5	1952	-	2	BU	2a
15. Hijo de Tomás García SA	Wolle/Leder	47.5	1952	-	3	2 BU,1 Pal.	2a
16. BAUWER SA	Möbel	193.5	1967	-	8	6 BU,2 Barc.	(2b)3
17. Construcciones Uribe SA - COURSA	WB	20	1981	-	3	BU	3
18. Constructora Castellana de viv. SA	WB	5	1979	-	5	BU	(3)4b
19. Constructora García Román SA	WB	40.005	1976	-	3	BU	(1b)3
20. DAMESA SA	WB	29	1977	-	5	BU	3
21. Edificaciones Castilla SA - EDICASA	WB	6	1967	1980	3	2 BU,1 Madr.	(3)4a(4b)
22. Ind. y Man.UGARASA/INUGARA/ZUBIAGA	WB	24	1965	-	6	VI	3
23. Inversiones Comerciales y Financ. SA	Kredite	12	1961	1980	10	BU	(3)4b
24. NORTEMA SA	IH	1.5	1975	-	4	2 BU,2 Madr.	(3)4a
25. Promotora Pam SA - PAMSA	WB	51.05	1980	-	3	2 BU,1 VI	1b
26. Edificios Burgos SA - EDIBURSA	WB	15	1968	-	9	2 BU,7 Madr.	3
27. Promotora Veintiuno SA	IH	9	1973	1980	3	BU	2a
28. VAFPSA	WB	10.3	1965	1980	11	7 BU,4 Madr.	(3/2b)4a
29. Renedo SA	Textil	o.A.	1943	-	o.A.	o.A.	3
30. Promot.Inmobil.Arlanzón SA-PROVINARSA	IH	5	1977	-	9	BU	3
31. SERPISA SA	IH	1	1977	-	3	BU	(2a)4a
32. Balgar SA (BALGASA)	o.A.	29	1976	-	4	BU	3
33. Inmobil.Ciudad de Burgos SA - INCIDEBUSA	IH	2	1975	-	3	VI	3

* SA: Sociedad Anónima (Aktiengesellschaft); SL: Sociedad Limitada (GmbH); WB: Wohnungsbau;
IH: Immobilienhandel; BU: Burgos-Stadt und Provinz; VI: Vitoria; SS: San Sebastián; Pal.: Palencia
1) s. Text; Hauptzuordnung ohne Klammer, weitere mögliche Zuordnung in Klammern
eig. Ber. nach Handelsregister Burgos

reicht werden. Die übrigen 18 Gesellschaften haben ihren Sitz nicht in Burgos und sind entsprechend nicht im dortigen Handelsregister verzeichnet. Das in Tab. 41 angegebene Gesellschaftskapital ist zwar für die Unternehmensstruktur von Bedeutung, sagt aber nicht viel über die eigentlichen Wohnungsbautätigkeiten aus. So verfügt beispielsweise Inmobiliaria de Burgos SA nur über 5,6 Mio. Peseten Gesellschaftskapital, errichtete aber rd. 1300 Wohnungen. Bedeutsamer als die Höhe eines Gesellschaftskapitals ist aber die Fähigkeit eines Unternehmens, verschiedene Kapitalien für gemeinsame Wohnungsbauinvestitionen zusammenzuführen. Dieses Zirkulationskapital bestimmt den eigentlichen Umfang des Bauvorhabens (vgl. SORRIBES 1978, S. 57).

Die Auswertung der Tabelle zeigt im einzelnen, daß mit der Gewerbepolgründung 1964 vermehrt Gesellschaftsgründungen einhergingen, ebenso wie nach 1975 eine deutliche Zunahme erfolgte. Die Eintragungen ins Handelsregister nach Perioden ergeben für 1940-63: 7, für 1964-70: 9, für 1971-75: 6 und für 1976-81: 11 Eintragungen.

Desweiteren zeigt sich, daß 18 der 33 Unternehmen Gesellschafter ausschließlich aus Burgos aufweisen, d.h., bezogen auf alle 51 im Wohnungsbau aktiven Unternehmen, rd. ein Drittel. Weitere 10 der 33 aufgeführten Unternehmen weisen neben Gesellschaftern aus Burgos auch auswärtige auf. Bei vier Unternehmen schließlich kommt kein Gesellschafter aus Burgos. Einschließlich der 18 nicht in Burgos registrierten Unternehmen, von denen angenommen werden kann, daß ihre Gesellschafter nicht oder nur in geringem Umfang aus Burgos sind, ergeben sich somit 22 Gesellschaften mit auswärtigem Kapital. Diesen stehen die 18 Gesellschaften mit rein burgalesischem Kapital gegenüber.

Die Zuordnung der Kapitalgesellschaften gemäß dem im weiter oben dargelegten Schema der Promotorengruppen verdeutlicht die in Burgos beherrschende Stellung des Vermögenskapitals von Einzelpersonen (Gruppe 3) - bzw., da sie in Verbindung zu sehen sind mit dem Kapital aus der Großbourgeoisie, von Familien (Gruppe 2a). In den Prozeß der Oligopolisierung bzw. Monopolisierung (Gruppe 4) sind 11 einer Gruppe zugehörigen Gesellschaften einbezogen. Neun davon erstellten zusammen 1.651 Wohnungen, während zwei als sog. ad-hoc-Gruppen (4b) 86 Wohnungen errichten ließen. Damit kommt in Burgos dem monopolistisch geprägten Wohnungsbau nur eine vergleichsweise untergeordnete Rolle zu. Industrie- und Finanzunternehmen (Gruppe 2b) treten als Gesellschafter kaum in Erscheinung. Unter allen ausgewerteten Aktivitäten waren es zwei Fälle und diese sind noch eher anderen Gruppen zuzuordnen (s. Tab. 41, Nr. 16 und 28).

Wie bereits erwähnt, kommt den Sparkassen als Wohnungsbaupromotoren eine besondere Rolle zu. Grundlage ihres finanziellen Engagements ist die Vorschrift, nach der ein bestimmter Teil der Spareinlagen im Wohnungsbau angelegt werden muß (*Inversión obligatoria*; Orden Ministerial vom 20.8.1964). Die Sparkassen sind ferner verpflichtet, aus ihren Gewinnen Aufgaben eines Sozialwerks (*Obra social*) wahrzunehmen. Darüber hinaus ist die Rolle der Sparkassen in der Wohnungsgesetzgebung explizit verankert, etwa in ihrer Nennung als Promotoren im Gesetz über den staatlich geförderten Wohnungsbau (Art. 6 des *Ley sobre vivienda de Protección Oficial*, 1968). Ist so die Funktion der Sparkassen für den Wohnungsbau allgemein festgeschrieben, so kommt ihnen in Burgos eine darüber hinausgehende Bedeutung zu.

Zunächst stellen die Sparkassen Finanzierungsmöglichkeiten für Wohnungsbau und -erwerb dar. Zwar stehen keine genauen Angaben über die Gesamtmittel der Sparkassen zur Verfügung, doch ist anzunehmen, daß der überwiegende Teil des Wohnungsbaus und -erwerbs über sie abgewickelt wird. Die Konditionen weisen aus, daß im Regelfall 30 % des Endpreises vom Interessenten aufzubringen sind und die restlichen 70 % als Darlehen zur Verfügung gestellt werden. Der Tilgungszeitraum liegt zwischen 10 und 15 Jahren - bis Mitte der 70er Jahre lag er durchschnittlich bei 20 Jahren (Quelle: mündliche Auskunft der *Caja de Ahorros del Círculo Católico*).

Über die Kreditvergabe hinaus sind die Sparkassen über ihre gemeinnützigen Baugesellschaften (*Constructora Benéfica*) im Wohnungsbau eigeninitiativ. Bei der Städtischen Sparkasse erfolgt dies über die *Asociación Santa María la Mayor*, bei der sog. Katholischen Sparkasse über *La Sagrada Familia* und den *Círculo Católico de Obreros* (vermittelt Mietwoh-

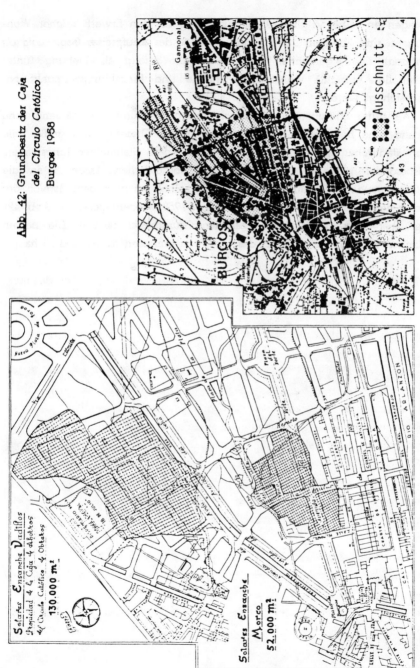

Abb. 42: Grundbesitz der Caja del Círculo Católico Burgos 1958

Quelle: Caja de Ahorros del Círculo Católico 1958

nungen an seine Mitglieder). Voraussetzung für den Erwerb solcher Wohnungen sind Einlagen von mindestens 30 % des Kaufpreises (sog. *cuota de entrada*). Die eigentliche Wohnungsvergabe erfolgt als Ziehung (unter notarieller Aufsicht), wobei Einlagenhöhe und Einzahlungszeitpunkt berücksichtigt werden.

Als dritte Einflußgröße schließlich kommt in Burgos der umfangreiche Grund- und Bodenbesitz der Sparkassen hinzu. Dieser umfaßt große Teile der städtischen Erweiterungsgebiete nach den Stadtentwicklungsplänen, insbesondere Areale im östlichen und nordöstlichen Anschluß an die Altstadt sowie in Richtung Gamonal. Beispielhaft sei in diesem Bereich der Besitz der Katholischen Sparkasse im Jahre 1958 wiedergegeben (s. Abb. 42), der aber längst nicht deren gesamten Grundbesitz darstellt. Die beiden Flächen südlich und nördlich des Rio Vena umfassen 5,2 ha und 13 ha.

4. Der Stadtteil Gamonal
4.1 Die Ortsentwicklung

Der im W der Stadt gelegene Stadtteil Gamonal stellt den Bereich der engeren Untersuchung zur Stadtentwicklung nach 1960 dar. Deshalb wird seine Entwicklung im folgenden näher beleuchtet.

Gamonal entwickelte sich von einer Kleinsiedlung mit 2.400 Einwohnern (1950) zum größten Stadtteil von Burgos mit 46.000 Einwohnern (1981), das sind 30 % der städtischen Bevölkerung. Sein Wachstum erfolgte in fünf Stadien (vgl. SERNA 1979, Kap. 7, S. 5):

1. bis 1955: Initialsituation; Gamonal als ländliche Kleinsiedlung in einer Entfernung von 5 km von der Stadt;
2. bis 1964: Anlage erster Wohnsiedlungen (*Barriada Inmaculada*) und von Gewerbe im Anschluß an die bestehende Bebauung;
3. bis 1970: nach der Einrichtung des Gewerbepols 1964 intensive Bebauung;
4. bis Mitte der 70er Jahre: durch weitere Aufsiedlung konsolidiert sich das Subzentrum Gamonal;
5. zweite Hälfte der 70er Jahre: Gamonal entwickelt sich durch weiteres Einwohnergewicht und Bedeutungszunahme aus einem Subzentrum zu einer nahezu eigenständigen Stadt ("ciudad nueva").

Im einzelnen stellte sich die Entwicklung der fünf Stadien wie folgt dar:

1. Stadium (bis 1955): Gamonal ist nach dem Krieg eine kleine Gemeinde von 223 ha, bestehend aus den dörflichen Kernen Gamonal und Capiscol. Gamonal ist ein landwirtschaftlich geprägter Ort mit günstiger Verkehrslage (an der Nationalstraße N-I und nahe Burgos). Bereits nach dem Krieg zeigen sich erste Anzeichen für die künftige Entwicklung, als der Ort in den 40er Jahren seine Einwohner durch sich ansiedelnde Industriearbeiter verdoppeln kann (1940: 1.057 Einwohner; 1950: 2.397 Einwohner, Quelle: INE-Censos).

2. Stadium (bis 1964): Bis zur Installierung des Gewerbepols kommt es zu ersten größeren Baugruppen, auch im Massenwohnungsbau. Während die Siedlung *Barriada Inmaculada* allerdings in 2- und 5-geschossiger Bau-

Abb. 43: Blick vom Burgberg in Burgos Richtung E (Gamonal)
a) Anfang der 60er Jahre (Foto FEDE-Burgos) b) 1983 (Foto R. Klein)

a

b

Abb. 44: Gamonal (Burgos) 1983

Ortseingang mit Nationalstraße N-I, von Vitoria kommend, mit altem Ortskern und Bebauung aus der 2. Hälfte der 60er Jahre (Foto FEDE/ Burgos 1972)

10-geschossige Blockbebauung von 1970/1971: Calle Francisco Grandmontagne (Foto R. Klein)

Barriada Inmaculada: 2- und 5-geschossige Siedlung von 1958-1965 mit 997 Wohneinheiten, nördlich N-I und altem Ortskern gelegen (Foto R. Klein)

weise errichtet ist, fällt in dieses Stadium mit den Wohnblöcken Juan XXIII bereits der Baubeginn der Hochhausbebauung mit über 10 Geschossen. Diese Entwicklung weist auf den Gewerbepol hin.

3. Stadium (bis 1970): Mit der Einrichtung des Gewerbepols und der Aufsiedlung der Industrieflächen setzt eine zunehmende (private) Wohnungsbautätigkeit in Form hochverdichteter Block- und Hochhausbebauung ein. Da diese Entwicklung außerhalb des gültigen Stadtentwicklungsplans von 1945 erfolgt, wird mit dem *Plan Parcial* Gamonal-Capiscol eine Planungsgrundlage geschaffen. Dabei handelt es sich allerdings nicht um einen Bebauungsplan im eigentlichen Sinn, sondern eine "primitive", an den Flurwegen orientierte Fluchtlinienplanung, die an die Planungen des *Plan General* nach E hin anschließt. Diese Planung ist für das dritte Stadium von Gamonal prägend und stellt die Bebauungsgrundlage bis zum Inkrafttreten des *Plan General* von 1969 dar.

4. Stadium (bis Mitte der 70er Jahre): Das sich in den 70er Jahren fortsetzende Bevölkerungs- und Wohnungswachstum verfügt nun zwar mit dem *Plan General* von 1969 über eine gültige Planungsgrundlage. Diese hat allerdings kaum Einfluß auf die Baupraxis. Vielmehr werden weiterhin Einzel- und Sondergenehmigungen erteilt (vgl. SERNA 1979, Kap. 7, S. 15ff). Die bereits im Stadtentwicklungsplan vorgesehenen hohen Bebauungsdichten von 400 Einw./ha werden so noch deutlich überschritten. Dies kann vor allem für den Planungsbereich G-8 (Dreieck zwischen den Straßen N-I, *Carretera de Logroño* und *Avenida Eladio Perlado*) festgestellt werden, wo bis zu 300 Einw./ha vorgesehen waren. Hier hatte die Bebauung bereits vor 1969 eingesetzt und zusammen mit der Bebauung nach 1969 wird 1981 eine Dichte von rd. 560 Einw./ha erreicht (eig. Ber.). Die Bauaktivitäten während der ersten Hälfte der 70er Jahre sind gekennzeichnet durch die Aufsiedlung des Bereichs G-8 entsprechend den primitiven Fluchtlinienentwürfen und durch den Baubeginn der fünfteiligen Hochhausgruppe Las Torres am Nordwestrand von Gamonal. Zunehmend werden auch die Versorgungseinrichtungen wie Schulen, Pfarreien, Läden, eingerichtet, wenn auch oft in ungünstiger peripherer Lage zum Bevölkerungsschwerpunkt.

5. Stadium (ab der zweiten Hälfte der 70er Jahre): Die weitere Zunahme von Burgos in der zweiten Hälfte der 70er Jahre zeigt sich vor allem

in den neuen Stadtteilen wie Gamonal. Die Bebauung und Verdichtung erreicht dabei Werte, die noch über den bereits hohen Planungsrichtwerten liegen. Im Bereich G-8 z.B. wird durch die Unterteilung des Gebietes in fünf Planungsbereiche und durch die Überbauung von ursprünglich für Versorgungseinrichtungen vorgesehenen Flächen der bereits hohe Ansatzwert von 94 Wohnungen/ha deutlich übertroffen (lt. Baugesetz sind maximal 75 Wohnungen/ha möglich!). Ab 1975/76 setzt eine Flut von Bebauungsplänen in der Stadt ein. 25 solcher *Planes Parciales* mit einem Volumen von rd. 40.000 Wohnungen werden initiiert. Davon werden zwar 17 Pläne mit 26.000 Wohnungen rechtskräftig, aber nur 6 - drei davon in Gamonal - mit zusammen rd. 3.000 Wohnungen auch ausgeführt (eig. Ber. nach Ayuntamiento de Burgos 1980, Bd. 2, S. 87). Diese Entwicklung verweist auf eine neue Spekulationswelle in den 70er Jahren, als es Investoren darum geht, den Rahmen für weiteren lukrativen Wohnungsbau abzustecken. So verwundert es nicht, daß als Auswuchs der gewinn- statt bedarfsorientierten Bauinvestitionen Überkapazitäten in Form leerstehender Wohnungen geschaffen wurden. Zudem führen die ungünstigen Wohnbedingungen ab den 70er Jahren erstmals zu lautstarken Protesten der Bewohner (vgl. Diario de Burgos vom 18./19.3.1978), wo Forderungen nach einem Ende der weiteren Bauverdichtung laut werden.

Insgesamt läßt sich für die Entwicklung von Gamonal resümieren, daß trotz kontinuierlichen Bevölkerungswachstums und eines großen stadtplanerischen Handlungsbedarfs kein adäquates Planungsinstrumentarium zur Lenkung der Prozesse geschaffen oder angewandt wurde, weder im Bereich der vorbereitenden noch der verbindlichen Bauleitplanung. Die Folgen davon waren hohe und höchste Verdichtungen, Fehlen oder Verzögerung von technischer und sozialer Infrastruktur, die zum Teil in anderen, oft ungünstig gelegenen Bereichen installiert wurde (z.B. Schulen in G-4). Das Fundament für die städtebaulich zerrissene und ungeregelte Entwicklung von Gamonal wurde bereits mit den ersten Siedlungsflächen gelegt, und zwar im Rahmen der sich zuwiderlaufenden Sektorialpolitik der verschiedenen öffentlicher Handlungsträger. So ebneten die staatlichen bzw. nationalen Wohnungsbauträger durch ihre praktisch illegale Standortpolitik der privaten Bauspekulation den Weg. Da sich in Gamonal überwiegend ungelernte Arbeiter mit ihren Familien ansiedelten, schienen "günstige" Voraussetzungen für solche Spekulationen gegeben.

4.2 Die Bevölkerungs- und Infrastruktur

Ausgehend von den Prognosen und Planungen des Stadtentwicklungsplans von 1969 wurde für die Gesamtstadt eine Bevölkerungsentwicklung auf über 300.000 Einwohner angenommen, wobei für Gamonal mit rd. 110.000 Einwohnern gerechnet wurde. Die Bestandsaufnahme ffür das Jahr 1981 (s. Tab. 42 und Abb. 45) zeigt, daß von den elf vorgesehenen

Tab. 42: Geplante und tatsächliche Entwicklung der Planungsbereiche in Gamonal

	Funktion[a]	Nettofläche (ha)	Wohnungen gepl.	1969	Einwohner gepl.	1981	Dichte (Ew/ha) gepl.	1981
G-1	W	34,6	4.325	2.000	13.840	1.654	400	48
G-2	W	43,8	5.475	407	17.520	3.664	400	84
G-3	W	35,2	4.391	-	14.080	-	400	-
G-4	W	27,6	3.450	4.707	11.040	11.309	400	410
G-5	W	38,2	4.775	-	15.280	-	400	-
G-6	W	41,5	5.187	4.325	16.600	5.232	400	126
G-7	W	15,7	1.472	2.725	4.710	5.587	300	356
G-8	W	25,0	2.344	991	7.500	17.577	300	703
G-9	W	15,0	1.406	-	4.500	8.091	300	539
G-10	W	28,7	897	-	2.870	-	100	-
GCC	1)	16,8	525	-	1.670	-	100	-
GIS	2)	45,0	-	-	-	-	-	-
GDE	3)	47,2	-	-	-	-	-	-
GPU1	4)	59,6	-	-	-	-	-	-
GPU2	4)	27,0	-	-	-	-	-	-
gesamt		500,9	34.247	15.155	109.620	53.114	340	261

- W: Wohnen
  1): Einkaufs- und Versorgungszentrum (Centro Cívico Comercial)
  2): Einrichtungen (Instituciones singulares)
  3): Sport und Sondernutzungen (Deporte y especial)
  4): Grünflächen (Parque urbano)

Quelle: Plan General de Burgos 1969 u. Ayuntamiento de Burgos 1981

Abb. 45: Planungsbereiche in Gamonal gemäß Plan General 1969

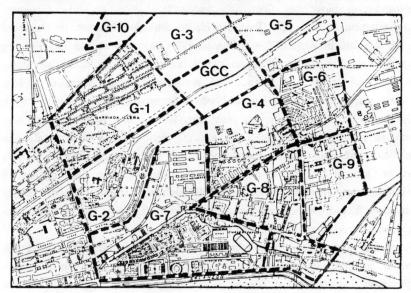

Planungsbereichen in Gamonal vier noch ohne Bebauung waren und zwei keine weitere Entwicklung (G-1: *Barriada Illera*) oder nur eine geringe Entwicklung (G-6: alter Ortskern mit *Barriada Inmaculada*) verzeichneten. Aus den übrigen 5 Planungsbereichen ragt G-8 besonders heraus: Bei projektierten 7.500 Einwohnern und einer Dichte von 300 Einw./ha wuchs es innerhalb von zehn Jahren von knapp 1.000 auf über 17.000 Einwohner und 703 Einw./ha. G-8 kann dementsprechend im weiteren als prägnantes Beispiel für die unausgewogene Stadtentwicklung der 60er und 70er Jahre herangezogen werden. Die hohen Verdichtungen in Gamonal entsprachen dabei durchaus der gesamtstädtischen Entwicklung. Zwar war im Stadtentwicklungsplan für Burgos der Bau von 34.247 Wohnungen vorgesehen - von denen dann nur 13.505 realisiert wurden (vgl. Ayuntamiento de Burgos 1980, Bd. 5, Tab. 1) - doch lag bereits dieses anvisierte Neubauvolumen mit 106 Wohnungen pro ha über dem gesetzlichen Höchstwert von 75 (vgl. Legislación del Suelo 1981).

Die Sozial- und Wirtschaftsstruktur der vor allem aus ländlichen Regionen zugewanderten Bewohner Gamonals verdeutlicht sich an ihrer Einkommensgliederung (s. Tab. 43). Über die Hälfte der Beschäftigten in Gamonal und rd. 2/3 im Bereich G-8 verdienten 1979 weniger als 45.000 Peseten (umgerechnet 1.278 DM) und lagen damit unter dem Durchschnittseinkommen der Gesamtstadt. Die Betrachtung weiterer Strukturmerkmale (s. Tab. 44) weist aus, daß sich eine Vielzahl von Mängeln und Fehlentwicklungen im Neubaubereich von Gamonal feststellen lassen. Die Wohnsituation entspricht einer sehr verdichteten Bebauung, vertikal wie horizontal. Die nach 1960 gebauten Wohnungen sind meist klein geschnitten und von minderer Qualität. In aller Regel ist in den Wohngebäuden das Erdgeschoß für Handel oder Gewerbe freigehalten, die sich als Ladenlokale oder Lager bis in den Blockinnenhof ausdehnen (naves) und dieser dann für Grün- oder Freizeitfunktionen nicht mehr nutzbar ist.

Auch bei den Grüneinrichtungen ist Gamonal defizitär: Der Distrikt 9-Gamonal ist 1980 als einzige städtische Zone ohne eigene Grünanlagen ausgewiesen (inzwischen ist allerdings der *Parque Rodríguez de la Fuente* fertiggestellt) und dies, obwohl die Gesamtstadt mit 157,15 ha Grünflächen einen relativ günstigen Gesamtwert hat. Für Gamonal wird im Stadtentwicklungsplan von 1983 folgerichtig auch der größte Bedarf ausgemacht, und es wurden Planungen von rd. 14 ha Parkflächen vorgesehen (vgl. Ayuntamiento de Burgos 1983, Bd. 4, S. 90).

Bei den Einrichtungen der sozialen Infrastruktur läßt sich die Mängelliste fortsetzen. Defizite bei den Schuleinrichtungen von 60-90 % sowie erhebliche Fehlbestände bei Gesundheits-, Kultur- und Sporteinrichtungen legen von der Minderausstattung Zeugnis ab (vgl. Ayuntamiento de Burgos 1980, Bd. 6, S. 37ff u. 149).

Die Entwicklung der Bodenpreise (s. Abb. 46) erlaubt einen Einblick in den Ablauf der Bodenpreisdynamik und Bauspekulation als Folge der raschen Entwicklung nach 1964. Bis zu diesem Zeitpunkt lag der Ort im landwirtschaftlichen Bereich mit niedrigen Bodenpreisen. Mit der zunehmenden Bebauung und Aufsiedlung im Gefolge des Gewerbepols erfuhr das Gebiet einen Wertzuwachs, der sich 1980 in einer deutlichen Ausdifferenzierung des Bodenpreisgefüges niederschlug. Die *Calle Vitoria* (N-I) stellt demnach die

- 263 -

wichtigste und teuerste Baulage mit 4-5.000 Peseten/qm dar. Im Bereich des Dreiecks G-8 (*Calle Vitoria - Carretera de Logroño - Avenida Eladio Perlado*) folgen die nächst teueren Lagen mit 2-4.000 Peseten/qm.

Tab. 43: Einkommensverteilung in Burgos 1979 (%-Angaben)

	Peseten					
	<30.000	30-45.000	45-65.000	65-100.000	>100.000	ges.
Burgos	13	32	30	16	8	100
Gamonal	13	43	30	13	2	100
Bereich G-8 [1]	5	59	16	16	3	100

1) entspricht Planungsbereich G-8 ohne Statist. Bezirk 9.8
Quelle: Ayuntamiento de Burgos 1980, Bd. 8

Tab. 44: Gebäude- und sozialstrukturelle Merkmale in Gamonal (Burgos) 1980

	Statist. Bezirk 8	Statist. Bezirk 11	Bereich G-8	Gamonal ges.	Burgos ges.
Wohngebäude					
Bestand (abs.)	47	82	214	1.247	7.527
Stockwerkzahl (%)					
1-4	12,8	4,9	6,1	62,5	66,9
5-7	29,8	21,9	23,8	13,1	21,7
8 u.m.	57,4	73,2	70,1	24,4	11,4
Bauperiode (%)					
vor 1900	-	-	-	2,5	12,5
1900-20	-	-	-	1,1	6,6
1920-40	-	-	0,5	4,4	10,3
1940-50	-	-	1,4	10,3	20,2
1950-60	-	-	1,9	47,2	26,3
1960-70	91,5	43,9	50,2	22,4	15,2
1970-80	8,5	56,1	46,0	12,1	8,9
Wohnungen					
Bestand (abs.)	1.071	2.133	5.501	13.550	49.307
leerstehend (%)	5,3	3,2	5,3	3,7	7,3
Geschoßflächen- zahl (m³/m²)	1,70	2,54	2,00	0,61	0,88
Wohnungen pro Gebäude (abs.)	23	26	26	11	7
Ladenlokale (abs.)	128	176	603	1.394	7.593

1) zur Lage der Statist. Bezirke s. Abb. 49b
eig. Ber. nach Ayuntamiento de Burgos 1980, Bd. 2

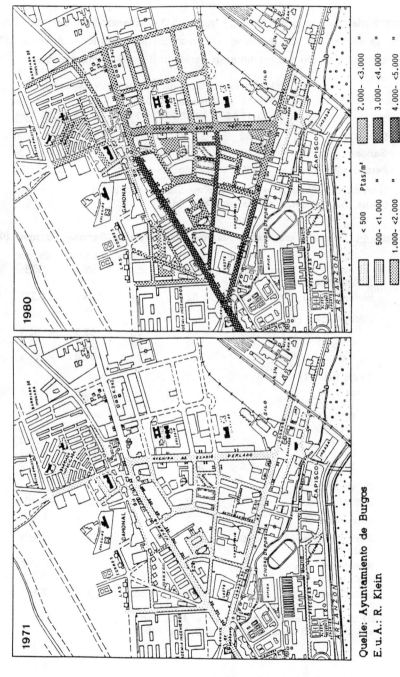

Abb. 46: Bodenpreise in Gamonal (Burgos) 1971 und 1980

Quelle: Ayuntamiento de Burgos
E. u. A.: R. Klein

4.3 Das engere Untersuchungsgebiet

Die Bebauung im engeren Untersuchungsgebiet entstammt überwiegend den Jahren 1966 bis 1970 und 1976 bis 1980, mit Gebäudehöhen zwischen 6 und 12 Stockwerken (s. Abb. 47 u. 48). In die genannte Zeit fällt auch die größte gesamtstädtische Bauaktivität (s. Kap. 3.1). Die erste Bebauung ging von der Hauptstraße, der Nationalstraße N-I, aus, die auch die Leitachse der nachfolgenden Bebauung darstellte. Die weitere Aufsiedlung orientierte sich an der inzwischen aufgestellten Fluchtlinienplanung für Gamonal. Während sich die komplette Wohnbebauung im größten Teil des Gebiets über 20 Jahre verteilte, verlief sie im südlichen Teil zwischen 1957 und 1970 im Rahmen staatlich geförderter Wohnungsbaumaßnahmen relativ homogen. In die Zeit 1971-75 fallen nur geringe Bauaktivitäten, die auf große Blocks beschränkt sind. Die Bebauung aus der Periode 1976-80 schließt zunehmend die Bebauungslücken innerhalb der Blockbereiche, während dies nach 1980 entlang der breit angelegten *Avenida Eladio Perlado* erfolgt.

Innerhalb des Untersuchungsgebiets, das die Statistischen Bezirke 8, 11, 18 und 21 umfaßt, wurden sieben Einzelgenehmigungen und drei Bebauungspläne detailliert ausgewertet. Sie ordnen sich ein in verschiedene, im Untersuchungsgebiet und in Gamonal feststellbare Wohnungs- und Gebäudetypen, (s. Tab. 45; vgl. auch SERNA 1978).

Einerseits handelt es sich um geschlossene Siedlungen (sog. *Barriadas* bzw. *Poligonos residenciales*), die in allen Phasen der Entwicklung von Gamonal erstellt wurden, andererseits um Einzelprojekte. Letztere nahmen mit der Ausweisung des Gewerbepols ab 1964 eine starke Entwicklung und erreichten dabei auch Größenordnungen, die den Siedlungen entspricht. Nach 1969/70 lief die Bebauung gemäß Baugesetzgebung und Stadtentwicklungsplan nach Bebauungsplänen ab, die sich jeweils auf eine von Straßen umzogene Fläche (*Poligono*) bezogen. Während des angegebenen Zeitraums nahmen die Gebäudehöhen deutlich zu. Die vor dem *Plan General* von 1969 realisierte Bebauung, einschließlich der Siedlungen, vollzog sich in Gamonal nicht nur außerhalb der durch den Plan von 1945 ausgewiesenen und verbindlichen Erweiterungsflächen der vorbereitenden

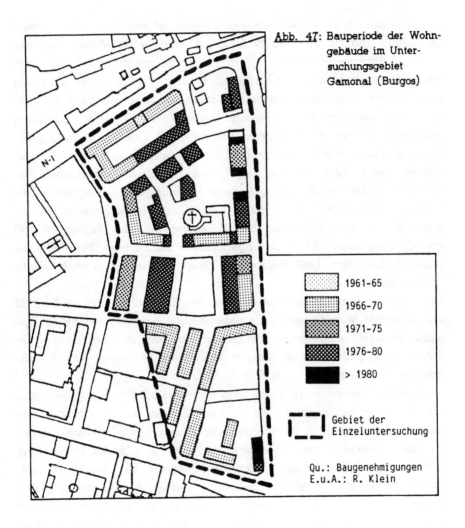

Abb. 47: Bauperiode der Wohngebäude im Untersuchungsgebiet Gamonal (Burgos)

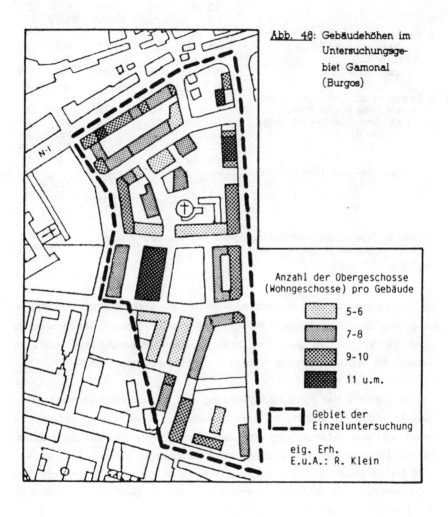

Abb. 48: Gebäudehöhen im Untersuchungsgebiet Gamonal (Burgos)

Tab. 45: Gebäude- und Wohnungstypen in Gamonal (Burgos)

	Baujahr	Anz. Gebäude	Anz. Stockw.	Anz. Wohng.	Plan[1]
1. Siedlungen					
a) Barriada Inmaculada	1958-65	37	2 u.5	997	N
b) Juan XXIII	1963-67	15	9-12	1.144	N
c) Las Torres	1973-77	5	14	250	J/N
2. Bebauung im Unters.gebiet G-8					
a) bis 1964 (Calle Vitoria)	1961	1	8	16	N
b) ab 1964 (Stat.Bez. 9.8, 9.18)	1967-68	2	6	205	N
	1969	2	8	380	N
	1970-81	6	7-11	370	J/N
	1967-79	o.A.	7-12	o.A.	N
c) nach Beb.plan (Plan Parcial)					
Nr. 1	1977-80	2	9-12	331	J
Nr. 2	1977-83	7	7-12	336	J
Nr. 3	1980	1	10 u.13	84	J

1) Bau in Übereinstimmung mit gültigem Flächennutzungs- bzw. Bebauungsplan: J - Ja; N - Nein
eig. Erh.

Bauleitplanung, sondern entbehrte auch einer verbindlichen Bauleitplanung, wie dies nach Inkrafttreten des Baugesetzes vorgeschrieben war. So lagen die Wohnblocks Las Torres zwar in Übereinstimmung mit dem *Plan General*, sie waren allerdings ohne gültigen Bebauungsplan erstellt.

Das Ergebnis der Bauaktenauswertung der untersuchten Projekte ist in Tab. 46 zusammengefaßt. In vier der sieben ersten Fälle erfolgte die Bebauung ohne Genehmigung bzw. mit einer Übertretung des Baugesetzes. Geahndet wurde dies allerdings nur mit geringfügigen Strafen (500 Peseten). Fünf Mal erwuchsen Konflikte zwischen Promotor und Baubehörde aus ungenügender oder fehlender Erschließung und in zwei Fällen überschritt die Gebäudehöhe die genehmigten Werte.

Die mit dem Stadtentwicklungsplan 1969 eingeführten Bebauungspläne wurden erstmals 1973 und 1974 aufgestellt. Idee und Ziel dieser *Planes Parciales* ist zwar die regulierte Bebauung zusammenhängender Flächen und damit die Verhinderung übergroßer Verdichtungen, doch wurde in den vorliegenden drei Fällen das Gegenteil bewirkt. In dem von den Bebauungsplänen durch Straßen umgrenzten Wohnblockbereich lag in den ersten beiden Fällen bereits eine Wohnbebauung vor, wodurch die Verdichtungskriterien von 4 m^3/m^2 schon nahezu erfüllt oder überschritten waren. Bis zum Stadtentwicklungsplan von 1969 und der Einführung der Bebauungspläne hatte sich die Bebauung nur an der Gebäudehöhe in Abhängigkeit von der Straßenbreite zu orientieren, danach beruhten die Vorgaben auf Bauvolumenindex und Einwohnerdichte. In den beiden Fällen hatte die Intervention der jeweiligen privaten Promotoren zur Folge, daß die Bebauung nicht mehr auf die Gesamtfläche des *Polígono*, sondern nur noch auf die Restfläche bezogen wurde. Die Konsequenz daraus war das deutliche Überschreiten der ursprünglich festgelegten Dichtewerte, wenngleich nunmehr etwas größere Flächen als vorgesehen für öffentliche Freiflächen und soziale Infrastruktureinrichtungen ausgewiesen wurden (z.B. Kirche San Pablo im Plan Nr. 2).

Vor der Aufstellung von Bebauungsplänen wurden nur die Übertretungen baurechtlicher Art ermittelt und geahndet und Sanktionen eher symbolischer Art verhängt. Nachdem die Dichterichtlinien durch den neuen Stadtentwicklungsplan genauer gefaßt waren, verstießen viele der eingereichten Projekte dagegen. Dennoch wurden sie, meist ohne Abstriche, durchgesetzt. Ausgleichs- und Pufferfunktion kam dabei den Flächen für öffentliche und soziale Einrichtungen zu, die allerdings eher der Legitimation von illegaler Bebauung zu dienen schienen. Tatsache ist, daß die großen Wohnungsbauprojekte sowohl den Planungsnormen als auch den Planungsgrundsätzen zuwiderliefen - und dies mit Duldung der Stadtverwaltung.

Tab. 46: Ausgewertete Baugenehmigungen

Objekt (Straße)	Bauantrag	Fertigstellung	Wohnungen Anz.	Größe (m²)	Konflikte/Übertretungen
Vitoria, 188	1966	1969	65	70	11 Monate lang Bauen ohne Genehmigung; Verweigerung durch Bauverwaltung solange, bis Bach, der Grundstück quert, kanalisiert
Arzobispo Pérez Platero 11	1966	1967	24	70	Bau der ersten beiden Etagen ohne Genehmigung, da fehlende bzw. nicht vorgesehene Erschließung
Francisco Grandmontagne 11-15	1967	1970	97	66	Baubeginn nicht angezeigt; keine Baugenehmigung, da Erschließung fehlt
Vitoria, 198 u. 200 A	1968	1970	86	69	Gebäudehöhe um 75 cm überschritten
Vitoria, 190	1967	1969	35	80	ohne Einwände genehmigt
Francisco Grandmontagne, 1-5	1964	1968	81	71	1. Entwurf (160 Wohn.): keine Baugenehmigung, da zu hohe Verdichtung, zu große Bauhöhe, zu viele Wohnungen zur Blockinnenseite gelegen, problemat. Bachverrohrung; 2. Entwurf (140 Wohn.): weitgehend gleiche Probleme
Barriada Juan XXIII	1961	1967	1160	60-70	Mai 1966: Aufforderung der Bauverwaltung an Bauträger zur sofortigen Erschließung, da Wohnungen bereits belegt
Plan Parcial G-8 Nr. 1 (Plaza Santiago)	1973	1980	331	80	durch bestehende Bebauung hat Polígono residencial bereits 83 % des festgesetzten Bauvolumens erreicht
Plan Parcial G-8 Nr. 2 (Plaza de San Pablo)	1973	1983	102 234	77 70-110	durch bestehende Bebauung hat Polígono residencial bereits 108 % des festgesetzten Bauvolumens erreicht; Einspruch der Eigentümer der bereits vorhandenen Gebäude, die zu hohe weitere Verdichtung befürchten; Bauverwaltung: zu geringer Flächenverbleib für notwendige öffentliche Einrichtungen
Plan Parcial G-8 Nr. 3 (Serna)	1974	1983	84	115	Bauverwaltung: - Gebäudehöhe (14 Stckw.) stört Harmonie des Viertels (Nähe denkmalgeschützte Kirche); - vorgesehener Kindergarten hat schlechte Lage; - Fehlen eines Kulturzentrums in Gamonal, während abzureißendes altes Rathaus erhalten werden soll

Quelle: Bauakten Stadtarchiv Burgos

im Untersuchungsgebiet Gamonal (Burgos)

Sanktionen	Planentwurfsänderungen	Bemerkungen
5 Mal Strafe, je 500 Ptas., nach Fortsetzung der Arbeiten	-	-
500 Ptas.	Abtretung von Erschließungsfläche an Stadt ; Übereinkunft, daß weitere Bebauung mit gleichzeitiger Erschließung erfolgt	Gebäude ist das erste, das inner-G-8 erbaut, auf Grundlage der Fluchtlinienverlängerung des Plan General 1945
500 Ptas.	-	da Erschließungsmaßnahmen vorgesehen, erfolgt schließlich doch Baugenehmigung
15.000 Ptas., unter Bezug auf Baugesetz 1956, §215	-	-
-	2. Entwurf, reduziert auf 140 Wohnungen	
	Reduzierung auf 81 Wohnungen unter Beibehaltung der Gebäudehöhe	
-		-
-	Bebauungsdichte wird bzgl. noch unbebauter Fläche berechnet; im Gegenzug 57 % Fläche für Grün- und Sozialeinrichtungen reserviert	gesetzliche Bebauungsdichte von 4 m^3/m^2 wird zu 5,6 m^3/m^2 bei Umrechnung der Bebauung auf Gesamtfläche des Polígono residencial
-	Bebauungsdichte wird bzgl. noch unbebauter Fläche berechnet; im Gegenzug 63 % Fläche für Grün- und Sozialeinrichtungen reserviert	gesetzliche Bebauungsdichte von 4 m^3/m^2 wird über 5 m^3/m^2 bei Umrechnung der Bebauung auf Gesamtfläche des Polígono residencial
-	Reduzierung von 14 auf 12 Stockw.; Erhalt des alten Rathauses; Einplanung eines Kulturzentrums statt des Kindergartens	festgelegte Bebauungsdichte statt 4 nunmehr 7,23 m^3/m^2

4.4 Strukturdaten

Der engere Untersuchungsbereich in Gamonal umfaßt im Distrikt 9 (Gamonal) die vier Statistischen Bezirke 8, 11, 18 und 21 mit ihren jeweiligen Baublöcken (s. Abb. 49b). Einwohner-, Berufs- und Wohnungsstruktur auf der Ebene der 19 Baublöcke gibt Tab. 47 wieder. Entsprechend der vor allem nach 1965 zugewanderten, arbeitsplatzorientierten Bevölkerung handelt es sich um demographisch junge und fruchtbare Bevölkerungsschichten. Es sind Zuwanderer aus dem ländlichen Raum, überwiegend aus der eigenen Provinz, die es in die Industrie der Hauptstadt zieht. Aus anderen Teilen Spaniens kommt, im Gegensatz zu den großen Migrationszentren des Landes, nur etwa jeder fünfte Zuwanderer. Während in der Gesamtstadt etwa gleich viele Erwerbspersonen im Dienstleistungsbereich wie im Gewerbe beschäftigt sind, ist das Gewicht in Gamonal bzw. dem Untersuchungsgebiet deutlich zur Industrie (einschließlich Baugewerbe) verschoben.

Die oben festgestellte Wohnverdichtung findet ihre Bestätigung in der überdurchschnittlich hohen Belegungsdichte von 3,8 Personen pro Wohnung.

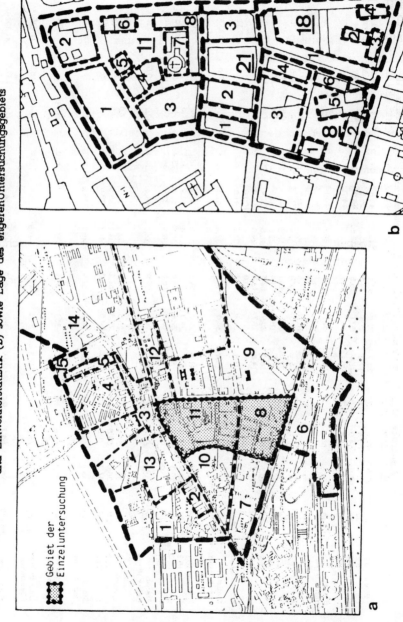

Abb. 49: Gliederung von Gamonal (Burgos) nach Stadtentwicklungsplan 1980 (a) und Einwohnerstatistik (b) sowie Lage des engeren Untersuchungsgebiets

- 274 -

Tab. 47: Strukturtabelle für das Untersuchungsgebiet in Gamonal (Burgos)

	Einw. 1981	Altersgruppe (%) <15	15-64	>64	wohnhaft in BU (%) vor 1962	1962-71	seit 1972	Gebutsort (%) BU-Stadt	BU-Prov.	Sonst.	Berufe (%) Dienstl.	Ind./Bau	belegte Wohnungen Anz.	Pers./Whg
Block 8.1	121	25,6	72,7	1,7	23,9	25,7	50,4	42,1	43,8	14,1	15,7	24,0	39	3,1
8.2	126	30,9	63,5	5,6	19,0	21,5	59,5	35,7	36,5	27,8	14,3	14,3	39	3,2
8.4	678	28,0	64,0	8,0	11,4	53,1	35,5	33,8	45,0	21,2	8,4	19,9	184	3,7
8.6	526	29,5	65,8	4,7	35,1	63,1	18,8	43,3	44,7	12,0	6,1	20,3	129	4,1
Statist. Bezirk 8 ges.	1.448	28,6	65,3	6,1	15,5	51,7	32,8	38,1	44,1	17,8	18,7	19,9	391	3,7
Block 11.1	2.223	32,1	63,6	4,3	13,8	40,7	45,5	39,5	41,7	18,8	8,5	20,9	578	3,8
11.2	128	35,9	60,9	3,1	9,3	21,9	68,8	31,3	28,1	40,6	14,1	12,5	31	4,1
11.3	1.208	31,0	65,6	3,4	22,9	32,0	45,1	37,5	41,7	20,8	9,8	20,2	319	3,8
11.4	271	32,8	66,1	1,1	7,7	18,9	73,4	32,5	41,0	26,5	12,9	18,5	81	3,3
11.5	86	40,7	58,1	1,2	16,3	20,9	62,8	46,5	31,4	22,1	7,0	15,1	25	3,4
11.6	262	25,2	68,7	6,1	14,8	23,7	61,5	29,0	43,9	27,1	9,5	26,3	64	4,1
11.7	5	-	80,0	20,0	-	-	100,0	-	100,0	-	-	-	3	1,7
11.8	838	30,5	65,0	4,4	11,8	37,1	51,1	36,2	41,6	22,2	7,8	21,1	232	3,6
Statist. Bezirk 11 ges.	5.021	31,7	64,4	3,9	13,9	34,0	52,1	37,4	41,3	21,3	9,1	20,6	1.333	3,8
Block 18.1	1.315	30,6	65,1	4,3	11,4	29,0	59,6	34,8	47,1	18,1	6,1	20,2	314	4,2
18.2	187	36,9	60,4	2,7	12,3	34,3	53,4	44,4	43,9	11,7	7,5	17,1	46	4,1
18.3	436	29,3	65,4	5,3	9,8	29,4	60,8	30,5	43,6	25,9	9,9	21,3	119	3,7
18.4	82	36,6	62,2	1,2	2,4	20,8	76,8	32,9	32,9	34,2	4,9	14,6	21	3,9
Statist. Bezirk 18 ges.	2.020	31,2	64,6	4,2	10,8	29,3	59,9	34,7	45,4	19,9	12,2	20,0	521	3,9
Block 21.1	513	39,0	57,9	3,1	15,3	25,5	59,2	44,2	38,2	17,6	7,0	14,2	128	4,0
21.2	545	38,0	59,8	2,2	9,3	23,5	67,2	34,7	38,0	27,3	12,5	15,6	142	3,8
21.3	710	37,7	61,1	1,1	13,2	24,5	62,3	42,7	38,5	18,8	7,2	20,0	181	3,9
Statist. Bezirk 21 ges.	1.768	38,2	59,8	2,0	12,6	24,5	62,9	40,7	38,2	21,1	8,8	17,0	456	3,9
Unters.gebiet ges.(8,11,18,21)	10.257	32,3	63,8	3,9	13,0	35,1	51,9	37,7	42,3	20,0	9,7	19,4	2.701	3,8
Distrikt 9 ges. (Gamonal)	46.107	29,9	65,8	5,2	17,3	33,8	48,9	41,5	36,6	21,9	8,4	18,3	11.935	3,9
Burgos ges.	150.149	26,0	64,2	9,7	29,9	28,2	41,9	44,5	34,4	21,1	12,0	12,8	41.392	3,6

1) Zur Lage der Statist. Einheiten s. Abb. 49b
Quelle: Ayuntamiento de Burgos 1981

4.5 Die städtischen Akteure

Die Analyse der exemplarisch untersuchten Wohnbauprojekte (s. Kap. 4.3) offenbarte bereits eine Reihe verschiedener Interessenkonstellationen und -widersprüche zwischen den verschiedenen beteiligten Akteuren der Stadtentwicklung.

Bei Bebauungsplan Nr. 2 tritt ein Interessengegensatz zwischen Wohnungsnutzern und Promotoren zu Tage. Hier sollte der westliche Teil des *Polígono*, in dem sich zur Straße Francisco Grandmontagne (Nr. 11 u. 15) hin bereits ein elfstöckiges Gebäude mit 79 Wohnungen befindet, achtgeschossig bebaut und der Block damit geschlossen werden. Die Eigentümergemeinschaft des betroffenen Gebäudes erhob dagegen Einspruch mit der Begründung, daß durch das Schließen des Blocks eine extrem hohe und dem Stadtentwicklungsplan zuwiderlaufende Verdichtung erfolgen würde. Die Stadt wies den Einspruch zurück und verwies darauf, daß dort aber Bebauung vorgesehen sei und daß diese im übrigen auch der baulichen "Harmonisierung" diene. Folge der Nichtintervention der Stadt war die Bebauung wie vorgesehen und dadurch eine enorm hohe Wohnverdichtung.

Weitergehende, unmittelbare Verquickungen zwischen Promotor bzw. Architekt und Stadtverwaltung ergeben sich aus der Tatsache, daß es der städtische Architekt selbst war (Olano), der in drei Fällen (einschließlich *Planes Parciales* Nr. 1 u. 2) die Bebauungspläne im Auftrag der Promotoren angefertigt hatte. Alle drei Pläne wurden dabei ohne größere Probleme so realisiert wie eingereicht.

Die Verschränkung zwischen den einzelnen städtischen Akteuren, die bei der Untersuchung der Struktur der Bauträger und Promotoren bereits deutlich geworden war (s. Kap. 3.3), bietet auch in der Einzelfallbetrachtung Aufschluß über die Zusammenhänge zwischen Grund-, Immobilien- und Wohnungsbesitz. Ein enger Zusammenhang ist so gegeben zwischen Promotoren und Immobilienbesitzern. Es kommt häufig vor, daß Promotoren nicht alle Wohnungen als Wohneigentum veräußern, sondern auch selbst Nutzer einer oder mehrerer Wohnungen oder Geschosse sind - in eigenen oder anderen Gebäuden. Von 63 ausgewerteten Wohngebäuden im engeren Untersuchungsbereich (nicht enthalten: Straße San Juan de Ortega) wurde ermittelt, daß bei 41 Gebäuden Eigennutzung von Promotoren vorliegt vorliegt (Quelle: Auswertung der Unterlagen des Finanzministeriums Burgos). Darunter befindet sich allein 33 Mal das Erdgeschoß, das als Stockwerk durch Vermietung an Geschäfte und Kleingewerbe am lukrativsten ist. In der Gruppe der Promotoren und Immobilienbesitzer ist J.L. Jiménez de la Viuda in acht Fällen als Erdgeschoßeigentümer am häufigsten vertreten.

Das Erdgeschoßeigentum liefert im weiteren aufschlußreiche Hinweise auf die Grundbesitzverhältnisse vor der Bebauung. Es zeigen sich häufige Koinzidenzen von Grund- und Immobilienbesitzern. Es ist offenbar Praxis, daß Promotoren, insbesondere wenn sie unterkapitalisiert sind, das Baugrundstück nicht käuflich erwerben, sondern gegen Wohnungs- oder Erdgeschoßeigentum im späteren Gebäude eintauschen. Dies kann insbesondere im Fall des erwähnten Jiménez nachvollzogen werden. Er erwarb in Gamonal nach 1960 umfangreichen Grundbesitz von der Familie Moliner Escudero, die in Gamonal über den größten Grundbesitz verfügte. Im Bereich des Bebauungsplanbereichs G-8 gehörten dieser Familie rd. 13 ha (= 70 %). Weitere 85 ha Grundbesitz nannte die Familie nördlich der N-I ihr eigen (Quelle: Katasterpläne des Instituto Nacional Geográfico y Catastral 1956). Dieser Baugrund wurde im Tausch gegen Anteile an den fertiggestellten Gebäuden an die Promotoren übereignet. Die Familie trat als Promotor selbst nur ein Mal auf, und zwar beim Gebäude in der Straße Vitoria Nr. 186.

Unter den weiteren Grundbesitzern mit mehr als 0,3 ha aus dem Jahr 1956 - der Zeit vor der Bebauung Gamonals - kann nur ein Fall nachgewiesen werden, wo eine Doppelfunktion als Grundbesitzer und Promotor vorlag. Es war dies D. Serna Pérez mit 0,58 ha Grundbesitz, der zwischen 1974 und 1983 als Promotor eine Überbauung der Parzelle selbst durchführte. In den anderen Fällen treten die Grund- und Bodenbesitzer später weder als Promotoren noch als Wohnungs- bzw. Erdgeschoßeigentümer in Erscheinung:

- P. Moliner Escudero (13,42 ha)
- J. Gómez Pérez (0,6 ha)
- Ju. Gómez Pérez (0,67 ha)
- C. Gómez Pérez (0,22 ha)
- Bruderschaft der Mönche (2,2 ha)
- Herzog Pérez Donato (0,7 ha)
- C. Ortega Gómez (0,34 ha)

In zehn Fällen zeigte sich bei den ausgewerteten Bebauungsunterlagen, daß die Promotoren gleichzeitig Bauunternehmer waren. In fünf Fällen waren Wohnungs- und Erdgeschoßeigentümer, Promotor und Bauunternehmer identisch (Arranz Acinas).

Die Bedeutung der am Wohnungsbau in Gamonal beteiligten städtischen Akteure kann wie folgt resümiert werden:

Die traditionellen Grundbesitzer sind nicht aktiv am Neubau als Promotoren beteiligt. Sie nutzen die Bebauung auf ihrem Grund und Boden im Tausch gegen Wohn- oder Erdgeschoßeigentum. Die sog. produktiven Grundbesitzer, modellhaft in Jiménez de la Viuda verkörpert, streben zielgerichtet nach Erwerb und Einsatz von Grundbesitz beim Prozeß der Wohnungsproduktion. Sie sind nicht nur Promotor (Bsp. Serna im Bebauungsplan Nr. 3), sondern kapitalisieren ihren Grund- und Boden auch durch Eintausch gegen Immobilieneigentum.

Die Bauunternehmer sind oft auch Promotoren, wenn sie die Herstellung mit der Vermarktung von Wohnraum verbinden. Bis auf eine Ausnahme (Familie Arranz Acinas) konnten allerdings keine Übereinstimmungen von Bauunternehmern und Grundbesitzern festgestellt werden.

Die Promotoren weisen starke Affinitäten zum Wohnungsbau und vor allem zum Immobilienbesitz auf. Sie treten zwar überwiegend als Einzelpersonen auf, doch fallen sie in einer Reihe von Fällen mit Bauunternehmern (6 Mal) sowie mit Familien (12 Mal) zusammen - unter letzteren die als wichtige Bauunternehmen tätigen González Alonso und Arranz Acinas. Interessant bei der letztgenannten Familie ist, daß in der Dreiecksbeziehung Bauunternehmen-Promotion-Immobilienbesitz die Wohnungspromotion offenbar der eigentliche Motor ist. Die Promotoren sichern sich meist Immobilienanteile an ihren Gebäuden. Dies betrifft in erster Linie das Erdgeschoß, das als wirtschaftlich lukrativster Gebäudeteil dann an Handel oder Kleingewerbe vermietet wird.

Die Sparkassen schließlich werden vor allem als Promotoren aktiv. Dabei können sie auf umfangreichen Grundbesitz zurückgreifen. Vermittels ihrer Baugesellschaften sind die beiden Sparkassen in Burgos zu wesentlichen Teilen an der Wohnungsproduktion beteiligt. Die Gebäude werden allerdings an die Wohnungsnutzer veräußert und nicht als Kapitalanlage eingesetzt.

Das Beziehungsgefüge zwischen den am Wohnungsbau in Gamonal beteiligten Gruppen, den städtischen Akteuren, kann wie folgt veranschaulicht werden:

Abb. 50: Verflechtungen zwischen den städtischen Akteuren im Untersuchungsgebiet in Gamonal

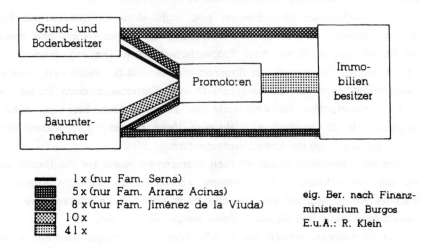

1 x (nur Fam. Serna)
5 x (nur Fam. Arranz Acinas)
8 x (nur Fam. Jiménez de la Viuda)
10 x
41 x

eig. Ber. nach Finanzministerium Burgos
E.u.A.: R. Klein

Eine Gruppe von städtischen Akteure ist im Beziehungsgeflecht des Wohnungsbaus bisher kaum behandelt worden, wenngleich sie nicht ohne Wirkung auf die Wohnungssituation blieb: die <u>Bewohner- bzw. Bürgerinitiativen</u>. Dabei handelt es sich nicht um eine einzige Organisationsform, sondern um ein Spektrum, das von Freizeitzirkeln bis zur Bürgerinitiative im engeren Sinn reicht. In Gamonal finden sich drei Organisationsformen von Bewohnerinitiativen: die Freundes- oder Freizeitzirkel (*Peñas*), die Familienorganisationen (*Asociaciones de Cabezas de Familias*) und die Bürgerinitiativen (*Asociaciones de Vecinos*).

Die *Peñas* sind traditionelle und folkloristische Vereinigungen, die ihren Ursprung in Kirchweihfesten haben. Anfang 1984 existieren in Gamonal fünf solcher Gruppen. Es sind die *Peña Antonio José*, *Peña Blusas de*

Capiscol, Peña Jóvenes de Capiscol, Peña Los Titos, Peña Los Verbenas. Die *Asociaciones de Cabezas de Familias* ("Vereinigungen der Familienoberhäupter") sind ursprünglich eine Konstruktion des Franquismus, um über diese Struktur direkten Einfluß in die Familien zu gewinnen. Die Organisationsziele waren eher pädagogischer und religiöser Natur. Die 1984 bestehenden drei Vereinigungen sind "El Salvador", "Juan XXIII" und "La Inmaculada". Die Bürgerinitiative "Todos Unidos" schließlich entstand 1974 als Bewohnerinitiative mit dem Ziel, auf die Wohnsituation politisch einzuwirken.

Die verschiedenen Gruppen und Initiativen sind mit ihrem zunehmenden sozialen und politischen Engagement in den 70er Jahren ein Spiegelbild der politischen Situation Spaniens und der konkreten Situation im Stadtteil. Erste organisierte, sich auch in der Presse niederschlagende Aktivitäten zur Stadtteilsituation erfolgten in der Mitte der 70er Jahre. Im "Diario de Burgos" vom 23.9.1975 wird berichtet, daß von den *Cabezas de Familias* 1100 Unterschriften für eine Petition an die Stadtverwaltung gesammelt wurden. Grund für die Aktion war, daß es nur einen Kindergarten gab und es an Schulen fehlte.

Bedeutung und Politisierung der Stadtteilgruppen in Gamonal können an Beispielen wie dem *Parque Santiago* verdeutlicht werden. Die Einrichtung dieses Platzes (kein Park) ist in dem 1973 eingereichten, bereits zitierten Bebauungsplan Nr. 2 enthalten. Darin wird die auf dem Baugrundstück gemäß Baugesetz zu reservierende Freifläche für den Bau einer Schule ausgewiesen. Da die Baugenehmigung des Ministeriums hierfür aber ausbleibt, soll die Katholische Sparkasse im Rahmen ihrer Sozialwerk-Verpflichtungen tätig werden. 1978 plant sie einen Kindergarten. Im selben Jahr überschreiben die Promotoren die Parzelle an die Stadt zur Realisierung der vorgesehenen Planung. Hier nun tritt die Bürgerinitiative auf den Plan. In einer Denkschrift bezieht sie Stellung zu Bedeutung und Organisation sozialer Einrichtungen sowie von Freiflächen. Aufgrund der hohen baulichen Verdichtung von Gamonal sowie der Tatsache, daß keine Parks oder Grünzonen geplant waren, setzt sich die *Asociación de vecinos* für Grünflächen statt Bebauung ein. 1979/80 schließt sich die Stadtverwaltung dieser Argumentation an und weist nunmehr einen Park aus. Realisiert wurde dieser allerdings nicht. Es entstand vielmehr ein betonierter, inzwischen allerdings mit Bäumen umsäumter Platz - darunter sind Tiefgaragen -, der auch für Kulturveranstaltungen genutzt wird.

Ähnlich wie wie im Falle des Parks wies die Bürgerinitiative wiederholt auf fehlende Einrichtungen hin, seien es Erholungs- und Freizeitmöglichkeiten, ärztliche Versorgung oder Schulen (vgl. "Boletín" der *Asociación de Vecinos Todos Unidos*, ab Nr. 1/1977). Ende der 70er und Anfang der 80er Jahre lagen die Schwerpunkte der Bürgerinitiative bei der Stellungnahme zur Bebauung des östlich G-8 anschließenden *Polígono G-9*, bei der geplanten Umgehungsstraße, der Forderung nach einem Gesundheitszentrum sowie der Diskussion des neuen Stadtentwicklungsplans, der 1983 in der ersten Stufe genehmigt wurde (vgl. Asociación de Vecinos "Todos Unidos" 1981).

Im Bebauungsgebiet G-9 wollte die Stadt nachträglich die Erschließungsgebühren (als sog. *contribuciones especiales*) von den inzwischen Eigentümer gewordenen Wohnungsbeziehern erheben. Da diese Beiträge allerdings Aufgabe des Bauträgers sind, rief "Todos Unidos" dazu auf, diese "ungesetzlichen" Beiträge nicht zu entrichten (vgl. dies., 1982).

Bezüglich der Planung der mehrspurigen, im *Plan General* von 1969 ausgewiesenen Umgehungsstraße (sog. *Ronda II*) regte sich breiter Widerstand. Die Straße sollte, am SE-Ufer des Arlanzón verlaufend, durch den dortigen Stadtwald gezogen werden, den einzigen Grünzug in der Nähe Gamonals. Es kam zur Gründung eines Bürgerkomitees (*Comisión ciudadana*), das massiv an Verwaltung und Öffentlichkeit herantrat (vgl. u.a. Diario de Burgos vom 27.8.1976). Die Umgehungsstraße wurde darauf hin aus der Planung genommen - allerdings durch eine weiträumigere Umgehung ersetzt.

Anläßlich der Neuaufstellung eines Stadtentwicklungsplans für Burgos setzte sich die Bürgerinitiative "Todos Unidos" insbesondere für die Verbesserung der Situation im *Polígono G-8* ein. Ausgehend von dem Fehlen jeglicher staatlicher Schuleinrichtung, der hohen Bevölkerungsverdichtung und dem zusätzlichen Vorhandensein von Industrieflächen, die an der *Carretera de Logroño* liegen, wurden verschiedene Forderungen aufgestellt: Auf dem Gelände der Lebensmittelfabriken "Loste" und "Campofrío" sollten Vor- und Grundschule bzw. ein Gesundheitszentrum eingerichtet werden und die Fläche der Zenralmolkerei als südliche Erweiterung für den Park Rodríguez de la Fuente vorgesehen werden. Im Hinblick auf eine Verbesserung der Bürgerbeteiligung im Rahmen des Planungsverfahrens wurde schließlich gefordert, die Mitwirkungsmöglichkeiten von Bürgerinitiativen explizit zu verankern.

5. Zusammenfassung

Die Untersuchung der Stadtentwicklung von Burgos zeigt diese eingebettet in die ökonomische und demographische Dynamik, die die Stadt nach dem Bürgerkrieg und vor allem ab 1964 erfaßte. Die Industrialisierung und Modernisierung stieß dabei auf eine in der Tradition verhaftete Stadt und drückte dieser ihren Stempel auf. Die Folgen dieser Entwicklung gaben den Rahmen für Stadtplanung und Wohnungsbau ab: Der ökonomische Wandel definierte die wirtschaftlichen Grundlagen der Stadt neu, das demographische Wachstum veränderte sprunghaft Einwohnerzahl und -struktur und der soziale Wandel führte zu einer industriellen Gesellschaft.

Grundlegend überprägt wurde die Stadt in ihrer Physiognomie: Wohnsiedlungen und Hochhäuser bestimmten zunehmend das Stadtbild, und die Stadt erfuhr eine Verlagerung ihres bisherigen funktionalen und Bevölkerungsschwerpunkts in Richtung der neuen Vororte, vor allem Gamonal. Notwendig wurde mit dem Stadtentwicklungsplan von 1969 eine Neudefinition des städtischen Wachstumsmodells. Diese Entwicklungen schlugen sich konzentriert in dem östlich gelegenen Stadtteil Gamonal nieder. Hier können die Auswirkungen von Stadtplanung, Wohnungsbau sowie das Wirken der Bestimmungskräfte der Stadtentwicklung am aufschlußreichsten analysiert werden.

Stadtplanung und Wohnungsbau standen ab den 60er Jahren vor der Aufgabe, die neuen Entwicklungen zu lenken. Das bedeutete einerseits die Einbindung der Stadtplanungs- und Wohnungsbauaktivitäten in die zentralstaatlichen Planungen und Vorgaben, wie sie im Baugesetz oder den Nationalen Wohnungsprogrammen vorlagen, und andererseits die Notwendigkeit, eigene Planungen zu entwerfen und umzusetzen, z.B. in Form von

Stadtentwicklungsplänen. Bei diesen Prozessen der Planungsabstimmung kam es zu einer Vielzahl von Reibungsverlusten, sowohl auf der zentralen Ebene (zwischen den einzelnen Politiksektoren) als auch auf der lokalen Ebene. Dies konnte vor allem festgestellt werden zwischen Städtebau (Stadtplanung) und Wohnungswesen, zwischen Industrialisierungspolitik und Wohnungspolitik sowie bezüglich der Verkehrspolitik. Als Folgen wurden inhaltlich und zeitlich nicht abgestimmte und damit sich zuwiderlaufende Aktivitäten ausgemacht, die sich vor Ort in Burgos negativ auswirkten.

Ebenso wie im Zuge der Sektorialpolitiken, so verliefen auch die direkten Eingriffe der Zentralverwaltung in die Kommunalentwicklung der Stadt ohne Abstimmung auf die örtlichen Gegebenheiten. Die von Madrid aus betriebene Bodenpolitik, die dem Akquirieren von günstigem Bauland diente, erfolgte ohne Abstimmung auf den Flächennutzungsplan. Ebenso verliefen die Wohnungsneubauplanungen außerhalb der in der Flächennutzung dafür vorgesehenen Flächenausweisungen. Schließlich erfolgte eine Übertragung von Leitbildern wie der organischen Stadt auf Burgos, ohne daß diese sich aus der Entwicklung der Stadt hätten begründen lassen. Als Ergebnis dieser Vorgänge kann resümiert werden, daß Staat und Verwaltung die Rolle von Wegbereitern für städtebauliche Übertretungen und Boden- und Wohnungsspekulation zukam und sie somit wesentlich zur Desintegration der Stadt beitrugen.

Besonders betroffen war dabei Gamonal, das als Gewerbe- und Wohngebiet eine Entwicklung von einer kleinen Ansiedlung auf rd. 50.000 Einwohner genommen hatte. Die problematische Entwicklung von Gamonal setzte bereits vor 1964 ein, als der Bereich noch außerhalb der Planflächen des Stadtentwicklungsplans von 1945 lag, aber bereits erste staatliche Siedlungen hier angelegt wurden. Mit der Einrichtung des Gewerbepols 1964 wurde Gamonal im Zuge einer vorläufigen Planung in die Stadtplanung einbezogen, aber erst mit dem *Plan General* von 1969 ein inhaltlicher und formaler Rahmen für eine Stadtentwicklungsplanung gegeben.

Die Stadtentwicklung Gamonals war geprägt vom Fehlen bzw. der Nichtanwendung städtebaulicher Standards. Bis zum *Plan General* von 1969 wurde überwiegend nach Einzelgenehmigungen verfahren und Bebauungen nachträglich legalisiert, oftmals ohne daß Erschließungen vorhanden waren. Mit dem Plan von 1969 war allerdings das Verfahren "Erschließen ohne Bebauen" die falsche Antwort auf die aus der Boden- und Wohnungsspekulation erwachsenen Probleme der Stadtplanung und des Wohnungsbaus. Zu den ungenügenden oder fehlenden legislativen Instrumenten kam damit hinzu, daß für die lokale Ebene kaum eigenes Instrumentarium geschaffen und angewandt wurde. Die seit dem Baugesetz von 1956 bestehende Möglichkeit der Einführung von Bebauungsplänen wurde in Burgos erst 1973 wahrgenommen - doch selbst dieses Mittel verkehrte sich gegen seinen ursprünglichen Sinn der Wohndichtebegrenzung, indem in Einzelfällen weitere Verdichtungen damit gerechtfertigt wurden. Städtebauliche, infrastrukturelle und soziale Probleme verschärften sich also in Gamonal als Folge dieser Stadtentwicklung.

An Hand der Entwicklung von Gamonal sollte die Frage beantwortet werden, welches die Bestimmungskräfte der Stadtentwicklung sind und welche Bedeutung ihnen zufällt. Neben der zentralstaatlichen Instanz ist es vor allem die Machtelite der Stadt, die die Stadtentwicklung am nachhaltigsten beeinflußte. Allen voran stehen die einflußreichen Familien, ferner einzelne Unternehmer und Grundbesitzer, die unmittelbar als Personen oder mittelbar als Gesellschafter im Wohnungs- und Städtebau aktiv wurden. Eine zentrale Rolle kam desweiteren den Sparkassen zu, die große Teile des Wohnungsmarktgeschehens mittels Kreditvergabe und Grundbesitz steuerten. Deutlich ist eine Konzentrationstendenz (Oligopolisierung) der Promotoren im Wohnungsbau festzustellen. Zwar überwiegt die Kooperation zwischen zwei Partnern, z.B. Bauunternehmer und Promotor, doch zeigt sich auch eine Reihe von Mehrfachverschränkungen, z.B. zwischen Grundbesitzern, Promotoren und Immobilienbesitzern. Neben solchen Formen der Interessenverquickung wurden aber auch Konflikte aufgedeckt. So etwa zwischen einem Promotor und einer anliegenden Eigentümergemeinschaft. Konflikte zwischen Promotoren und Stadtverwaltung wurden meist - soweit aktenkundig - schnell beigelegt, teilweise nach Zahlung von glimpflichen Bußgeldern.

Die größten Konflikte sind noch zwischen Nutzern und Promotoren auszumachen. Die Wohnungsnutzer - Mieter oder Eigentümer - organisierten sich oftmals und trugen über Organisationen, teilweise als Bürgerinitiativen, die Konflikte aus. Die Konfliktpunkte waren zwar meist punktueller Natur, blieben aber wegen der großen Ausstattungsdefizite Dauerthema. Es zeigte sich, daß die Stadtverwaltung nicht in Lage war, Wohnungsbau und Stadtentwicklung mit den Bedürfnissen der Bewohner in Einklang zu bringen.

V. ERGEBNISSE

Das Untersuchungsziel der vorliegenden Arbeit zur spanischen Stadtentwicklung bestand darin, folgende Sachverhalte zu klären:

- die Rahmenbedingungen und Grundlagen der Stadtentwicklung in den 60er und 70er Jahren,
- den Verlauf dieser Entwicklung in den (Groß-)Städten und
- die Bedeutung der Bestimmungskräfte (städtische Akteure) für die Stadtentwicklung.

Ausgegangen wird von der landesweiten Entwicklung, an Hand derer die Konkretisierung und Exemplifizierung der Fragestellung an den beiden Beispielstädten Valencia und Burgos vorgenommen wird.

Die <u>Rahmenbedingungen</u> der Stadtentwicklung wurden im Untersuchungszeitraum entscheidend vom jeweiligen politischen System gesetzt: dem Franquismus in der Nachbürgerkriegszeit und dem demokratischen System nach 1975. Der franquistische Staat zeichnete sich durch Widersprüche und Entwicklungssprünge aus. Dominierten in den 40er und 50er Jahren zunächst die autarkistischen Vorstellungen des Falange-Flügels in den Wirtschafts-, Politik- und Planungsbereichen, so setzte sich ab den 60er Jahren zunehmend der wirtschaftsliberale Flügel durch, allerdings nur in der Ökonomie und nicht in der Politik - genausowenig wie im Wohnungs- und Städtebau. Folge davon war ein zunehmender Widerspruch zwischen wirtschaftlichem und politischem Subsystem innerhalb des Franquismus. Dies äußerte sich in den sich zuwiderlaufenden sektorialen Politikbereichen von Landesentwicklung, Städtebau, Wohnungsbau und Verkehrswesen und prägte sich bis auf die Kommunalebene durch. In Burgos und Valencia hinterließen die Auswirkungen einen nachhaltigen negativen Einfluß auf die Stadtentwicklung.

Nach dem Bürgerkrieg kam der Wohnungsversorgung eine zentrale Bedeutung zu. Mit dem Ziel, die teilweise katastrophale Wohnsituation nachhaltig zu verbessern, wurden 1955 und 1961 unter der Maxime "Zuerst

Wohnungen, dann Städtebau" ehrgeizige Wohnungsbauprogramme aufgestellt. Sollten die Planzahlen des Neubauvolumens anfänglich durch staatliche Direktbaumaßnahmen und über die Anreize der staatlichen Förderung erreicht werden, so wurde in den 60er Jahre im Zeichen der Wirtschaftsliberalisierung des Desarrollismus zunehmend auf die Privatinitiative und den frei finanzierten, auflagenfreien Wohnungsbau gesetzt. Die angestrebten Ziele wurden so zwar zahlenmäßig erreicht, doch teuer erkauft. Sie gingen Hand in Hand mit einer spekulativen Stadtentwicklung und erreichten nicht das Ziel einer qualitativ befriedigenden Wohnraumversorgung. So stellten sich bei immer noch hohem Wohnraumbedarf hohe Leerbestände ein (Burgos 1970: 25 %; Valencia 1981: 21 %).

Die Auflösung der städtebaulichen Disziplin und die Disfunktionalisierung der Stadtplanung ist sowohl anhand der Flächennutzungspläne (*Planes Generales*) als auch der Bebauungspläne (*Planes Parciales*) nachvollziehbar. In den Fallstudien von Burgos und Valencia zeigt sich - und dies kann aufgrund einer vom Autor durchgeführten Befragung an einer Reihe von weiteren Städten bestätigt werden -, daß die Bestimmungen der Pläne oftmals nicht oder nur inkonsequent angewandt wurden. Insbesondere die Bebauungspläne dienten vielfach als Instrument der Spekulation, anstatt diese zu verhindern. Aus dieser Planungspraxis heraus verwundert es nicht, daß kaum Nutzen aus dem Bau- und Bodengesetz von 1956 gezogen wurde. Dessen Bestimmungen boten zum ersten Mal eine Handhabe für eine Stärkung der Stadtplanung. So beinhaltete es die Festlegung der Flächennutzungen nach Art und Umfang und führte die Figur des *Plan Parcial* ein. Das 1975 novellierte und 1976 verabschiedete Baugesetz bot demgegenüber außer der Neufestlegung der Flächennutzungskategorien kaum gewichtige inhaltliche Neuerungen. Es stand zwar bereits im Zeichen des Übergangs zur Demokratie, war aber noch unter franquistischem Vorzeichen entworfen. Inhaltlich war es immer noch auf die Außenentwicklung der Städte fixiert, obwohl die expansiven Stadtentwicklungen spätestens mit der Krise nach 1973 abgeschlossen waren und sich der neue Schwerpunkt der Stadtentwicklung mit Stadterneuerung und Stadtreparatur bereits abzuzeichnen begann.

Ab 1976 stand Spanien politisch im Zeichen der Demokratisierung und ökonomisch im Zeichen der Wirtschaftskrise. Von der Krise waren die Kommunen in doppelter Weise betroffen. Sie mußten sich nicht nur auf geringere Staatsmittel einrichten, sondern hatten trotz der immer noch geringen Eigenmittel aus dem Steueraufkommen auch die Hauptlast der Krise zu tragen, vor allem im sozialen Bereich. Dabei hatte bereits die starke Bevölkerungszunahme der vorigen Dekaden mit ihrem erhöhten Infrastrukturbedarf zu einem finanziellen Aderlaß für die Städte und Gemeinden geführt.

Bedeutsam für die weitere Entwicklung der Städte war die Kommunalwahl von 1979, in deren Folge zum ersten Mal seit dem Bürgerkrieg wieder Sozialisten und Kommunisten kommunale Entscheidungsgewalt erhielten - so auch in Valencia (nicht in Burgos). Dies wirkte sich unmittelbar auf die Planungen aus. Ebenfalls wichtig war die 1979 begonnene Einrichtung der Autonomen Regionen, die 1983 mit den Regionalwahlen abgeschlossen war. Den Regionen wurden die städtebaulichen Belange übertragen. Sie sind damit unter anderem Genehmigungsbehörde für die Flächennutzungspläne (*Planes Generales*). Diese politischen Veränderungen wurden allerdings in unterschiedlichem Ausmaß für Korrekturen in der Stadtentwicklung genutzt. In Valencia etwa wurde nach 1979 von der neuen Verwaltung unverzüglich eine städtebauliche Bestandsaufnahme begonnen.

In den meisten Großstädten wurde die Notwendigkeit zur Revision der alten *Planes Generales* erkannt und ein neuer Plan in Auftrag gegeben. Dies erfolgte auch 1983 in Burgos (in Kraft getreten 1985) und in Valencia (vorläufige Genehmigung 1987). In den revidierten Plänen sind neue Planungsakzente erkennbar, wie eine verstärkte Orientierung auf Binnenstatt Außenentwicklung, die Einbeziehung der ökologischen Aspekte, eine Schwerpunktsetzung auf Infrastruktur- und Wohnumfeldverbesserungen sowie die Einführung von Bürgerbeteiligungen bei den Planungsverfahren.

<u>Dynamik und Ablauf</u> der spanischen Stadtentwicklung lassen sich mit Hilfe einiger statistischer Daten verdeutlichen. Die seit Beginn des Jahrhunderts anhaltende Verstädterung hatte zur Folge, daß die städtische

Bevölkerung (Orte mit über 10.000 Einwohner) ab den 50er Jahren die nichtstädtische Bevölkerung überflügelte. Die Verstädterungstendenz erfuhr in den 60er Jahren einen zusätzlichen Schub und stieg bis 1981 auf eine Quote von über 70 % an.

Das migrationsbedingte städtische Wachstum kam vor allem den Provinzhauptstädten und Großstädten zugute. Die Folgen dieser Bevölkerungsdynamik konkretisierten sich aber nicht in städtischen Siedlungsstrukturen, wie sie in Mittel- und Nordeuropa anzutreffen sind, also der Ausbildung eines Stadt-Land-Kontinuums. Vielmehr schlossen sich kompakte Neubaugebiete an den Stadtrand an, meist in enger Fühlung zur vorhandenen Stadt. Dadurch bedingt fielen die Neubauflächen unvergleichlich niedriger aus als der Einwohnerzuwachs erwarten ließ. Während in acht vom Autor ausgewerteten Städten die Bevölkerung von 1950 auf 1981 einen Anstieg zwischen 32 % und 73 % verzeichnete, nahm die Wohnungsneubaufläche in etwa demselben Zeitraum (1956-1978) nur zwischen 21 % und 48 % zu und lag im Einzelfall immer deutlich unter dem demographischen Wachstum.

Die Konsequenz der vergleichsweise geringen Flächenzunahme war das Wachstum in die Höhe. Im Jahre 1980 resultierten in den spanischen Städten über 38 % aller Wohngebäude mit 10 und mehr Stockwerken aus den 60er Jahren und 48 % aus den 70er Jahren. In Valencia beliefen sich diese Relationen auf 49 % und 32 %, in Burgos auf 60 % und 37 %. Die Wohnhochhausbebauung bildete dabei ein für die spanische Großstadtphysiognomie charakteristisches Phänomen heraus: den unmittelbaren Übergang des städtischen Baukörpers in das agrarische Umland. So finden sich etwa in Valencia abrupte Übergänge zwischen 10-15-stöckigen Wohngebäuden und dem Huerta-Gartenland.

Die Frage nach den <u>Bestimmungskräften</u> der spanischen Stadtentwicklung kann unter Anwendung des Konzepts der städtischen Akteure beantwortet werden.

Als Akteur ist zunächst der Staat zu nennen. Seine unmittelbar in die Städte hineinreichenden Aktivitäten bestanden v.a. in der Vorbereitung und Durchführung von großen Siedlungsprojekten des Wohnungsministeriums. In Valencia erfolgte dies im Rahmen der Wohnungsprogramme von 1955 und 1961, in Burgos 1958 und vor allem mit dem Aufbau des industriellen Entwicklungspols ab 1964. Diesen Eingriffen in die kommunale Planung ist gemeinsam, daß die Bauflächen außerhalb der gültigen Planungen des Stadtentwicklungsplans lagen und nachträglich legalisiert wurden.

Insgesamt bestanden Funktion und Rolle des Staates für Städtebau und Stadtplanung darin, die politischen und legislativen Richtlinien aufzustellen und als Genehmigungs- und Kontrollinstanz zu fungieren. Durch direkte Wohnungsbauaktivitäten, durchgeführt von der *Organización Sindical del Hogar* oder dem Wohnungsministerium intervenierte die Zentralverwaltung allerdings unmittelbar und unkontrolliert in die lokalen Planungsbelange und schlug damit eine Bresche für die privaten Investoren, denen der Weg für Boden- und Wohnungsspekulation geebnet wurde.

Als nächster Akteur ist die Stadtverwaltung anzusprechen. Ihre Aufgaben und Aktivitäten bestehen in Entwurf und Realisierung der Planungen. Sie legt die Flächennutzung fest und soll den Planungsablauf kontrollieren. Dabei hat die Stadtverwaltung eine scheinbar starke Stellung, tatsächlich jedoch ist sie ohne Einfluß auf die zentralstaatlichen Eingriffe und steht aufgrund ihres geringen finanziellen Spielraums in starker Abhängigkeit von den örtlichen privaten Investoren.

In Valencia war die Stadtverwaltung mit der Aufstellung des ersten Stadtentwicklungsplans im Jahre 1946 früh initiativ geworden und hätte sich mit dem darin enthaltenen Instrument der Bebauungspläne, die erst 1956 im Baugesetz verpflichtend festgeschrieben wurden, bedeutende Handlungsspielräume sichern können. Dies erfolgte jedoch nicht. Die Stadtentwicklung war von Anfang an überprägt vom zentralstaatlichen Einfluß, was sich bereits in der Festschreibung eines organizistischen Leitbildes im *Plan General* niederschlug. Hinzu kamen die staatlichen Eingriffe über die Fachplanungen in den Bereichen Verkehr und Wohnungsbau. Die Stadtverwaltung selbst nutzte ihre Planungsmöglichkeiten nicht, sondern leistete mit der Praxis der Ausnahmegenehmigungen und der überdimensionierten Ausweisung von Stadterweiterungsflächen einer unkontrollierten Planung Vorschub. Obwohl die Stadt nach der großen Überschwemmung von 1957 gezwungen war, einen neuen Stadtentwicklungsplan, den *Plan Sur* von 1958, aufzustellen, fand sie zu keiner Neuorientierung der Planung, sondern setzte ihre Planungspraxis bis zum *Plan General* von 1966 fort. Erst nach der Kommunalwahl von 1979 erfolgte eine politisch begründete Revision der Planungsvorstellungen und die schnelle Einführung neuer, auf Defizitbeseitigung ausgerichteter Planungsinstrumente durch die *Planes Especiales de Reforma Interior*.

In Burgos wurde mit dem *Plan General* von 1945 einer der ersten spanischen Stadtentwicklungspläne der Nachkriegszeit erstellt. Es handelte sich allerdings um einen eher traditionellen, am Fluchtlinienschema orientierten Plan, der wegen der bis in die 50er Jahre gemächlichen Stadtentwicklung keinen größeren Anforderungen gerecht zu werden brauchte. Die dann 1964 erfolgte Festlegung des industriellen Entwicklungspols für Burgos setzte schlagartig eine Stadtentwicklungsdynamik in Gang. Sie erforderte mit dem Entstehen neuer Industrie- und Wohnstandorte, wie des nordöstlich gelegenen Stadtteils Gamonal eine schnelle und effektive Planung. Der inzwischen revidierte Stadtentwicklungsplan von 1969 konnte dieser Entwicklung aber nicht gerecht werden. Sein streng hierarchisch gegliedertes Planungsmodell, das auch exzessive Bauerweiterungsflächen beinhaltete, stellte kein geeignetes Planungsinstrument dar. Darüber hinaus begab sich die Stadt selbst ihrer stadtplanerischen Lenkungsmöglichkeiten, indem sie eine Planungspraxis der Ausnahmeregelungen zuließ und die Bebauungsplanungen erst 1973 und und damit zu spät einführte. Erst mit dem neuen *Plan General* von 1983/1985 sind Verbesserungen erkennbar, die auf eine Stärkung der kommunalen Planung, auf Bürgerbeteiligung, Defizitdeckung in den Stadtteilen und die Berücksichtigung umweltrelevanter Planungsaspekte abzielen.

Rolle und Funktion der Stadtverwaltungen als Akteure der Stadtentwicklung bestanden also allgemein darin, die formalen Rahmenbedingungen für Stadtentwicklung und Wohnungsbau im kommunalen Bereich zu schaffen, ohne allerdings die Einhaltung grundlegender Planungs- und Ausstattungsstandards durchzusetzen. Damit wurden günstige Voraussetzungen geschaffen für das Engagement der privaten Promotoren. Aufgrund fehlender Sanktionen wurde die Bau- und Bodenspekulation gefördert. Bei Verstößen von Promotoren gegen gesetzliche oder Planfestsetzungen fiel der Stadtverwaltung die Rolle der Konfliktbereinigung zu, die oft, wie in Burgos, in einer Harmonisierung der Konflikte und nur geringfügigen Bußgeldern bestand. Dabei lag eine Funktionsstärkung der kommunalen Stadtplanung mit der Folge einer verbindlicheren Planung - wie in Valencia nach 1979 erfolgt - durchaus im Interesse des investierenden, nicht aber des spekulierenden Kapitals.

Die größte Bedeutung unter den Akteuren der Stadtentwicklung kommt den Promotoren zu. Je nach betrachteter Stadt unterscheiden sie sich in ihrer Zusammensetzung deutlich voneinander.

In Valencia ist in den 60er Jahren ein Umbruch in der Promotorenstruktur festzustellen. Waren bis dahin Kleinbourgeoisie, Grund- und Bodenbesitzer und kleine Bauunternehmer dominierend, so setzten zunehmend Gesellschaften und das im Wohnungsbau investierende Finanzkapital die Akzente. Der Verflechtungsgrad zwischen Gesellschaften und Einzelpromotoren nahm zu mit dem Ergebnis einer Oligopolisierung der Baupromotoren. Dies zeigte sich vor allem bei großen Einzelprojekten, wo sich Gesellschaften und Einzelpersonen meist unter Führung des Finanzkapitals zu einer sog. ad hoc-Gesellschaft zusammenfanden. Trotz der Verflechtungs- und Konzentrationstendenzen ist aber die Stellung von Einzelpersonen und Familien im valencianischen Wohnungsbaugeschehen bedeutend, sowohl nach der Anzahl als auch nach dem Umfang der Aktivitäten. Diese Personen oder Familien treten dabei entweder direkt als Promotoren auf oder als Teilhaber von Gesellschaften. Es zeigt sich, daß von den zwischen 1960 und 1980 im valencianischen Wohnungsbau tätigen rd. 2.200 Promotoren nahezu 1.600 Einzelpersonen sind.

In Burgos erfolgte im Gegensatz zu Valencia keine grundlegende Veränderung der Promotorenstruktur in den 60er Jahren. Im Zuge der durch den Industriepol 1964 angestoßenen Entwicklung nahm lediglich die Bedeutung des auswärtigen Kapitals zu. Die Promotorenstruktur in Burgos ist in erster Linie von den traditionell einflußreichen Familien geprägt. Auf sie als Einzelpromotoren entfallen die meisten und größten Bauaktivitäten im Betrachtungszeitraum. Sie stellen allein 214 der 293 Promotoren. Darüber hinaus sind sie stark in Wohnungsbaugesellschaften engagiert. Die auch in

Burgos zunehmenden Verflechtungen zwischen den Promotoren zeigen sich in den Mehrfachfunktionen von Einzelpersonen und Familien, die gleichzeitig als Grundbesitzer, Promotoren und Immobilieneigentümer auftreten. Enge Verbindungen bestehen in Burgos zwischen Promotoren und Sparkassen. Letzteren kommt eine wichtige steuernde Funktion zu. Eine der beiden Sparkassen ist eng mit der Kirche verbunden, die unter anderem hierüber ihre in Burgos traditionell starke Stellung in die Belange der Stadtentwicklung einbringt. Die Sparkassen regeln in einem bedeutenden Maße Art und Ablauf der Bauaktivitäten über die Baukreditvergabe, ihre eigenen umfangreichen Bauaktivitäten und ihren großen Grundbesitz.

Die privaten Wohnungsbaupromotoren stellen die für die konkrete Stadtentwicklung entscheidendsten Bestimmungskräfte und wichtigsten städtischen Akteure dar. Sie präjudizierten mit ihren Wohnungsbauaktivitäten den Gang der Stadtentwicklungsplanung und reduzierten die Stadtplanung oft zur Anpassungsplanung. Aufgrund der von Staat und Kommunalverwaltung zugestandenen Handlungsspielräume setzten die privaten Promotoren eine spekulative Bewegung in Wohnungsbau und Stadtentwicklung in Gang, deren Ergebnis ein hoher Leerbestand an teuren Wohnungen bei gleichzeitigem Fehlbestand an preiswertem Wohnraum ist.

Eine weitere wichtige Akteursgruppe in der Stadtentwicklung sind die Grund- und Bodenbesitzer. Dabei kann es sich um traditionelle Grundbesitzer, wie Kleinbourgeoisie oder Bauern, handeln oder um den mit dem Bauboom verbundenen neuen Typus des spekulierenden Bodenbesitzers. Während die traditionellen Bodeneigentümer an einem adäquaten Wertersatz interessiert sind, der sich oft als Eintausch des Baugrundstücks gegen Immobilienanteile vollzog, zielen die Spekulanten auf die Abschöpfung der durch Umwidmung von agrarischem Land zu Bauland oder durch Erschließung eingetretenen Wertsteigerung. Solche spekulativen Entwicklungen untergraben aber planvolle Stadtentwicklungen und blockieren den Wohnungsbau durch die enorme Verteuerung des Baugrundes.

Die Bodenpreisentwicklung in Valencia und Burgos, vor allem in den Neubaugebieten, weist auf die gestiegene Bedeutung des Faktors Boden für Wohnungsbau und Stadtentwicklung hin. In Burgos kam neben den traditionellen und neuen Bodenbesitzertypen den Sparkassen mit ihrem umfangreichen Grundbesitz eine wichtige Rolle zu. Mit ihren Baulandreserven griffen diese allerdings nicht unmittelbar spekulativ in den Bodenmarkt ein, sondern hielten sie für die eigenen Bauprojekte vor.

Funktion und Rolle der Grund- und Bodenbesitzer wurden im Franquismus als zentral für eine geregelte Stadtplanung bewertet. Die Bodenspekulation wurde als Übel der Stadtentwicklung schlechthin ausgemacht und mit einer exzessiven Flächenausweisung an Stadterweiterungsflächen zu bekämpfen gesucht. Diese Bodenpolitik setzte sich in den 70er und 80er Jahre fort. Damit wurde auch in der nachfranquistischen Stadtentwicklung der 70er und 80er Jahre nicht wahrgenommen, daß die Boden- und Wohnungsspekulation nur Teilaspekte in einem kapitalistisch organisierten Boden- und Wohnungsmarkt sind.

In dem vom Angebot her bestimmten spanischen Wohnungsmarkt stecken Promotoren, Grund- und Bodenbesitzer sowie die öffentliche Verwaltung den Rahmen der Wohnungs- und Stadtentwicklung ab. Diesen stehen die Nutzer und Bewohner gegenüber. Sie sind das letzte Glied in der Kette der städtischen Akteure. Aufgrund ihrer Position haben sie nur in organisierter Form Chancen, aktiv in den Stadtentwicklungsprozeß einzugreifen. Die in die Stadtentwicklung intervenierenden Bewohnervertretungen, Basis- und Bürgerinitiativen haben sich teilweise aus Organisationen des Franquismus, wie z.B. den "Vereinigungen der Eltern von Schülern", entwickelt. Diese Gruppen engagierten sich zunehmend für soziale und Wohnungsprobleme und setzten ihre Arbeit in der Demokratie fort. Überwiegend entstanden aber die Bewohnerorganisationen aus dem politischen Kontext. Solche Zusammenschlüsse, meist in Form von Bürgerinitiativen (*Asociaciones de vecinos*), stellten ein Sammelbecken der politischen Opposition im Stadtviertel dar. Sie wurden in den 70er Jahren mit Forderungen zu Wohnungs- und Infrastrukturproblemen aktiv. Im weiteren Verlauf setzte eine zunehmend regionale und überregionale Organisierung der Initiativen ein, die zu ihrer Stabilisierung beitrug. Mit dem Ende des Franquismus und der Legalisierung der Oppositionsparteien sank allerdings die Bedeutung dieser Organisationen. Dennoch blieben sie weiter aktiv, auch nachdem sich ab 1979 sozialistische Stadtverwaltungen installierten hatten. Die Aktivitäten konzentrierten sich nunmehr auf die Einforderung schneller Verbesserungen und auf die Kontrolle der neu institutionalisierten sozialistischen Macht.

In Valencia waren die Stadtteilinitiativen vor allem in den Neubauvierteln, wie dem untersuchten Stadtteil Els Orriols, aktiv. Seit Gründung Anfang der 70er Jahre und auch nach 1979 forderte die dortige Organisation eine Verbesserung der Situation von Promotoren und Stadtverwaltung ein. Dabei konnte eine Reihe beachtlicher Verbesserungen erreicht werden. In Burgos war die Bürgerinitiative im untersuchten Stadtteil Gamonal seit Mitte der 70er Jahre aktiv. Da hier nach 1975 und 1979 kein politischer Bruch erfolgte, setzte die Vereinigung bis in die 80er Jahre mit gleichbleibender Zielsetzung und gleichen Adressaten ihre Aktivitäten fort.

Wenngleich die Nutzerorganisationen erst relativ spät als städtische Akteure auf den Plan traten, so kommt ihnen doch eine wichtige Funktion als Korrektiv für Wohnungsbau und Stadtentwicklung zu. Da die Initiativen nicht im Stadtentwicklungsprozeß institutionalisiert waren - was im Zuge der Planungsbeteiligung erst mit den neuen Stadtentwicklungsplänen der 80er Jahre schrittweise eingeführt wird -, war ihre Rolle stark von der Situation und dem Engagement vor Ort abhängig. Die Bedeutung der Organisationen leitet sich vor allem daraus ab, daß sie oftmals das einzige Gegengewicht zur privaten und kommunalen Planung darstellten.

Welcher Ausblick ergibt sich nun aus der heutigen Situation für die weitere Entwicklung der spanischen Städte und Großstädte?

Die Situation der Städte in den 80er Jahren ist als Folge der Entwicklung der 60er und 70er Jahren zunächst geprägt von dem deutlichen Bedeutungsgewinn der Groß- und Provinzhauptstädte. Es ist anzunehmen, daß diese Tendenz der Vergroßstädterung noch anhalten wird, mit Abstrichen allerdings für die großen Metropolen des Landes, die zunehmend an Bevölkerung verlieren werden.

Die Wohnsituation innerhalb der Städte ist geprägt von der Bevorzugung der zentralen und zentrumsnahen Wohnlagen. Dies hat dazu beigetragen, daß sich ein einheitliches, wenn auch im zeitlichen Ablauf je nach

Stadt versetzt realisiertes Muster der Stadterweiterung ausgeprägt hat. Es zeichnet sich aus durch enorme Verdichtungen in der Fläche und in der Höhe, bei einem deutlichen Defizit an Infrastruktureinrichtungen und an Grün- und Freiflächen. Diese Folgen sind, neben der mangelhaften Wohnungsqualität selbst, die große Hypothek des Städtebaus der 60er und 70er Jahre. Sie verlangen in den 80er Jahren zunehmend nach Abhilfe, was allerdings im Zeichen der anhaltenden Wirtschaftskrise unter ungünstigen Vorzeichen steht. Nach der expansiven Außenentwicklung der Städte in den 60er und 70er Jahren ergibt sich nunmehr die Notwendigkeit einer verstärkten Binnenentwicklung. Diese bietet als Stadterneuerung im weitgefaßten Sinne allerdings auch die Chance zur Verbesserung der defizitären und degradierenden Stadtteile, sowohl der Altstädte als auch der Neubauviertel. Hier sind seit 1982/83 legislative und finanzielle Grundlagen geschaffen worden, wenngleich diese sich nahezu ausschließlich auf Altstädte beziehen.

Als weitere Erblast der franquistischen Stadt verlangt das Wohnungsproblem zunehmend nach einer Lösung. Hier steht, spekulativ bedingt, ein Überhang an teuren und luxuriösen Wohnungen einem großen Defizit an preisgünstigem Wohnraum gegenüber. Weitere Problembereiche der zukünftigen Stadtentwicklung sind Umwelt und Verkehr, wo sich aufgrund der großen Verdichtungen in Innenstadt und Neubaugebieten der Lösungsbedarf erhöhen wird. Einer guten Verkehrsverbindung von randstädtischen Wohnvierteln mit dem Zentrum und den Arbeitsstätten, realisiert durch eine Stärkung der öffentlichen Nahverkehrssysteme, wird dabei entscheidende Bedeutung zukommen.

Wohnwert- und Wohnumfeldverbesserungen müssen durch soziale Stabilisierung in den Stadtteilen flankiert werden. Die in den Phasen des Baubooms entstandenen Viertel dürfen nicht länger bloße Durchgangsstation für Zuwanderer sein, sondern müssen in der Ausbildung von eigener Identität und Stadtteilkultur gefördert werden. Notwendig dazu ist die stärkere Berücksichtigung der Interessen der Bewohner und die Institutionalisierung ihrer Interessenvertretungen.

Verzeichnis der zitierten Literatur

Los agentes urbanos (1975). Documents d'anàlisi urbana, Nr. 3. Hrsg. v. Departament de Geografía de la Universitat Autónoma de Barcelona.
ALONSO, W. (1964): Location and Land Use. Cambridge.
ASCHER, F. (1975): La producción del habitat. Contribución al análisis de la producción del habitat. In: Los agentes urbanos (1975), S. 13-45.
Asociación de vecinos de Orriols (1979): Orriols informa, Nr. 8. Valencia. masch.verv.
- (1981): El nuevo plan de urbanismo del barrio de Orriols. Valencia. masch.verv.
- (1984): Butlletí Trimestral, Nr. 0. Valencia. masch.verv. Asociación de vecinos "Todos Unidos" (1981/1982): La Voz del Barrio, Nr. 10/1981 u. Nr. 3/1982. Burgos. masch.verv.
Ayuntamiento de Burgos (o.J.): Valoración de terrenos a efectos de plusvalía. Burgos.
- (1980): Revisión del Plan General. 6 Bde. Burgos.
- (1981): Padrón de habitantes. Burgos.
- (1983): El Plan General de Ordenación Urbana de Burgos. Burgos.
Ayuntamiento de Valencia/Ajuntament de València (o.J.): Cuadro de valores del suelo en Valencia. Valencia.
- - La Ciutat. Periòdic quinzenal d'informació urbana. València.
- - Inspección de servicios de ordenación urbana (o.J.): Situación del planeamiento en la ciudad de Valencia. Memoria de actuaciones abril 1979-abril 1983. Valencia.
- (1981): Els nous districtes de la ciutat de València. València.
- (1983a): Libro de la ciudad 1979-1982. Cuatro años de gestión municipal democrática. Valencia.
- (1983b): La població de la Ciutat de València. Publicacions Estadístiques, Nr. 1. València.
- (1984a): Estudio para la caracterización del mercado de la vivienda en el municipio de Valencia. 3 Bde. Valencia.
- (1984b): Movilitat urbana a la ciutat de València. Publicacions Estadístiques, Nr. 3. València.
- (1984c): Revisión del Plan General de Valencia: criterios y objetivos. 2 Bde. Valencia.
- (1986): Anuari Estadístic de la Ciutat 1986. València.
- (1987): Pla General d'Ordenació Urbana. Abril-Maig 1987. València.
Banco de Bilbao (1978): Renta Nacional de España y su distribución provincial. Serie homogenea 1955-1975. Bilbao.
Banco de Vizcaya (1965): Burgos y su desarrollo económico. Bilbao.
BANESTO (Banco Español de Crédito) (1981): Anuario BANESTO del mercado español. Madrid.
BASSETT, K./SHORT, J.R. (1980): Housing and Residential Structure: Alternative Approaches. London.

BERNECKER, W.R. (1984): Spaniens Geschichte seit dem Bürgerkrieg. München.
BERRIATUA SAN SEBASTIAN, J.M. (1977): Las asociaciones de vecinos. Madrid.
BIDAGOR, P. (1969): La coyuntura actual del urbanismo en España. In: Temas de Arquitectura y Urbanismo, Nr. 117, S. 17-25. Madrid.
BORJA, J. (1975): Movimientos sociales urbanos. Buenos Aires.
- (1977): Qué son las Asociaciones de Vecinos. Barcelona.
BOSQUE MAUREL, J. (1962): Geografía urbana de Granada. Zaragoza (Departamento de Geografía Aplicada del Instituto Juan Elcano).
BOURNE, L.S. (1981): The Geography of Housing. London.
BRAU, L./HERCE, M./TARRAGO, M. (1981): Manual municipal de urbanismo. 2 Bde. Barcelona.
BREUER, T. (1982): Spanien. Stuttgart.
BRÖSSE, U. (1975): Raumordnungspolitik. Berlin.
BURGESS, E . (1925): The Growth of the City. In: PARK, R.E./BURGESS, E.W./ McKENZIE, R.D. (Hrsg.): The City, S. 47-62. Chicago.
Caja de Ahorros del Círculo Católico de Burgos (1958): Normas sobre adjudicación del grupo de viviendas en Los Vadillos. Burgos.
CAMPOS VENUTI, G. (1971): La administración del urbanismo. Colección ciencia urbanística, 5.
CAMPS, E. (1980): Participación municipal en los ingresos del Estado. In: CEUMT Nr. 32, S. 24-28. Barcelona.
CÁPEL, H. (1975): Capitalismo y morfología en España. Barcelona.
CARMEN MONJE, M. (1980): Introducción a la arquitectura y urbanismo en Burgos (1936-1975). Resumen de la Memoria de Licenciatura. Burgos (Colegio Oficial de Arquitectos).
CASTELLS, M. (1972): La question urbaine. Paris.
- (1977a): Die kapitalistische Stadt. Ökonomie und Politik der Stadtentwicklung. Analysen zum Planen und Bauen, Bd. 10. Hamburg.
- (1977b): Movimientos sociales urbanos. 3. Aufl. Madrid.
CORELLA MONEDERO, J.M. (1974): La organización urbanística de los entes locales. In: Ciudad y Territorio, Nr. 2, S. 79-85. Madrid.
CRESPO REDONDO, J. (1982): Desarrollo urbano y desamortización: el caso de Burgos. In: ders. (Hrsg.): El espacio geográfico de Castilla la Vieja y León, S. 299-313. Valladolid.
DIEZ NICOLAS, J. (1972): Especialización funcional y dominación en la España urbana. Madrid.
DOWNS, R.M. (1970): Geographic space perception: Past approaches and future prospects. In: Progress in geography, Nr. 2, S. 65-108.
El País, Anuario 1984. Madrid.
Estudio socio-urbanístico de la zona urbana de Gamonal (o.V.; o.J.). Burgos. masch.verv.
EYLES, J. (1978): Social geography and the study of the capitalist city. In: Tijdschr. voor econ. soc. Geogr., Nr. 69, S. 296-305. Amsterdam.
FERNANDEZ, J.J. (1973): Instrumentación del planeamiento. La participación ciudadana en la información pública. In: Ciudad y Territorio, Nr. 3, S. 15-18.

FERNANDEZ, T.-R. (1982): Manual de Derecho Urbanístico. 3. Aufl. Madrid.
FERNANDEZ CAVADA, F. (1971): Las normas provisionales de ordenación del territorio de los polos. In: Ciudad y Territorio, Nr. 4. Madrid.
FERRER AIXALA, A. (1974): Presentación y estadística de los Planes Parciales de la provincia de Barcelona (1956-1970). Barcelona.
FERRER REGALES, M. (1972): El proceso de superpoblación urbana. Madrid.
FERRER REGALES, M./PRECEDO LEDO, A. (1977-78): La estructura interna de las ciudades españolas. In: Geographica, Nr. 19-20, S. 53-69. Madrid.
FRUTOS LOPEZ, C./LOPEZ PRECIOSA, M. (1974): Desarrollo comunitario en un barrio. Tesina. Valencia (Escuela de Asistentes Sociales).
GAGO, V./REAL, C. (1977): las redes arteriales y el planeamiento urbano. In Ciudad y Territorio, Nr. 4. Madrid.
GAGO, J./LEIRA, E. (1979): Política del suelo: requisito para una nueva política de vivienda. In: Información Comercial Española, Nr. 548. Madrid.
GAIL BIER, A. (1980): Crecimiento urbano y participación vecinal. Madrid.
GAJA DIAZ, F. (1984): La promoción pública de la vivienda en Valencia, 1939-1976. Tesis doctoral. Valencia (Escuela Técnica de Arquitectura).
GARCIA BELLIDO, J. (1971): Participación popular y lucha de clases en el planeamiento urbanístico. In: Construcción, Arquitectura, Urbanismo, Nr. 58, S. 18-29. Barcelona.
- (1982): La especulación del suelo, la propriedad privada y la gestión urbanística. In: Ciudad y Territorio, Nr. 53, S. 45-72. Madrid.
GARCIA FERNANDEZ, J. (1974): Crecimiento y estructura urbana de Valladolid. Barcelona.
- (1977): La planificación urbana en España. In: V Coloquio de Geografía-Universidad de Granada, S. 419-421. Granada.
GAVIRIA, M. (1973): Libro negro sobre la autopista de la Costa Blanca. Valencia.
Gesinca (Gestión, Estudios e Inversiones de las Cajas de Ahorros) (1979): Boletín Mensual, Nr. 29. Madrid.
GOMEZ MORAN Y CIMA, M. (1968): El suelo y su problema. Madrid.
GONZALEZ, N. (1958): Burgos, la ciudad marginal de Castilla. Estudio de geografía urbana. Burgos.
- (1970): La evolución reciente de la ciudad de Burgos. In: Estudios Geográficos, Nr. 118, S. 175-182. Madrid.
GONZALEZ, V./URBAN, G.J./SORRIBES, J./PEREZ CASADO, R. (o.J.): El planejament urbà i les àrees metropolitanes del País Valencià. València (Universitat-Facultat de Ciències Econòmiques i Empresarials). masch.verv.
GONZALEZ BERENGUER, J.L. (1979): Gestión, financiación y control del urbanismo. Madrid.
GONZALEZ-MOSTOLES, V. (1983): Urbanismo: un proceso en marcha. In: Noticias, Febr. 1983. Valencia.
GONZALEZ PEREZ, J. (1974): Los planes de urbanismo. Madrid.

GORMSEN, E. (1981): "Gründerjahre" in Spanien und ihre Folgen für den Städtebau der Nachkriegszeit. In: PLETSCH, A./DÖPP, W. (Hrsg.): Beiträge zur Kulturgeographie der Mittelmeerländer IV. Marburger Geogr. Schriften, H. 84, S. 193-212. Marburg/L.
- (1984): Repercusiones del "boom" de los años sesenta en el urbanismo español. In: Estudios Geográficos, Nr. 176, S. 303-327. Madrid.
GORMSEN, E./KLEIN, R. (1986): Recent Trends of Urban Development and Town Planning in Spain. In: GeoJournal, Nr. 13.1, S. 47-57. Dordrecht, Boston.
GRAY, F. (1975): Non-explanation in urban geography. In: Area, Nr. 7, S. 228-235. London.
GUTKIND, E.A. (1967): Urban Development in Southern Europe: Spain and Portugal. London.
HAMM, B. (1979): Indikatoren der sozialräumlichen Differenzierung. Trierer Beiträge zur Stadt- und Regionalplanung, Bd. 3. Trier.
HARLOE, M. (Hrsg.) (1977): Captive Cities. Studies in the Political Economy of Cities and Regions. London.
HARVEY, D. (1972): Society, the City and the Space-Economy of Urbanism. Commission on College Geography Resource Paper, Nr.18. Wash./D.C.
- (1973): Social Justice and the City. London.
- (1974): Klassenmonopolrente, Finanzkapital und Urbanisierung. In: Stadtbauwelt, H. 41, S. 25-34. Berlin.
HARVEY, D./CHATTERJEE, L. (1974): Absolute Rent and the Structuring of Space by Governmental and Financial Institutions. In: Antipode, Bd. 6, Nr. 1, S. 22-36.
HEADEY, B. (1978): Housing Policy in the Developed Economy. The United Kingdom, Sweden and the United States. London.
HOUSTON, J.M. (1951): Urban Geography of Valencia. In: Proceedings 15 (Inst. Brit. Geogr.), S. 19-35.
Instituto de Desarrollo Económico Valenciano (1986): Análisis de la Actividad Económica de la Ciudad de Valencia y su Area de Influencia Económica. Valencia.
INE (Instituto Nacional de Estadística): Anuario Estadístico. Madrid.
- Censos de población, de viviendas, de edicicios 1950, 1960, 1970.
- (1983): Censo de viviendas de 1981. Bd. IV: Resultados a nivel municipal. Madrid.
- (1984): Censo de edificios de 1980. Madrid.
JOHNSTON, R.J. (1977): Urban Geography: city structures. In: Progress in Human Geography, Bd. 1, Nr. 1, S. 118-129. London.
- (Hrsg.) (1981): The dictionary of Human Geography. Oxford.
JÜRGENS, O. (1926): Spanische Städte. Ihre bauliche Entwicklung und Ausgestaltung. Abh. aus dem Gebiet der Auslandskunde, Bd. 23. Hamburg.
KIRBY, D. (1983): Housing. In: PACIONE, M. (Hrsg.): Progress in Urban Geography, S. 7-44. London.

KLEIN, R. (1982): Raumentwicklung und Verkehrserschließung. Der Öffentliche Personenverkehr in der nordspanischen Provinz Burgos. Diplomarbeit. Mainz (Geogr. Institut der Universität).
LAUTENSACH, H. (1969): Iberische Halbinsel. 2. Aufl. München.
LEFEVRE, H. (1970): La Révolution urbaine. Paris. Legislación del suelo (1981). Ley sobre Régimen del Suelo y Ordenación urbana de 1976. 4. Aufl. Madrid.
LESS, H. (1975): Die regionale Struktur der Beschäftigung Spaniens. Diss. Heidelberg.
Ley del Suelo 1956. Textos legales, Nr. 43/1966. Madrid.
- Exposición de motivos. In: Legislación del suelo (1981), S. 19-29. Madrid.
LICHTENBERGER, E. (1972): Die europäische Stadt - Wesen, Modelle, Probleme. In: Berichte zur Raumforschung und Raumplanung, Nr. 16, S. 3-25. Wien.
- (1986): Stadtgeographie, Bd. 1: Begriffe, Konzepte, Modelle, Prozesse. Stuttgart.
LOJKINE, J. (1972): Contribution à une théorie marxiste de l'urbanisation capitaliste. In: Cahiers internationeaux de Sociologie, H. 52, S. 123-146. Paris.
- (1977): Big Firm's Strategies, Urban Policy and Urban Social Movements. In: HARLOE, M. (Hrsg.): Captive Cities, S. 141-156. London.
LOPEZ GOMEZ, A. (1961): La estructura demográfica de Valencia. In: Saitabi. Revista de la Facultad de Filosofía y Letras de Valencia, Bd. XI, S. 118-143. Valencia.
LOZANO BLAZQUEZ, A. (1975): Los planes de urbanismo de initiativa particular. Gestión económico-financiera del urbanismo. Madrid.
LYNCH, K. (1960): The image of the City. Cambridge.
MAESTRE YENES, P. (1979): La política de la vivienda en España. In: Información Comercial Española, Nr. 548, S. 11-27. Madrid.
MOPU (Ministerio de Obras Públicas y Urbanismo) (Hrsg.) (o.J.): Inventario de planeamiento. Planes vigentes y necesidades de planeamiento a 31-XII-77. Bd. 1. Madrid.
- (1977): Situación de la vivienda en España, necesidades, políticas y objetivos. Madrid.
- (1981): Análisis de Planes Generales de capitales de provincia y ciudades de más de 50.000 habitantes. Madrid.
Ministerio de la Vivienda (o.J.): Polos de Promoción y Desarrollo de Burgos, Huelva, Valladolid, La Coruña, Vigo, Zaragoza, Sevilla (1964). Madrid.
- (1961): Plan Nacional de la Vivienda 1961-1976. Madrid.
NADAL, J. (1973): La población española. Siglos XVI a XX. 3. Aufl. Barcelona.
NAVARRO FERRER, A.M. (1962): Geografía urbana de Zaragoza. Geographica, Nr. 33. Zaragoza.
OLIVE, M.J./RODRIGUEZ, J./VALLS, X. (1975): Problemática de la vivienda en España. In: Los agentes urbanos (1975). Documents d'anàlisi urbana, Nr. 3, S. 131-158. Barcelona.

OLIVE, M.J./VALLS, X. (1976): El sector de la construcción en el modelo de desarrollo español. In: Construcción, Arquitectura, Urbanismo, Nr. 38, S. 38-43. Barcelona.
PAHL, R.E. (Hrsg.) (1975): Whose City? And Further Essays on Urban Society. Harmondsworth.
- (1977): Managers, Technical Experts and the State: Forms of Mediation, Manipulation and Dominance in Urban and Regional Development. In: HARLOE, M. (Hrsg.): Captive Cities, S. 49-60. London.
PAREJO ALFONSO, L. (1979): La ordenación urbanística. El periodo 1956-1975. Madrid.
PARICIO ANSUATEGUI, I. (1973): Las razones de la forma de la vivienda masiva. In: Cuadernos de Arquitectura y Urbanismo, Nr. 96, S. 2-18. Barcelona.
PAZ MAROTO, J. (1955): Urbanismo y servicios urbanos. 2. Aufl. Madrid.
PEÑIN, A. (1978): Valencia 1874-1959. Ciudad, arquitectura y arquitectos. Valencia.
- (1982): La ordenación del territorio en la Comunidad Valenciana: la planificación urbanística. Valencia.
PEREZ CASADO, R./AVELLA ROIG, J. (1973): Los precios del suelo en el País Valenciano. Hrsg. v. Banco Industrial de Cataluña/SIGMA-Gabinete de Economía y Marketing. 2 Bde. Valencia.
PEREZ PUCHAL, P. (1981): La dinámica histórica del Area Metropolitana de Valencia. In: Cuadernos de Geografía, Nr. 28, S. 91-122. Valencia (Universidad de Valencia. Faculdad de Filosofía y Letras).
PEREZ ROYO, F. (1980): Apuntes sobre la reforma de haciendas locales. In: CEUMT, Nr. 25-26, S. 31-36. Barcelona.
Plan General de Burgos 1969. Plan General de Ordenación de Valencia y su comarca 1946. Proyecto de bases generales para ordenanzas reguladoras. Valencia.
Plan General de Valencia 1966. Adaptación a la Solución Sur del Plan General de Ordenación de Valencia y su comarca. Valencia 1964.
Plan Sur de Valencia 1958. IV Seminario de la Asociación Española de la Carretera. 24.-29. Abril 1967. Valencia. masch.verv.
Presidencia del Gobierno (Hrsg.) (1967): Proyecto del II Plan de Desarrollo económico y social. Madrid.
- (1976): Memoria sobre la ejecución del III plan de desarrollo. Año 1975. Madrid.
RACIONERO, L. (1981): Sistemas de ciudades y ordenación del territorio. Madrid.
RAFOLS ESTEVE, J. (1978): La crisis de la política de vivienda en España: elementos para un debate. In: Arquitectura, Nr. 213, S. 61-84.
- (1982): La crisis del sector vivienda: un análisis económico. In: MARTIN MATEO (Hrsg.): El sector vivienda, S. 101-121. Madrid.
RAMIREZ, J. u.a. (1981): La situación urbanística de la comarca de l'Horta de Valencia. In: Q (Consejo de los Colegios de Arquitectura), Nr. 48, S. 38-50. Madrid.

REX, J./MOORE, M. (1967): Race, Community and Conflict. A Study of Sparkbrook. London.
RICHARDSON, H.W. (1976): Política y planificación del desarrollo regional en España. Madrid.
RIVERA HERRAEZ, R. (o.J.): La revisión del Plan General y el suelo urbano. Valencia. masch.verv.
RODRIGUEZ OSUNA, J. (1983): Proceso de urbanización y desarrollo económico en España. In: Ciudad y Territorio, Nr. 55, S. 25-42. Madrid.
ROMAY BECCARIA (1974): La política urbanística en España. In: Delegación Nacional de Provincias del Movimiento (Hrsg.): Problemas políticas de la vida local. El crecimiento urbano, S. 35-57. Madrid.
SALADINA, L. (1978): La ciudad de Burgos a través de la cartografía histórica. 1736-1935. In: Masburgo-I, S. 113-132. Burgos (Colegio Universitario).
- (1979): Burgos en el siglo XIX. Arquitectura y urbanismo (1813-1900). Valladolid.
SANCHIS GUARNER, M. (1983): La Ciutat de València. Síntesi d'Història i de Geografia urbana. Valencia.
SAUNDERS, P. (1987): Soziologie der Stadt. Frankfurt/M.
SERNA IGLESIAS, J.-T. (1978): Evolución de la localización de los polígonos residenciales en la ciudad de Burgos. Burgos. masch.verv.
- (1979): Planeamiento urbano y planes de desarrollo en la provincia de Burgos 1964 a 1975. 2 Bde. Tésis doctoral. Madrid.
SHEVKY, E./BELL, W. (1955): Social Area Analysis. Stanford/Calif.
SORRIBES, J. (1977): Desenvalupament capitalista i transformacions territorials al País Valencià (1960-75): El cas de l'Horta. Tesi de Doctorat. València (Universitat-Facultat de Ciències Econòmiques i Empresarials).
- (1978): Crecimiento urbano y especulación en Valencia.
Statistisches Bundesamt der Bundesrepublik Deutschland (1978): Länderkurzbericht Spanien. Stuttgart, Mainz.
TAMAMES, R. (1980a): Introducción a la economía española. 13. Aufl. Madrid.
- (1980b): Estructura económica de España. 2 Bde. 13. Aufl. Madrid.
TEIXIDOR DE OTTO, M.J. (1975): Estructura de la población de la ciudad de Valencia en 1970. In: Cuadernos de Geografía, Nr 17, S. 85-105. Valencia (Universidad-Faculdad de Filosofía y Letras).
- (1976): Funciones y Desarrollo Urbano de Valencia. Publicaciones del Instituto de Geografía, Bd. 9. Valencia.
- (1982): València, la construcció d'una ciutat. València.
TERAN, F. de (1971): La situación actual del planeamiento urbano y sus antecedentes. In: Ciudad y Territorio, Nr. 2, S. 13-26. Madrid.
- (1981): New planning experiences in democratic Spain: the metropolitan planning of Madrid and the implementation of citizen's participation. In: Intern. Journal of Urban and Regional Research, Bd. 5, Nr. 1, S. 96-105. London.
- (1982): Planeamiento urbano en la España contemporánea (1900-1980). Madrid.

TERAN, M. de/SOLE SABARIS, L. (Hrsg.) (1982): Geografía General de España. 5. Aufl. Barcelona.
UN-Economic Commission for Europe (Hrsg.): Annual Bulletin of Housing and Building Statistics for Europe. Genf.
VALVERDE ORTEGA, A. (1979): El Polo de desarrollo de Burgos. Burgos.
WALTON, J. (1978): Guadalajara: Creating the Divided City. In: Latin American Urban Research, Bd. 6, S. 25-50. Beverly Hills/Calif.
WYNN, M. (1984): Spain. In: ders. (Hrsg.): Housing in Europe, S. 121-154. London.